21世纪高职高专会计类专业课程改革规划教材

纳税实务

主　编　费琳琪　徐　艳
副主编　杨昕杰　赵峰松
参　编　刘秀林

中国人民大学出版社
·北京·

21世纪高职高专会计类专业课程改革规划教材

编委会委员

（排名不分先后）

前言

本书以纳税实务工作流程为主线，以实际工作任务为驱动，将课程内容分解成若干模块，每个模块分解成具体的工作任务，教材内容直接对应完成某项工作任务的需求，进而实现按照工作过程的逻辑组织安排教材内容，使学习者对纳税实务工作的流程有一个全面的了解，为将来从事办税工作打下基础。教材内容的安排实现了理论与实践的一体化，课程内容与工作任务的一体化。

本书在编写时突出职业教育特色，在结构设计和体例安排上具有如下特色：

● 内容新颖。本书以最新的税收法律、法规为依据，系统地对税务登记、增值税等各主要税种的纳税实务相关知识与技巧进行了介绍。

● 体例创新。在编写体例上，按“纳税工作的过程”开发设计教材，改变了原有教材的编排方式。教材体例充分体现“学习的内容是工作，通过工作实现学习”的思想，将税收理论与纳税实务有机地融为一体，结合理实一体教学与学生的自我操作，达到提高学生办理涉税事项的基本技能。

● 形式活泼。教材中穿插“知识链接”、“小贴士”、“思考与分析”等小栏目，以拓展学生知识视野，引导学生养成良好的思考和学习习惯，激发自主学习的积极性；教材图文并茂，生动活泼，集启发性和趣味性于一体，达到了强化学生的动手操作能力的目的。

● 实践性、动手性强。本书注重实践操作，每个任务都设有“实训操作”、“课外查阅”，课后设有“技能训练”，学生可以将其与实际工作相结合，逐渐培养胜任办税工作的能力。

● 校企合作，共同编写。在教材编写过程中，请行业企业专家参与教材体系设计，他们根据多年实际工作的经验，对教材的编写提出建设性意见。

本书不仅可以作为职业院校会计、税务、财务管理等专业的教材，也可以作为从事相关工作人员的参考书。本书由辽宁农业职业技术学院费琳琪担任主编，负责拟定编写思路和编写大纲，并对全书进行统稿。其中，引入、模块一、模块二、模块八由费琳琪编写；模块三、模块七、模块九由赵峰松、徐艳编写；模块四、模块五、模块六由杨昕杰编写。教材编写的过程中，刘秀林给予了很大的支持与帮助，对教材的编写提出了宝贵意见。

在编写过程中，本书参考了国内同行的有关论著。由于编写时间仓促，书中难免有不足之处，敬请读者批评指正。

编者

2011年4月

前 言

目 录

引　入

认识税收

学习目标

知识目标

- 理解税收的含义
- 说明税收的特征及作用
- 理解税收制度构成要素
- 熟悉我国现行的税法体系

技能目标

- 能解释为什么要纳税
- 能运用税收基础知识解答实际问题

任务导入

初学纳税的你，对税收知识一无所知。你知道国家为什么要征税吗？向谁征税？征什么税？征多少税？我国现行的税种有哪些？一连串的问题，都需要你去解决。

任务目标：

认识税收，为将来从事办税工作做好知识准备。

学习任务考核单

姓名：　　　　　　　　　　　　学号：　　　　　　　　　　　　编号 0—1

序号	内容	分值	总结与归纳	成绩
1	税收特征及体现	15		
2	税与费的区别	15		
3	税收制度构成要素	20		
4	我国现行主要税种及其分类	20		
5	如何理解“纳税是每个公民的光荣义务”	15		
6	谈谈自己为“宣传税收”想要采取的行动	15		

请学生完成学习任务考核单并上交。

学习指南

一、税收的本质

（一）税收的含义

税收是国家为实现其职能，凭借政治权力，按照法律规定，强制、固定、无偿地参与国民收入分配，取得财政收入的一种形式。取得财政收入的手段多种多样，如税收、发行货币、发行国债、收费、罚没等，而税收则由政府征收，取之于民、用之于民。

首先，税收的目的是实现国家职能。国家为实现其政治统治和经济管理职能，必须有其物质基础，需要大量的物资和资金。而这些物资和资金取得的主要方式就是税收收入。

其次，国家征税依据是其政治权利。国家取得财政收入，可以依据其财产权利，如国家取得的土地出让金、资源使用费、国有企业上缴税后利润等，也可以依据国家的政治权利，税收的取得依据就是其政治权利。

最后，税收是国家财政收入的主要形式。国家取得财政收入的方式主要有税收、利润、债务、收费、罚没和公用事业收费等。税收在财政收入中占主导地位，它是征收面最广、最稳定的财政收入形式。

资料卡

税收在财政收入中的地位

2010 年，全国财政收入执行初步统计数为 83 080 亿元，其中税收收入 73 202 亿元，比上年同期增长 23%。税收收入主要项目有：国内增值税 21 092 亿元，国内消费税 6 017.54亿元，营业税 11 157.64 亿元，企业所得税 12 842.79 亿元，个人所得税 4 837.17 亿元，进口货物增值税、消费税 10 487.46 亿元，关税 2 027.45 亿元。

数据来源：中华人民共和国财政部网站。

（二）税收的特征

税收与其他分配方式相比，具有强制性、无偿性和固定性的特征，习惯上称为税收的“三性”。

1. 税收的强制性

税收的强制性是指税收是国家以社会管理者的身份，凭借政权力量，依据政治权力，通过颁布法律或政令来进行强制征收。负有纳税义务的任何单位和个人都必须依法纳税，否则就要受到法律的制裁。

2. 税收的无偿性

税收的无偿性是指国家征税以后，纳税人缴纳的实物或货币随之就转变为国家所有，不需要立即付给纳税人任何报酬，也不再直接返还给纳税人。税收的无偿性是区分税收收入和其他财政收入形式的重要特征。

3. 税收的固定性

税收的固定性是指国家在征税以前，就通过法律形式，把每种税的纳税人、课税对象、税目、征收比例及计价办法和纳税期限等都规定下来，以便征纳双方共同遵守。

税收“三性”是一个完整的统一体，它们相辅相成、缺一不可。

知识链接

与税收规范筹集财政收入的形式不同，费是政府有关部门为单位和居民个人提供特定的服务，或赋予某种权利而向直接受益者收取的代价。税和费的区别主要表现在以下几个方面：

（1）主体不同。税收的主体是国家，税收管理的主体是代表国家的税务机关、海关或财政部门；而费的收取主体多是行政事业单位、行业主管部门等。

（2）特征不同。税收具有无偿性，纳税人缴纳的税收与国家提供的公共产品和服务之间不具有对称性。费则通常具有补偿性，主要用于成本补偿的需要，特定的费与特定的服务往往具有对称性。税收具有固定性，而费则具有灵活性。税法一经制定对全国具有统一效力，并相对稳定，费的收取一般由不同部门、不同地区根据实际情况灵活确定。

（3）用途不同。税收收入由国家预算统一安排使用，用于社会公共需要支出，而费一般具有专款专用的性质。

（三）税收的作用

在社会主义市场经济运行中，税收主要具有资源配置、收入再分配、稳定经济和维护国家政权四个方面的作用。

（1）税收具有资源配置的作用。该作用主要体现在为提供公共产品筹集资金，以及通过影响消费倾向改变社会的资源配置两个方面。

（2）税收具有收入再分配的作用。该作用一方面体现在通过税收征收，使市场机制下形成的高收入者多负担税收，低收入者少负担税收，从而使税后收入分配趋向公平；另一方面体现在通过税收支出、税收优惠，进而对国民收入进行再分配。

（3）税收具有稳定经济的作用。该作用体现在税收作为国家宏观经济调节工具的一种重要手段，其在政府收入中的重要份额，决定了对公共部门消费的影响，进而影响总需求。税收在税目、税率、减免税等方面的规定，会直接影响投资行为，从而对总需求产生影响。这样就达到了调节社会生产、交换、分配和消费，促进社会经济健康发展的目的。

（4）税收具有维护国家政权的作用。没有税收，国家机器就不可能有效运转。同时，税收分配不是按照等价原则和所有权原则分配的，而是凭借政治权利，对物质利益进行调节，体现国家支持什么，限制什么，从而达到巩固国家政权的政治目的。

思考与分析

小王开了一家杂货店，并安装了一部电话，在自用的同时也对外开放，每天来交费打电话的人很多。电信部门每月按自用电话标准向小王收取电话费。2010 年 12 月，税务人员在实施年终纳税检查时，要求小王按税法的有关规定就话费收入缴纳营业税，小王纳闷：“我按月向电信部门缴了电话费，为什么还要向税务局纳税呢？”

请问小王是否需要纳税？

二、税收制度的构成要素

税收制度的构成要素，也称税法构成要素，是指组成税收法律制度的共同要素。虽然各税法的内容不同，但总有一些公共要素，即税制构成要素，主要包括纳税人、征税对象、税率、纳税环节、纳税期限、纳税地点、减免税、罚则、附则等。

（一）纳税人

纳税人在法学上称为纳税主体，是指税法规定直接负有纳税义务的单位和个人。纳税人的规定，解决了对谁征税的问题。纳税人包括法人、自然人及其他组织。

知识链接

与纳税人相关的几个概念：

（1）负税人。负税人是指实际负担税款的单位和个人。在实际生活中，有的税收由纳税人自己负担，其本身就是负税人，如个人所得税等；有的税收虽然由纳税人缴纳，但实际上纳税人通过一定的途径将税款转嫁给他人负担，纳税人不是负税人，如增值税等。

（2）代扣代缴义务人。代扣代缴义务人是指有义务从持有的纳税人收入中扣除应纳税款并代为缴纳的企业或单位。

（3）代收代缴义务人。代收代缴义务人是指有义务借助经济往来关系向纳税人收取应纳税款并代为缴纳的企业或单位。

（4）代征代缴义务人。代征代缴义务人是指受税务机关委托而代征税款的单位和个人。

（二）征税对象

征税对象在法学上称为纳税客体，即每个税种征税的标的物，它是区分不同税种的主要标志。我国现行税收法律、法规都有自己特定的征税对象，主要包括所得、商品和财产三大类。例如，企业所得税的征税对象就是应税所得，房产税的征税对象是房屋等。

征税对象明确了“对什么征税”的问题，在具体实务中，有的税种又明确了征税对象的具体范围，即税目。税目是各个税种所规定的具体征税项目，它是征税对象的具体化。例如，消费税具体规定了烟、酒等14个税目。

（三）税率

税率是指对征税对象的征收比例或征收额度。税率是计算税额的尺度，也是衡量税负轻重与否的重要标志。我国现行的税率主要有：

（1）比例税率。即对同一征税对象，不分数额大小，规定相同的征收比例。如我国的增值税的基本税率为17%、企业所得税的基本税率为25%，这些都属于比例税率。

（2）超额累进税率。即把征税对象按数额的大小分成若干等级，每一等级规定一个税率，税率依次提高，但每一纳税人的征税对象则依所属等级同时适用几个税率分别计算，将计算结果相加后得出应纳税款的税率。目前，采用这种税率的有个人所得税。

(3) 定额税率。即按征税对象确定的计算单位，直接规定一个固定的税额。目前，采用定额税率的有资源税、车船使用税等。

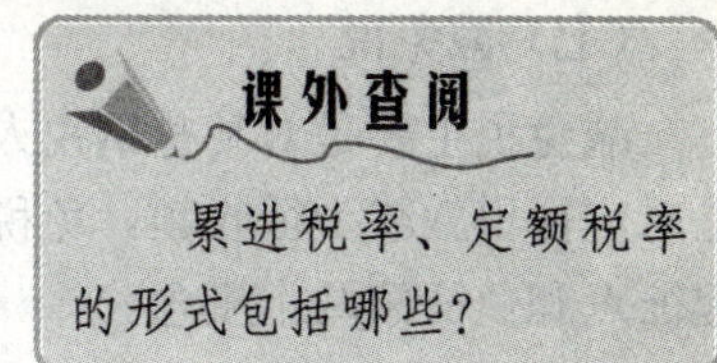

(4) 超率累进税率。即以征税对象数额的相对率划分若干级距，分别规定相应的差别税率，相对率每超过一个级距的，对超过的部分就按高一级的税率计算征税。目前，采用这种税率的是土地增值税。

纳税人、征税对象和税率构成了税制的基本构成要素。这三个要素明确了向谁征税、征什么税、征多少的问题。

(四) 纳税环节

纳税环节主要是指税法规定的征税对象在从生产到消费的流转过程中应当缴纳税款的环节。如增值税在生产和流通的各环节纳税，所得税在分配环节纳税等。

(五) 纳税期限

纳税期限是指纳税人按照税法规定缴纳税款的期限，是纳税人据以计算应纳税额的时间界限。我国现行税制采用的纳税期限有三种形式：

(1) 按期纳税。按期纳税是指确定纳税间隔期，实行按期纳税。按期纳税的纳税间隔期分为1日、3日、5日、10日、15日、1个月和1个季度。如增值税、消费税采用按期纳税方式。

(2) 按次纳税。按次纳税是指根据纳税行为发生的次数确定纳税期限。如个人所得税中的稿酬所得、劳务报酬所得采用按次纳税方式。

(3) 按年计征，分期预缴。例如，企业所得税在月份或者季度终了后15日内预缴，年度终了后5个月内汇算清缴，多退少补。

知识链接

与纳税期限相关的两个时间概念：

(1) 纳税义务发生时间。纳税义务发生时间是指纳税人产生纳税义务的时间点，是确定属于哪一纳税期间的前提。

(2) 纳税申报时间。纳税申报时间是指纳税期限届满后纳税人计算税款并办理纳税手续、解缴税款的时间。

(六) 纳税地点

纳税地点是指纳税人申报纳税的地点。规定纳税人（包括代征、代扣、代缴义务人）

申报纳税的地点，既有利于税务机关实施税源控管，防止税收流失，又方便纳税人缴纳税款。我国现行税制规定的纳税地点主要分为机构所在地、劳务发生地等。

（七）减免税

减免税主要是对某些纳税人和征税对象采取减少征税或者免予征税的特殊规定。减税是对应征税款减少征收额，免税是对应征税款全部予以免征。与减免税有直接关系的还有起征点和免征额两个概念。

（1）起征点。起征点是征税对象达到一定数额开始征税的起点。课税对象的数额未达到起征点的不征税，达到或超过起征点的，就课税对象的全部数额征税。

（2）免征额。免征额是指在征税对象的全部数额中免予征税的数额。免征额部分不征税，只就超过免征额的部分征税。

课外查阅

查阅《中华人民共和国增值税暂行条例》，仔细阅读，找出条例中构成要素的规定。

（八）罚则

罚则主要是指对纳税人违反税法的行为采取的处罚措施。

（九）附则

附则一般都规定与该法紧密相关的内容，例如，该法的解释权、该法生效的时间等。

三、我国现行税种

我国现行税制体系中共有18个税种，分别由税务机关和海关负责征收，主要有增值税、消费税、营业税、关税、企业所得税、房产税、契税、车船税、城镇土地使用税、印花税、资源税、土地增值税、城市维护建设税、教育费附加及个人所得税。

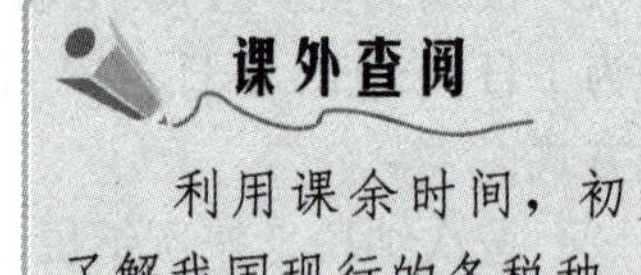

利用课余时间，初步了解我国现行的各税种。

对税种的分类有多种方法，主要有按课税对象性质、经济性质及其转嫁归属状况分类。我国的税种分类方式主要包括以下几种。

（一）按征税对象的性质不同分类

1. 流转税类

流转税类是以商品生产、商品流通和劳务服务的流转额为征税对象的一类税收。流转税主要包括增值税、消费税、营业税、关税等，此外，城市维护建设税和教育费附加属于流转税的附加税。流转税是我国税制体系中的主要税种，其中又以增值税为主。

2. 所得税类

所得税类是以纳税人在一定期间获得的所得额为征税对象而征税的一类税收。所得税主要包括企业所得税和个人所得税。

3. 财产税类

财产税类是以纳税人所拥有的财产数量或财产价值为征税对象的一类税收。财产税主要包括房产税、车船税、契税等。

4. 行为税类

行为税类是国家为了实现某种特定目的，以纳税人的某些特定行为为征税对象的一类税收。行为税主要包括印花税、车辆购置税。

5. 资源税类

资源税类是以占有和开发自然资源获取的收入为征税对象而征税的一类税收。资源税主要包括资源税、城镇土地使用税、土地增值税、耕地占用税。

(二) 按管理和使用权限不同分类

1. 中央税

中央税属于中央政府的财政收入，由国家税务局负责征收管理。如我国现行的关税和消费税。这类税一般收入较大，征收范围广泛。

2. 地方税

地方税属于地方各级政府的财政收入，由地方税务局负责征收管理，如我国现行的个人所得税、房产税、车船税等。这类税一般收入稳定，并与地方经济利益关系密切。

课外查阅

利用课余时间，初步了解我国现行的各税种收入的归属。

3. 中央与地方共享税

中央与地方共享税属于中央政府和地方政府财政的共同收入，由中央、地方政府按一定的比例分享税收收入，目前由国家税务局负责征收管理。如我国现行的增值税。这类税直接涉及中央与地方的共同利益。

(三) 按计税依据不同分类

1. 从价税

从价税是以征税对象价格为计税依据，其应纳税额随商品价格的变化而变化，能充分体现合理负担的税收政策，因而大部分税种均采用这一计税方法。

2. 从量税

从量税是以征税对象的数量、重量、体积等作为计税依据，其课税数额与征税对象数量相关而与价格无关。

(四) 按税负能否转嫁分类

1. 直接税

直接税是指由纳税人直接负担，不易转嫁的税种，如所得税类、财产税类等。

2. 间接税

间接税是指纳税人能将税负转嫁给他人负担的税种，一般情况下，各种商品的课税均属于间接税。

税收史话——我国古代对税的称谓

我国税收自古有之，但历代对税的称谓有所不同。夏代称“贡”，商代曰“助”，周朝称之为“彻”。“税”的名称最先出现于春秋鲁宣公十五年的“初税亩”。后称为“赋”，到汉代有“算赋”、“口赋”、“更赋”名称，后又改称为“租”。隋唐五代对税曰“庸”，宋代有“粮”的称谓，明代称之为“响”，清代有“津贴”、“捐输”之用，以上是我国田亩税之称。此外还有“耗”、“漕折”、“平余”、“羡余”等名目。历代称“税”的也不少，如唐代的“间架税”，清代的“当税”、“牙税”等。

利用课余时间，可进一步了解我国税收的发展历程。

知识考验

一、单项选择题

1. 税收是国家凭借（　　）取得的收入。

A. 经济权力　　B. 政治权力　　C. 财产权力　　D. 所有权

2. 税收“三性”是个完整的整体，其中的保障是（　　）。

A. 无偿性　　B. 强制性　　C. 固定性　　D. 法律性

3. 税法上规定的纳税人是指（　　）的单位和个人。

A. 负有纳税义务　　B. 最终负担税款　　C. 代收代缴税款　　D. 承担纳税担保

4. 在税法的构成要素中，用以区分不同税种的标志是（　　）。

A. 纳税人　　B. 征税对象　　C. 税率　　D. 纳税环节

5. 同一征税对象，不论数额大小，均按相同比例征税的税率是（　　）。

A. 比例税率　　B. 累进税率　　C. 定额税率　　D. 累退税率

二、多项选择题

1. 税收具有（　　）的形式特征。

A. 无偿性　　B. 固定性　　C. 强制性　　D. 稳定性

2. 税收的基本要素是（　　）。

A. 征税人　　B. 纳税人　　C. 征税对象　　D. 税率

3. 我国现行的税率有（　　）。

A. 比例税率　　B. 定额税率　　C. 超额累进税率　　D. 超率累进税率

4. 下列属于流转税的税种有（　　）。

A. 增值税　　B. 消费税　　C. 营业税　　D. 企业所得税

5. 以计税价格同税收的关系为分类标志，可以将税收分为（　　）。

A. 直接税　　B. 间接税　　C. 价内税　　D. 价外税

三、计算题

1. 某种税规定，起征点为200元，税率为10%。某纳税人李某取得的应纳税收入为500元，则其应纳税额为多少？

2. 某种税规定，月营业收入额在5 000元以下的不征税，超过5 000元以上的部分（含5 000元）按10%的税率征税。某纳税人2月份取得营业收入8 000元。计算应纳税额，并指出该项规定属于起征点还是免征额。

模块一

税务登记

学习目标

知识目标

- 熟悉税务登记的内容
- 了解办理税务登记的要求
- 描述办理税务登记的程序

技能目标

- 能办理税务登记
- 能办理税种认定
- 能办理纳税人身份认定
- 会领购发票

任务一　办理设立税务登记

任务导入

小张毕业后，应聘到刚筹建的营口佳美服装有限公司（以下简称佳美公司），该公司于2010年6月25日在工商管理部门取得了企业法人营业执照，小张在领取营业执照的时候，从工商部门工作人员那里获悉还应到税务部门办理税务登记。他不知道需要在什么时间办理，具体到哪去办理，又需要带哪些证件材料，办理的程序又是如何。一团迷雾笼罩着小张。你能为小张解决这个问题吗？

任务目标：

为佳美公司正确办理设立税务登记事项。

学习任务考核单

姓名：　　　　　　　　　　　　　　　　学号：　　　　　　　　　　　　编号1—1

序号	内容	分值	总结与归纳	成绩
1	税务登记的内容	10		

2	开业税务登记范围	10		
3	办理税务登记要求	10		
4	办理开业税务登记*	30		
5	纳税人身份认定*	20		
6	办理税种登记*	20		

请学生完成学习任务考核单并上交。标注“*”的请结合实训操作结果填写。

学习指南

税务登记又称纳税登记，是指税务机关根据税法规定，对纳税人的生产、经营活动进行登记管理的一项基本制度，也是纳税人已经纳入税务机关监督管理的一项证明。税务登记是税务机关对纳税人实施税收管理的首要环节和基础工作，是征纳双方法律关系成立的依据和证明，也是纳税人必须依法履行的义务。

知识链接

税务登记包括：设立（开业）税务登记；变更税务登记；停业、复业登记；外出经营报验登记和注销登记。

一、设立税务登记

设立税务登记是指纳税人依法成立并经工商行政管理机关登记后，为确认其纳税人的身份，纳入国家税务管理体系而到税务机关进行的登记。

（一）设立税务登记范围

根据《中华人民共和国税收征收管理法》（以下简称《税收征管法》）规定，凡经国家工商行政管理机关核准登记，并领取营业执照的企业，企业在外地设立的分支机构和从事生产、经营的场所，个体工商户和从事生产、经营的事业单位（以下统称从事生产、经营的纳税人），都应当向生产、经营所在地税务机关申报办理税务登记。

企业，是指依法设立的包括各种所有制在内的公司制企业、合伙制企业、独资企业以及中外合资经营企业、中外合作经营企业、外商投资企业、股份合作制企业等。

企业在外地设立的分支机构，是指依法在经营地取得营业执照的、企业在外地设立的但不具有独立法人资格的分厂、分店、分公司等。

个体工商户，是指依法取得营业执照的城乡个体经营组织。

从事生产、经营的事业单位，是指隶属于机关、团体、部队、院校等经批准设立并依法取得营业执照的经营组织，如出版社、印刷厂、信息中心、培训中心等。

思考与分析

下列哪些需要办理设立税务登记：会计师事务所；企业在外地设立的只负责联络的办事处；个人；工商管理局；不需办理工商营业执照但经有关部门批准设立的，从事生产、经营的纳税人。

（二）设立税务登记时间

根据《税收征管法》等规定，从事生产、经营的纳税人应自领取营业执照之日起30日内，持有关证件，向税务机关申报办理税务登记。具体如下：

（1）从事生产、经营的纳税人领取工商营业执照（含临时工商营业执照）的，应当自领取工商营业执照之日起30日内申报办理税务登记。

（2）从事生产、经营的纳税人未办理工商营业执照但经有关部门批准设立的，应当自有关部门批准设立之日起30日内申报办理税务登记。

（3）从事生产、经营的纳税人未办理工商营业执照也未经有关部门批准设立的，应当自纳税义务发生之日起30日内申报办理税务登记。

（4）有独立的生产经营权、在财务上独立核算并定期向发包人或者出租人上交承包费或租金的承包承租人，应当自承包承租合同签订之日起30日内，向其承包承租业务发生地税务机关申报办理税务登记。

（5）从事生产、经营的纳税人外出经营，自其在同一县（市）实际经营或提供劳务之日起，在连续的12个月内累计超过180天的，应当自期满之日起30日内，向生产、经营所在地税务机关申报办理税务登记。

（6）境外企业在中国境内承包建筑、安装、装配、勘探工程和提供劳务的，应当自项目合同或协议签订之日起30日内，向项目所在地税务机关申报办理税务登记。

（7）除上述以外的其他纳税人，除国家机关、个人和无固定生产、经营场所的流动性农村小商贩外，均应当自纳税义务发生之日起30日内，向纳税义务发生地税务机关申报办理税务登记。

课外查阅

如果纳税人未在规定的时间办理开业税务登记，会有什么后果？

思考与分析

“任务导入”中的佳美公司应在哪一天办理完税务登记？

（三）设立税务登记地点

税务登记实行属地管理，纳税人应当到生产、经营所在地或者纳税义务发生地的主管税务机关申报办理税务登记。非独立核算的分支机构也应当按照规定分别向生产经营所在地税务机关办理税务登记。

知识链接

税务机关是指国家税务总局及其所属征收机关，具体指：各级税务局、税务分局、税务所和按照国务院规定设立的并向社会公告的税务机构，包括国家税务总局，省、自治区、直辖市国家税务局、地方税务局，地、市、州国家税务局、地方税务局，县、区国家税务局、地方税务局，税务所等，以及根据经国务院办公厅转发的《深化税收征管改革的方案》设立的各级稽查局、涉外税收管理局等机构。

根据《税务登记管理办法》等规定，县以上（含本级，下同）国家税务局（分局）、地方税务局（分局）是税务登记的主管税务机关。纳税人要根据经营范围的涉税税种确定是到国家税务局（分局）还是地方税务局（分局）办理设立税务登记。

1. 只缴纳由国家税务局（分局）负责征收的税

对于只缴纳由国家税务局（分局）负责征收的税的纳税人，需要到生产、经营所在地主管国家税务机关申报办理税务登记。

对于跨县（市）、区设立的分支机构和从事生产经营的场所，除总机构向当地主管国家税务机关申报办理税务登记外，分支机构还应当向其所在地主管国家税务机关申报办理税务登记；有固定生产经营场所的个体工商业户向经营地主管国家税务机关申报办理税务登记；流动经营的个体工商户，向户籍所在地主管国家税务机关申报办理税务登记；对未领取营业执照从事承包、租赁经营的纳税人，向经营地主管国家税务机关申报办理税务登记。

2. 只缴纳由地方税务局（分局）负责征收的税

对于只缴纳由地方税务局（分局）负责征收的税的纳税人，需要到生产、经营所在地主管地方税务机关申报办理税务登记。

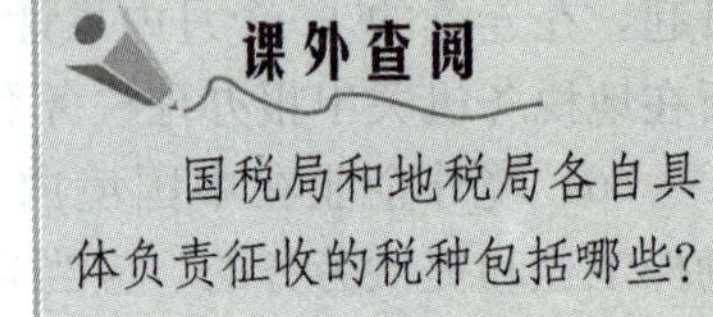

国税局和地税局各自具体负责征收的税种包括哪些？

3. 涉及两局负责征收的税种

对于缴纳涉及两局负责征收的税种的纳税人，可以采取联合登记或分别登记的方式办理税务登记。

采用分别登记的，则纳税人既需要到当地主管国家税务机关申报办理税务登记，也需要到当地主管地方税务机关申报办理税务登记。

采用联合登记的，纳税人可自愿选择向国家税务局或地方税务局任一家税务机关申报办理设立登记。

知识链接

联合办理税务登记是指纳税人只向国家税务局、地方税务局之中的一家税务机关申报办理税务登记，由受理税务机关核发一份代表国家税务局和地方税务局共同进行税务登记管理的税务登记证件。

联合办理税务登记的工作范围包括两家税务机关共同管辖的纳税人新办税务登记、税务登记违章处理以及管理工作。

对属地方税务局单独管辖的纳税人，如流转税中只缴纳营业税且所得税属地方税务局管辖的纳税人等，不实行联合办理税务登记。该部分纳税人的税务登记事项由地方税务局负责管理。

只缴纳营业税且所得税属地方税务局管辖的纳税人，应到哪里办理税务登记？

(四) 设立税务登记程序

1. 提出书面申请，提交设立税务登记材料

在法定期限内，纳税人须向税务机关提出登记申请并填写《申请税务登记报告书》，报告书上应详细写明申请税务登记的原因和要求，将填写完毕的报告书连同税务机关所需的其他资料一并交给注册地税务机关办理开业登记手续。

纳税人在申报办理税务登记时，应当根据不同情况向税务机关如实提供以下证件和资料（所提供资料原件用于税务机关审核，复印件留存税务机关）：

(1) 营业执照副本或其他核准执业证件原件及其复印件。

(2) 组织机构代码证书副本原件及其复印件。

(3) 注册地址及生产、经营地址证明（产权证、租赁协议）原件及其复印件。如为自有房产，须提供产权证或买卖契约等合法的产权证明原件及其复印件；如为租赁的场所，须提供租赁协议原件及其复印件，出租人为自然人的还须提供产权证明的复印件；如生产、经营地址与注册地址不一致，须分别提供相应证明。

(4) 公司章程复印件（“港、澳、台商企业常驻代表机构及其他”和“外国企业”不需要提供此项）。

(5) 有权机关出具的验资报告或评估报告原件及其复印件（外资企业除外）。

(6) 法定代表人（负责人）（贴在登记表上）、财务负责人、办税人居民身份证、护照或其他证明身份的合法证件原件及其复印件。

(7) 股东的营业执照副本有效复印件、税务登记证副本或身份证（个人股东）复印件（外资除外）。

(8) 分支机构办理税务登记时，还须提供总机构的税务登记证（国税、地税）副本复印件、营业执照副本复印件。

(9) 改组改制企业还须提供有关改组改制的批文原件及其复印件。

(10) 有关机构部门批准设立的文件及有关合同、协议书的复印件（国有企业、集体经济、事业单位提供主管部门批准设立的文件，分支机构提供总机构批准其设立的文件及是否为独立核算的有关文书，外商投资企业提供外经贸委批准文件和批准证书、可行性研究报告）。

(11)“港、澳、台商企业常驻代表机构及其他”和“外国企业”还应提供境外总机构的营业执照、银行资信证明、首席代表工作证、首席代表授权书、个人简历。

(12) 税务机关要求提供的其他证件资料。

2. 填报《税务登记表》

税务机关对申请人所提供的报告书及附送的资料证件进行查验，对资料齐全、符合要求的，方可受理，并根据申请人的经济类型发给相应的《税务登记表》（见表1—1），联合办证的还需要领取《房屋、土地、车船情况登记表》。纳税人填写完毕后，在相关位置上

加盖单位公章、法人代表章，然后将登记表及有关资料报送税务机关审核。

表 1—1 **税务登记表**

（适用于单位纳税人）

填表日期：

纳税人名称		纳税人识别号	
登记注册类型		批准设立机关	
组织机构代码		批准设立证明或文件号	

开业（设立）日期		生产经营期限		证照名称		证照号码	
注册地址				邮政编码		联系电话	
生产经营地址				邮政编码		联系电话	
核算方式	请选择对应项目打“√” □独立核算 □非独立核算				从业人数	____其中外籍人数____	
单位性质	请选择对应项目打“√” □企业 □事业单位 □社会团体 □民办非企业单位 □其他						
网站网址				国标行业	□□ □□ □□ □□		
适用会计制度	请选择对应项目打“√” □企业会计制度 □小企业会计制度 □金融企业会计制度 □行政事业单位会计制度						

经营范围	请将法定代表人（负责人）身份证件复印件粘贴在此处。

内容 项目 联系人	姓名	身份证件 种类 （号码）	固定电话	移动电话	电子邮箱

税务代理人名称	纳税人识别号	联系电话	电子邮箱

注册资本或投资总额	币种	金额	币种	金额	币种	金额

投资方名称	投资方经济性质	投资比例	证件种类	证件号码	国籍或地址

自然人投资比例		外资投资比例		国有投资比例	

分支机构名称	注册地址	纳税人识别号

总机构名称		纳税人识别号	
注册地址		经营范围	

法定代表人姓名		联系电话		注册地址邮政编码	

代扣代缴、代收代缴税款业务情况	代扣代缴、代收代缴税款业务内容	代扣代缴、代收代缴税种

附报资料：		
经办人签章： ____年____月____日	法定代表人（负责人）签章： ____年____月____日	纳税人公章： ____年____月____日

以下由税务机关填写：

<table>
<tr><td>纳税人所处街乡</td><td colspan="3"></td><td>隶属关系</td><td></td></tr>
<tr><td>国税主管税务局</td><td></td><td>国税主管税务所（科）</td><td></td><td rowspan="2">是否属于国税、地税共管户</td><td rowspan="2"></td></tr>
<tr><td>地税主管税务局</td><td></td><td>地税主管税务所（科）</td><td></td></tr>
<tr><td colspan="6"></td></tr>
<tr><td colspan="2">经办人（签章）：
国税经办人：
地税经办人：

受理日期：
年　月　日</td><td colspan="2">国家税务登记机关
（税务登记专用章）：

核准日期：
年　月　日
国税主管税务机关：</td><td colspan="2">地方税务登记机关
（税务登记专用章）：

核准日期：
年　月　日
地税主管税务机关：</td></tr>
<tr><td colspan="6">国税核发《税务登记证副本》数量：　本　发证日期：　年　月　日</td></tr>
<tr><td colspan="6">地税核发《税务登记证副本》数量：　本　发证日期：　年　月　日</td></tr>
</table>

知识链接

税务登记表分为《单位纳税人税务登记表》、《个体经营税务登记表》和《临时税务登记纳税人税务登记表》，其适用对象分别为：

(1)《单位纳税人税务登记表》适用于办理税务登记的各类单位纳税人和个人独资企业。

(2)《个体经营税务登记表》适用于办理税务登记的个体工商户和个人合伙企业。

(3)《临时税务登记纳税人税务登记表》适用于办理临时税务登记的纳税人。

3. 等待税务机关审核资料

税务机关对纳税人填报的《税务登记表》、提供的证件和资料，应当在收到之日起 30 日内审核完毕。审核符合规定，税务机关予以登记，及时发放税务登记证件。如审核后发现纳税人提交的证件、资料不齐全或《税务登记表》填写内容不符合规定，税务机关应当场通知其补正或重新填报。纳税人提交的证件和资料明显有疑点的，也应在 30 日内予以答复。

课外查阅

查阅适用单位纳税人的《税务登记表》的填写方法及适用个体经营和临时税务登记纳税人的《税务登记表》的格式。

4. 领取税务登记证

税务机关对符合登记条件的纳税人，在《税务登记表》上签章并注明受理日期、核准日期。纳税人根据《税务文书领取通知单》上规定的领取时间，在规定的时间内到注册地机关办税大厅缴纳相应的税务登记工本费并领取行政收费票据，领取税务登记证件。

课外查阅

税务登记证的使用规定及验证和换证要求是什么？

知识链接

税务登记证分三种类型，分别适用于单位纳税人、个体经营纳税人、临时税务登记纳税人。税务登记证正本内容主要包括：纳税人名称、纳税人地址、法定负责人、经济类型、经营方式、经营范围（包括主营、兼营）、税务代码、发证税务机关（盖章）等；注册税务登记证应包括经营期限、总机构名称、总机构地址等；副本还应包括验证记录（两栏）等。

实训操作

根据本模块后的“技能训练”题 1 的资料，完成营口佳美服装有限公司的开业税务登记。

二、纳税人资格认定

纳税人资格认定针对的是增值税一般纳税人资格认定问题。增值税的纳税人，是指在中国境内销售货物或者提供加工、修理修配劳务以及进口货物的单位和个人。不同的单位、个人，经营规模有大有小，会计资料的健全程度不同，年应税销售额也多少不一，为了加强管理，《中华人民共和国增值税暂行条例》（以下简称《增值税暂行条例》）将增值税的纳税人分为两类，一类是一般纳税人，另一类是小规模纳税人，分别采取不同的增值税计税方法。

（一）一般纳税人的认定标准

一般纳税人是指年应征增值税销售额超过小规模纳税人标准，且会计核算健全，并能提供增值税销项税额、进项税额的企业和企业性单位。

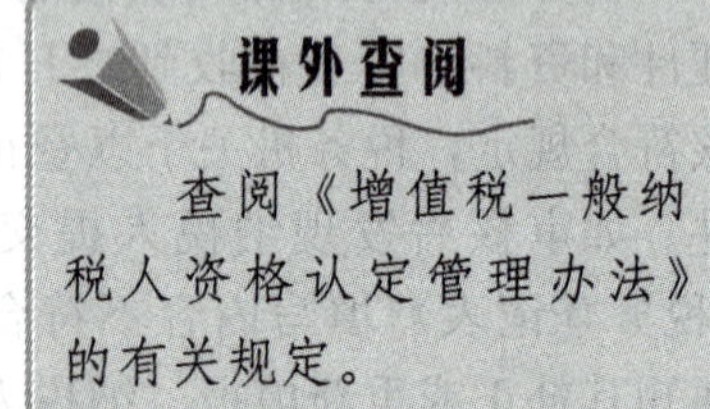

查阅《增值税一般纳税人资格认定管理办法》的有关规定。

增值税小规模纳税人（以下简称小规模纳税人），是指经营规模较小，销售额在规定标准以下，并且会计核算不健全的纳税人。其中，“会计核算不健全”是指不能正确核算增值税的销项税额、进项税额和应纳税额。有下列情形之一的，可认定为小规模纳税人：

（1）从事货物生产或提供应税劳务的企业和企业性单位（以下简称企业），以及以从事货物生产或提供应税劳务为主，并兼营货物批发或零售的企业，年应征增值税销售额（以下简称年应税销售额）在 50 万元以下（含 50 万元）的。

（2）从事货物批发或零售的企业年应税销售额在 80 万元以下（含 80 万元）的。

年应税销售额虽未超过一般纳税人标准的商业企业以外的其他小规模企业，如果其会计核算健全，能够正确计算进项税额、销项税额和应纳税额，并能够按规定报送有关税务资料，且年应税销售额在 30 万元以上的，可以认定为增值税一般纳税人。

小贴士

从事货物生产或提供应税劳务为主，是指纳税人的年货物生产或者提供应税劳务的销售额占全年应税销售额的比重在50%以上。年应税销售额，是指纳税人在连续不超过12个月的经营期内累计应征增值税销售额，包括免税销售额。

（二）一般纳税人认定登记管理规程

增值税纳税人年应税销售额超过规定的小规模纳税人标准的，除不得认定为一般纳税人的个人和单位外，均应当向主管税务机关申请一般纳税人资格认定，认定办法按《增值税一般纳税人资格认定管理办法》执行。

有下列情形之一的，经主管税务机关批准，可认定为增值税一般纳税人：

（1）新开业的符合一般纳税人条件的企业（非商贸企业），应在办理税务登记的同时申请办理一般纳税人认定手续。税务机关对其预计年应税销售额超过小规模纳税人标准的，暂认定为一般纳税人；其开业后的实际年应税销售额未超过小规模纳税人标准的，应重新办理一般纳税人认定手续。符合条件的，可继续认定为一般纳税人；不符合条件的，取消一般纳税人资格。

（2）年应税销售额超过小规模纳税人标准的企业。已开业的小规模企业，其年应税销售额超过小规模纳税人标准的，应在次年1月底以前申请办理一般纳税人认定手续。

（3）企业总、分机构不在同一县（市）的，应分别向其机构所在地主管税务机关申请办理一般纳税人认定登记手续。

纳税人总、分支机构实行统一核算，其总机构年应税销售额超过小规模纳税人标准，但分支机构年应税销售额未超过小规模纳税人标准的，其分支机构可以认定为一般纳税人。

课外查阅

查阅对新办商贸企业一般纳税人的认定管理规定。

（4）非企业性单位如果经常发生增值税应税行为，并且符合一般纳税人条件，可以认定为一般纳税人。

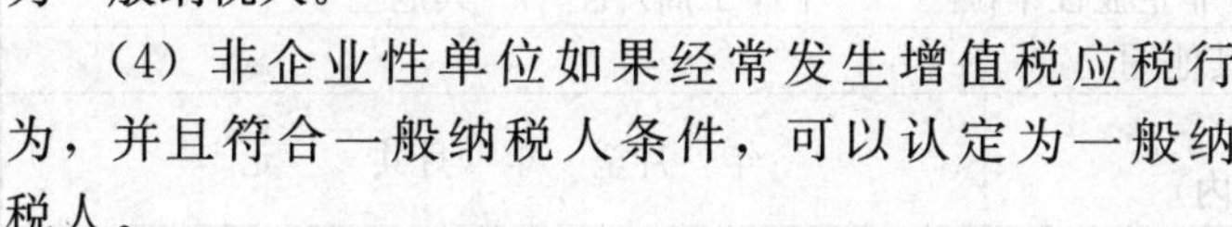

（5）个体经营者符合《增值税暂行条例》及其实施细则所规定条件的，经省级国家税务局批准，可以认定为一般纳税人。

小贴士

无论年应税销售额是否达到规定标准，下列几类增值税纳税人，都不得认定为一般纳税人：个体工商户以外的其他个人；选择按照小规模纳税人纳税的非企业性单位；选择按照小规模纳税人纳税的不经常发生增值税应税行为的企业。

（三）一般纳税人的认定程序

符合一般纳税人条件的纳税人，应向其机构所在地主管税务机关申请一般纳税人资格认定，具体办理分两种情况。

1. 新开业企业及年应税销售额未超过规定的小规模纳税人标准的一般纳税人的认定

对于年应税销售额未超过财政部、国家税务总局规定的小规模纳税人标准以及新开业的纳税人，可以向主管税务机关申请一般纳税人资格认定，并按照下列程序办理一般纳税人资格认定：

（1）申请。纳税人应依据《增值税一般纳税人资格认定管理办法》等规定，向所在地主管税务机关提出申请报告，办理认定手续，并根据实际情况提供下列认定材料：《税务登记证》副本；财务负责人和办税人员的身份证明及其复印件；会计人员的从业资格证明或者与中介机构签订的代理记账协议及其复印件；经营场所产权证明或者租赁协议，或者其他可使用场地证明及其复印件；国家税务总局规定的其他有关资料。

小贴士

对提出申请并且同时符合下列条件的纳税人，主管税务机关应当为其办理一般纳税人资格认定：有固定的生产经营场所；能够按照国家统一的会计制度规定设置账簿，根据合法、有效凭证核算，能够提供准确税务资料。

资料审核通过，向主管国税机关领取《增值税一般纳税人申请认定表》，如表1—2所示。

表1—2　　增值税一般纳税人申请认定表

纳税人名称		纳税人识别号			
法定代表人（负责人、业主）		证件名称及号码		联系电话	
财务负责人		证件名称及号码		联系电话	
办税人员		证件名称及号码		联系电话	
生产经营地址					
核算地址					
纳税人类别：企业、企业性单位□　非企业性单位□　个体工商户□　其他□					
纳税人主业：工业□　商业□　其他□					
认定前累计应税销售额（连续不超过12个月的经营期内）		年　月至　年　月共　　元。			
纳税人声明	上述各项内容真实、可靠、完整。如有虚假，本纳税人愿意承担相关法律责任。（签章）：年　月　日				
税务机关					
受理意见	受理人签名：年　月　日				
查验意见	查验人签名：年　月　日				
主管税务机关意见	（签章）年　月　日				
认定机关意见	（签章）年　月　日				

注：本表一式两份，主管税务机关和纳税人各留存一份。

(2) 受理审核。主管税务机关应当当场核对纳税人的申请资料，经核对一致且申请资料齐全、符合填列要求的，当场受理，制作《文书受理回执单》，并将有关资料的原件退还纳税人。对申请资料不齐全或者不符合填列要求的，应当当场告知纳税人需要补正的全部内容。

(3) 认定。认定机关应当自主管税务机关受理申请之日起20日内完成一般纳税人资格认定，并由主管税务机关制作、送达《税务事项通知书》，告知纳税人。《税务事项通知书》格式如下所示：

税务事项通知书（予以认定）

税通〔××〕号

×××：(纳税人识别号：×××)

事由：增值税一般纳税人资格认定

依据：国家税务总局《增值税一般纳税人资格认定管理办法》（国家税务总局令22号）第三条、第四条

通知内容：你单位（个体工商户）报来的《北京市增值税一般纳税人申请认定表》收悉。经审核符合增值税一般纳税人认定条件，同意你单位（个体工商户）自×年×月起认定为增值税一般纳税人（或自×年×月起至×年×月认定为实行纳税辅导期管理的增值税一般纳税人）。

如对本通知不服，可自收到本通知之日起六十日内依法向税务机关申请行政复议，或者自收到本通知之日起三个月内依法向人民法院起诉。

税务机关（签章）

×年　×月　×日

认定通过后，主管税务机关应当在一般纳税人《税务登记证》副本“资格认定”栏内加盖“增值税一般纳税人”戳记。“增值税一般纳税人”戳记印色为红色，印模由国家税务总局制定。

2. 年应税销售额超过规定的小规模纳税人标准的一般纳税人的认定

对于未认定为一般纳税人，但当年应税销售额超过财政部、国家税务总局规定的小规模纳税人标准的（除不得认定外），应当向主管税务机关申请一般纳税人资格认定，并按照下列程序办理一般纳税人资格认定：

(1) 申请。纳税人应当在申报期结束后40日（工作日，下同）内向主管税务机关报送《增值税一般纳税人申请认定表》(表样同表1—2)，申请一般纳税人资格认定。

(2) 受理审核。主管税务机关应当核对纳税人的申请资料，经核对一致且申请资料齐全、符合填列要求的，当场受理，制作《文书受理回执单》，并将有关资料的原件退还纳税人。

(3) 认定。认定机关应当在主管税务机关受理申请之日起20日内完成一般纳税人资格认定，并由主管税务机关制作、送达《税务事项通知书》，告知纳税人。纳税人未在规定期限内申请一般纳税人资格认定的，主管税务机关应当在规定期限结束后20日内制作并送达《税务事项通知书》，告知纳税人。

对于增值税一般纳税人认定办法中规定的不办理一般纳税人资格认定的，应当在收到《税务事项通知书》后10日内向主管税务机关报送《不认定增值税一般纳税人申请表》

（见表1—3），经认定机关批准后不办理一般纳税人资格认定。认定机关应当在主管税务机关受理申请之日起20日内批准完毕，并由主管税务机关制作、送达《税务事项通知书》，告知纳税人。

表1—3　　　　　　　　　　　　不认定增值税一般纳税人申请表

纳税人名称		纳税人识别号	
意见	（签章）： 年　月　日		
主管税务机关意见	（签章） 年　月　日		
认定机关意见	（签章） 年　月　日		

注：本表一式两份，主管税务机关和纳税人各留存一份。

纳税人自认定机关认定为一般纳税人的次月起（新开业纳税人自主管税务机关受理申请的当月起），按照《增值税暂行条例》的规定计算应纳税额，并按照规定领购、使用增值税专用发票。

除国家税务总局另有规定外，纳税人一经认定为一般纳税人后，不得转为小规模纳税人。

新认定为一般纳税人的小型商贸批发企业及国家税务总局规定的其他一般纳税人，主管税务机关可以在一定期限内对其实行纳税辅导期管理。期满后符合条件的经企业申请转为正式一般纳税人。

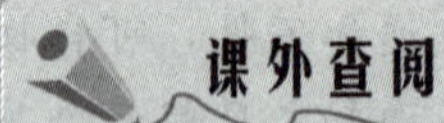

课外查阅

查阅国税发［2010］40号《增值税一般纳税人纳税辅导期管理办法》对纳税辅导期的规定。

实训操作

根据本模块后“技能训练”题1的有关资料，分析佳美公司是否需要进行一般纳税人认定登记。如果需要，填写完成佳美服装有限公司《增值税一般纳税人申请认定表》。

三、税种认定

税种认定登记是纳税人在办理开业或变更税务登记的同时申请填报的，由主管税务机关根据其生产、经营范围及拥有的财产等情况，认定录入纳税人所适用的税种、税目、税率、报缴税款期限、征收方式和缴库方式的一种登记手续。

纳税人税种认定办理程序如下所述。

（一）提出申请

纳税人应在领取税务登记证副本后和申报纳税之前，到主管税务机关的征收管理科申请税种认定登记，填写《纳税人税种登记表》，如表1—4所示。

表 1—4 **纳税人税种登记表**

纳税人识别号：

微机编码：

纳税人名称：

<table>
<tr><td colspan="5">一、增值税</td></tr>
<tr><td rowspan="2">类别</td><td rowspan="2">1. 销售货物 □
2. 加工 □
3. 修理修配 □
4. 其他 □</td><td rowspan="2">货物或项目名称</td><td>主营</td><td></td></tr>
<tr><td>兼营</td><td></td></tr>
<tr><td>纳税人认定情况</td><td colspan="4">1. 增值税一般纳税人□ 2. 小规模纳税人□ 3. 暂认定增值税一般纳税人□</td></tr>
<tr><td>经营方式</td><td colspan="4">1. 境内经营货物□ 2. 境内加工修理□ 3. 自营出口□ 4. 间接出口□
5. 收购出口□ 6. 加工出口□</td></tr>
<tr><td colspan="5">备注：</td></tr>
<tr><td colspan="5">二、消费税</td></tr>
<tr><td>类别</td><td>1. 生产 □
2. 委托加工 □
3. 零售 □</td><td>应税消费品名称</td><td colspan="2">1. 烟□ 2. 酒及酒精□ 3. 化妆品□ 4. 贵重首饰及珠宝玉石□
5. 鞭炮、烟火□ 6. 汽油□ 7. 汽车轮胎 8. 摩托车□
9. 小汽车□ 10. 高尔夫球及球具□ 11. 高档手表□ 12. 游艇□
13. 木制一次性筷子□ 14. 实木地板□</td></tr>
<tr><td colspan="5">备注：</td></tr>
<tr><td colspan="5">三、营业税</td></tr>
<tr><td>类别</td><td colspan="4">1. 交通运输业□ 2. 建筑安装业□ 3. 金融保险业□ 4. 邮政电信业□ 5. 服务业□
6. 娱乐业□ 7. 文化体育业□ 8. 转让无形资产□ 9. 销售不动产□</td></tr>
<tr><td rowspan="2">经营项目</td><td>主营</td><td colspan="3"></td></tr>
<tr><td>兼营</td><td colspan="3"></td></tr>
<tr><td colspan="5">备注：</td></tr>
<tr><td colspan="5">四、个人所得税</td></tr>
<tr><td>类别</td><td colspan="4">1. 工资薪金所得□ 2. 个体工商户生产经营所得□ 3. 企事业单位承包经营所得□
4. 劳务报酬所得□ 5. 稿酬所得□ 6. 特许权使用费所得□ 7. 利息、股息、红利所得□
8. 财产转让所得□ 9. 财产租赁所得□ 10. 偶然所得□ 11. 其他所得□</td></tr>
<tr><td colspan="2">是否扣缴个人所得税</td><td colspan="3">1. 扣缴个人所得税□ 2. 不扣缴个人所得税□</td></tr>
<tr><td colspan="5">备注：</td></tr>
<tr><td colspan="5">五、企业所得税</td></tr>
<tr><td colspan="2">法定或申请纳税方式</td><td colspan="3">1. 按实纳税□ 2. 核定利润率计算纳税□ 3. 按经费支出换算收入计算纳税□
4. 按佣金率换算收入纳税□ 5. 航空、海运企业纳税方式□ 6. 其他纳税方式□</td></tr>
<tr><td colspan="3">非生产性收入占总收入的比例（%）</td><td colspan="2"></td></tr>
<tr><td colspan="5">备注：季度预缴方式：1. 按上年度四分之一□ 2. 按每季度实际所得□</td></tr>
<tr><td colspan="5">六、资源税</td></tr>
<tr><td colspan="2">计税类别</td><td colspan="3">1. 原油□ 2. 天然气□ 3. 煤炭□ 4. 其他非金属矿原矿□
5. 黑色金属矿原矿□ 6. 有色金属矿原矿□ 7. 固体盐□ 8. 液体盐□</td></tr>
<tr><td colspan="5">备注：</td></tr>
<tr><td colspan="5">七、土地增值税</td></tr>
<tr><td colspan="5">八、房产税</td></tr>
<tr><td>计税类别</td><td colspan="4">1. 自有房产□ 2. 出租房产□</td></tr>
<tr><td colspan="5">1. 自有房产原值 元； 2. 免税房产原值 元；
3. 新增减房产原值 元； 4. 出租房屋租金（月、年） 元。</td></tr>
<tr><td colspan="5">备注：</td></tr>
</table>

九、车船税			
车船类别	计税标准（辆、座位、吨位）	数　量	免税车船数量
备注：			
十、城镇土地使用税			
税额类别	1. 大城市□　2. 中等城市□　3. 小城市□　4. 县城、建制镇、工矿区□		
备注：			
十一、城市维护建设税：			
1. 市区□　2. 县城镇□　3. 其他□			
十二、印花税			
计税类别	1. 购销合同□　2. 加工承揽合同□　3. 建安工程承包合同□ 4. 建安工程勘查设计合同□　5. 财产租赁合同□　6. 货物运输合同□ 7. 仓储保管合同□　8. 借款合同□　9. 财产保险合同□　10. 技术合同□ 11. 产权转移书据□　12. 营业账簿□　13. 权利许可证照□		
备注：			
十三、教育费附加			
十四、地方教育附加			
十五、文化事业建设费			
十六、基金			
十七、矿区使用费			
原油□	不超过一百万吨□　一百万吨至一百五十万吨□　一百五十万吨至二百万吨□ 二百万吨至三百万吨 □　三百万吨至四百万吨□　四百万吨以上□		
天然气□	不超过二十亿立方米□　二十亿至三十五亿立方米□ 三十五亿立方米至五十亿立方米□　五十亿立方米以上□		
预缴方式	分次□　分期□		
十八、其他税			
十九、其他费、基金			

注：纳税人必须如实填写以上内容，如内容发生变化，应及时办理变更登记。

（二）税务机关审核、确认

税务机关对纳税人报送的《纳税人税种登记表》及有关资料进行审核，也可据实际情况派人到纳税人的生产经营现场调查之后，对纳税人适用的税种、税目、税率、纳税期限、纳税方法等作出确认，在《纳税人税种登记表》的有关栏目中注明，或书面通知纳税人税种认定结果，以此作为办税的依据。

实训操作

根据本模块后技能训练题 2 的资料，完成营口佳美服装有限公司的开业税种认定。

任务二　账簿、凭证管理

任务导入

在办理税务登记的时候，税务机关工作人员曾向小张了解企业设置账簿情况，领取税务登记证时，要求其将相关的财务、会计制度等在一定时间内报送主管税务机关备案。

小张对税收征管法中关于建立账簿、报送财务会计制度、如何领购使用发票还有很多疑问，你能帮助小张解决吗？

任务目标：

明确佳美公司账簿设置与保管的要求，会领购、使用和保管发票等凭证。

学习任务考核单

姓名：　　　　　　　　　　　　学号：　　　　　　　　　　　　编号 1—2

序号	内容	分值	总结与归纳	成绩
1	账簿的设置与保管要求	20		
2	发票领购的范围和方式	20		
3	发票领购的程序	20		
4	发票的使用	20		
5	发票的保管	20		

请学生完成学习任务考核单并上交。

学习指南

一、涉税账簿的设置与保管

（一）涉税账簿的设置要求

1. 设置账簿的时间要求

（1）从事生产、经营的纳税人应当自领取营业执照或者发生纳税义务之日起 15 日内按照规定设置总账、明细账、日记账以及其他辅助性账簿，其中总账、日记账必须采用订本式。

（2）扣缴义务人应当自税收法律、行政法规规定的扣缴义务发生之日起 10 日内，按照所代扣、代收的税种，分别设置代扣代缴、代收代缴税款账簿。

纳税人、扣缴义务人采用电子计算机记账的，对于会计制度健全，能够通过电子计算机正确、完整计算其收入、所得的，其电子计算机储存和输出的会计记录，可视同会计账簿，但应按期打印成书面记录并完整保存；对于会计制度不健全，不能通过电子计算机正确、完整反映其收入、所得的，应当建立总账和与纳税或者代扣代缴、代收代缴税款有关的其他账簿。

生产、经营规模小又确无建账能力的纳税人，可以聘请经批准从事会计代理记账业务的专业机构或者经税务机关认可的财会人员代为建账和办理账务；聘请上述机构或者人员有实际困难的，经县（市）以上国家税务局批准，可建立收支凭证粘贴簿、进货销货登记簿或者使用税控装置。

2. 报送财务、会计制度的时间要求

从事生产、经营的纳税人应当自领取税务登记证件之日起 15 日内，将其财务、会计制度或者财务、会计处理办法报送主管国家税务机关备案。纳税人、扣缴义务人采用计算机记账的，应当在使用前将其记账软件、程序和使用说明书及有关资料报送主管国家税务机关备案。

3. 报送银行存款账号的时间要求

从事生产、经营的纳税人应当按照国家的有关规定，持税务登记证件，在银行或者其他金融机构开立基本存款账户或其他存款账户，并从开立账户之日起 15 日内向税务机关书面报告其全部账号；开立的账户发生变化的，应当从变化之日起 15 日内向税务机关书面报告。

（二）涉税账簿的保管要求

纳税人的账簿（包括收支凭证粘贴簿、进销货登记簿）、会计凭证、报表和完税凭证及其他有关纳税资料，除另有规定外，至少要保存 10 年，保存期满需要销毁时，应编制销毁清册，经主管国家税务机关批准后方可销毁。

账簿、记账凭证、完税凭证及其他有关资料不得伪造、变造或者擅自损毁。

根据《会计档案管理办法》的规定，各类会计档案的保管期限是如何规定的？

二、发票的领购、使用与保管

发票，是单位和个人在购销商品、提供或接受应税服务以及从事其他经营活动时，开具、收取的收付款凭证。

依照法律规定，税务机关是发票的主管机关，负责发票印刷、领购、开具、取得、保

管、缴销的管理和监督。企业和个人所使用的发票绝大部分是由税务机关监制的，要从税务机关购买。也有一些由企业根据自己的行业特点自行设计并制造，但前提是得到税务机关的认可。

（一）发票的领购

1. 发票领购的适用范围

（1）依法办理税务登记的单位和个人，在领取税务登记证后，根据自己的需要，携带有关证件向主管税务机关申请领购发票。

（2）临时发生经营业务，却不需要办理税务登记的纳税人，如果需要使用发票，可以凭单位介绍信和其他有效证件，到税务机关申请代开发票。

（3）临时到本省、自治区、直辖市以外从事经营活动的单位和个人，凭所在地税务机关开具的《外出经营活动税收管理证明》，在办理纳税担保的前提下，可向经营地税务机关申请领购经营地的发票。

知识链接

纳税担保，是指按税务机关的要求，提供担保人或缴纳不超过1万元的保证金，并限期缴销发票。

2. 发票的种类

发票的种类繁多，主要是按行业特点和纳税人的生产经营项目分类，每种发票都有特定的使用主体和适用范围。

（1）增值税专用发票。增值税专用发票是增值税一般纳税人销售货物或者提供应税劳务开具的发票，是购买方支付增值税额并可按照增值税有关规定据以抵扣增值税进项税额的凭证。只有增值税一般纳税人才能领购使用增值税专用发票，其他纳税人不得领购。

（2）普通发票。普通发票是相对于增值税专用发票而言的，是目前使用范围最广泛、使用主体最多的发票，主要由营业税纳税人和增值税小规模纳税人使用，增值税一般纳税人在不能开具专用发票的情况下也可使用普通发票。普通发票由行业发票和专用发票组成。前者适用于某个行业和经营业务，如工业企业产品销售统一发票等；后者仅适用于某一经营项目，如广告费用结算发票等。

（3）专业发票。专业发票是指那些性质特殊，使用对象明确，使用范围较窄，用途单一且经法定机关审批使用的各类营业收款凭证。如国有金融、邮电、铁路、民用航空、公路和水上运输等单位在某些特定业务范围内使用的营业收款凭证。专业发票可由政府主管部门自行管理，不套印税务机关的统一发票监制章。

思考与分析

佳美公司主要生产、销售服装，并取得了增值税一般纳税人的资格。

请问：佳美公司可以使用发票的种类包括哪些？

3. 发票的领购方式

（1）批量供应。税务机关根据用票单位业务量对发票需求量的大小，确定一定时间内的合理领购数量，用量大的可以按月提供，用量不太大的可以按季领购，防止用票单位积存较多发票引起管理上的问题。批量供应主要针对领购自用发票（衔头发票）的纳税人采取的购票方式，主要适用于财务管理制度健全、经营规模较大、经营范围单一、发票管理规范的单位。

（2）交旧购新。交旧购新是指用票单位和个人交回已填开的发票存根联，经主管税务机关审核后留存，才允许领购新发票。主管税务机关对旧发票存根联进行审核，主要看其存根联是否按顺序号完整保存，作废发票是否全份缴销，填开的内容是否真实、完整、规范等。实行交旧购新方式领购发票的适用对象主要是个体工商业户，但对外省、自治区、直辖市来本辖区从事临时性经营活动的纳税人除实行担保方式发售发票外，同时实行交旧购新。

（3）验旧购新。验旧购新是指用票单位和个人将已填开的发票存根联交税务机关审验后，领购新票。这一方式，主要是对那些财务制度不健全、经营流动性较大、较易发生短期经营行为、纳税意识不强、不具备发票保管条件的单位和个体工商户实行的。采用这一方式，主管税务机关可以通过对旧票存根的审核，核查纳税人发票使用的正确性和合法性，检查其应缴税款有无及时足额缴纳。同时可以通过对个体工商户已使用发票的审查，掌握其纳税定额是否合理，为核定下期的应纳税定额提供参考依据。

交旧购新和验旧购新的区别仅在于存根是由税务机关保存，还是由用票人保存。

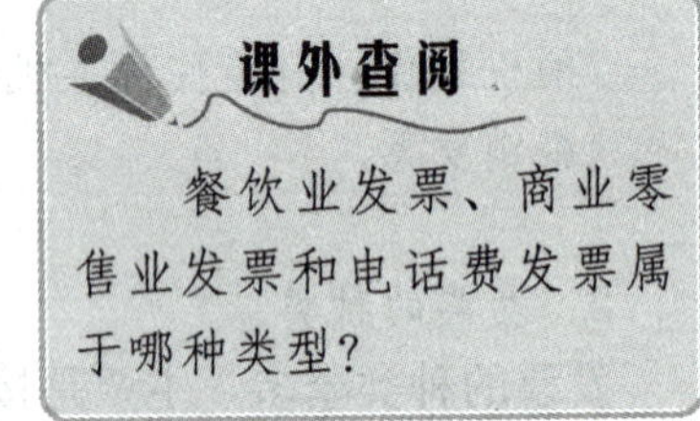

餐饮业发票、商业零售业发票和电话费发票属于哪种类型？

思考与分析

根据有关佳美公司的资料，分析佳美公司应采用的领购发票的方式。

4. 发票的领购程序

（1）自制发票的审批与领购程序。根据《中华人民共和国发票管理办法实施细则》：有固定生产经营场所、财务和发票管理制度健全、发票使用量较大的单位，可以申请印制印有本单位名称的发票；如统一发票式样不能满足业务需要，也可以自行设计本单位的发票式样，但均须报经县（市）以上税务机关批准。自制发票仅限于普通发票。自制发票的审批与领购程序为：

第一，用票单位根据业务特点和经营需要，设计发票式样，预计使用数量。

第二，填写《自制发票申请审批表》，写明所需发票的品类、名称、格式、联次和需求数量，连同发票式样一同提交主管税务机关审批。

第三，取得税务机关核准的《发票印制通知书》后，到指定的印刷厂印制。发票印制完毕后，用票单位建立发票领用存的管理制度，按季度向主管税务机关报送《发票领用存情况报表》。

（2）统印发票的领购程序。统印发票的领购程序为：

第一，提出购票申请。申请领购发票的单位和个人在办理初次发票领购手续时，首先应向税务机关提出购票申请，填写《发票领购申请审批表》，如表1—5所示，并提供经办人身份证明，税务登记证件或者其他有关证明，以及财务印章或者发票专用章的印模，经主管税务机关核准后，领取《发票领购簿》。

对于申请领购增值税专用发票的单位和个人，除应提供上述规定的证明外，还必须提供加盖有“增值税一般纳税人确认专用章”的税务登记证（副本），才能领购增值税专用发票。

表1—5　　发票领购申请审批表

纳税人税务登记号：□□

纳税人电脑编码：□□□□□□□□□□□□□　　　　填表日期：　年　月　日

纳税人名称					
主营范围					
兼营范围					
发票经办人姓名		身份证号码		电话	
发票编码	发票名称		申请数量（本或份）		每月用量
申请理由： 申请人盖章 年　月　日			申请人财务专用章或发票专用章印模		
以下由税务机关填写					
保证形式		保证金额		保证期限	
发票编码	发票名称	供票方式	供票期限	每月（次）供票量	
发票管理部门审批意见	（盖章） 经办人：　负责人：　年　月　日				

小贴士

《发票领购簿》是办理发票领购手续的法定凭证，只有取得《发票领购簿》，才能据以向主管税务机关领购发票。《发票领购簿》的主要内容由税务机关填写。《发票领购簿》属于证件类文书，可反复使用。纳税人每次向税务机关申请领购发票时都要提供《发票领购簿》。

第二，领购发票。领购发票的单位和个人凭《发票领购簿》上核准的领购发票的种类、数量以及购票方式，向主管税务机关领购发票，缴纳一定的工本费并索要收据。

小贴士

再次领购发票的用票单位，应按税务机关发票保管与使用的规定，认真审查发票存根联的各项内容，对于发票中发现的问题，用票单位应予以纠正后，再根据税务机关对用票单位确定的发票领购方式，相应办理发票的领购手续。批量供应方式领购发票的用票单位可凭《发票领购簿》及税务机关要求提供的证件、资料直接领购；对于采用验旧购新或交旧购新方式领购发票的用票单位，还要提供发票交验簿、发票存根。对交验有问题的，停供发票，待处理完毕后才能供应发票。

（二）发票的使用

1. 开具条件

只有在销售商品、提供劳务以及从事其他经营活动的单位和个人，对外发生经营业务收取款项时，收款方向付款方开具发票；特殊情况下，由付款方向收款方开具发票。

2. 开具要求

开具发票应当按照规定的时限、顺序，逐栏、全部联次一次性如实开具，并加盖单位财务专用章或者发票专用章。使用计算机开具发票的，须经主管税务机关批准，并使用税务机关统一监制的机外发票，开具后的存根联应当按照顺序号装订成册。

发票限于领购单位和个人在本省、自治区、直辖市内开具。任何单位和个人未经批准，不得跨规定的使用区域携带、邮寄、运输空白发票。

任何单位和个人不得转借、转让、代开发票；未经税务机关批准，不得拆本使用发票，不得自行扩大专业发票使用范围。

（三）发票的保管

开具发票的单位和个人应当建立严格的发票保管制度，专人负责，专库保管，专账登记，定期盘点。

企业应当建立发票使用登记制度，设置发票登记簿，并定期向主管税务机关报告发票使用情况。在办理变更或者注销税务登记的同时，办理发票和《发票领购簿》的变更或缴销手续。

已经开具的发票存根联和发票登记簿，应当保存5年。保存期满，报经主管税务机关查验后销毁。

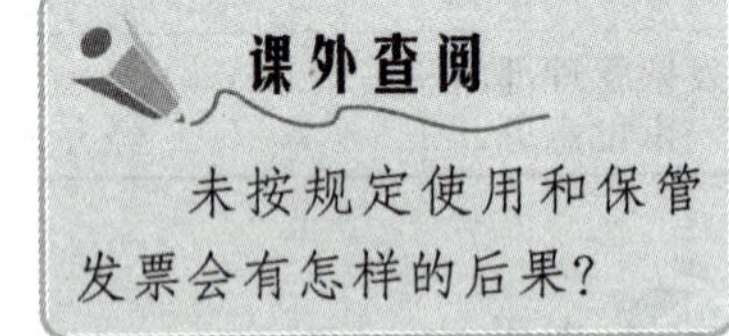

未按规定使用和保管发票会有怎样的后果？

知识链接

增值税专用发票只限于增值税一般纳税人领购使用。一般纳税人应通过增值税防伪税控系统使用专用发票，因此，应先购置防伪税控系统专用设备（金税卡、IC卡、读卡器和其他设备）。增值税专用发票实行最高开票限额管理，一般纳税人需凭《最高开票限额申请表》、《发票领购簿》到主管税务机关办理初始发行，由税务机关将一般纳税人的有关信息载入防伪税控系统专用设备（金税卡和IC卡）。

任务三　办理变更、注销税务登记

任务导入

在办理开业税务登记的时候，小张向税务机关工作人员咨询：如果《税务登记表》上的内容发生变化，是否需要告知税务机关。工作人员告知小张可能需要办理变更税务登记，并列举了一些情况，并提醒小张即使企业破产不再发生应税行为，也要来办理税务登记，不过要办理的是注销税务登记。作为办税人员的小张，迫不及待地找来相关的学习材料，想了解变更和注销税务登记的一些具体要求。你也跟小张一起学习一下吧。

任务目标：

通过本任务的学习，会办理变更、注销税务登记。

学习任务考核单

姓名：　　　　　　　　　　　　　　　　学号：　　　　　　　　　　　　　　编号 1—3

序号	内容	分值	总结与归纳	成绩
1	变更税务登记的范围、时限、程序	25		
2	办理变更税务登记*	25		
3	注销税务登记的范围、时限、程序	25		
4	停业、复业和外出经营报验登记范围及要求	25		

请学生完成学习任务考核单并上交。标注“*”的请结合实训操作结果填写。“停业、复业和外出经营报验登记范围及要求”一项课外查阅完成。

学习指南

一、变更税务登记

变更税务登记是指纳税人税务登记内容发生变化，需要对原有登记内容进行更改，而向主管税务机关申请办理的税务登记。

（一）变更税务登记的范围

变更税务登记的范围包括：

（1）改变名称。

（2）改变法人代表。

（3）改变经济性质或类型。

（4）改变住所或经营地点（涉及主管税务机关变动的办理注销税务登记）。

(5) 改变生产、经营范围或经营方式。

(6) 增减注册资本。

(7) 改变隶属关系。

(8) 改变生产经营期限。

(9) 改变开户银行和账号。

(10) 改变生产经营隶属权属以及其他税务登记内容。

(二) 变更税务登记的时限及变更地点

纳税人已经在工商行政管理机关办理变更登记的，应当自工商行政管理机关变更登记之日起30日内，向原税务登记机关如实提供有关证件、资料，申报办理变更税务登记。纳税人不需要在工商行政管理机关办理变更登记，或者其变更登记的内容与工商登记内容无关的，应自税务登记内容实际发生变化之日起30日内，或自有关机关批准或宣布变更之日起30日内，持有关证件、资料到原税务登记机关办理变更税务登记。

《税务登记表》的内容发生变更而税务登记证中的内容未发生变更的，税务机关不重新核发税务登记证件；《税务登记表》和税务登记证中的内容都发生变更的，税务机关按变更后的内容重新核发税务登记证件。

小贴士

增值税一般纳税人被取消资格而办理变更税务登记的，需提供下列资料：增值税一般纳税人申请认定书原件；税务登记证（正本、副本）；《纳税人税种登记表》；其他有关资料。

(三) 变更税务登记的程序

1. 申请并提供有关资料

纳税人需要办理变更税务登记的，应在法定的时限内向原税务登记机关提出变更申请，并提供下列有关证件和资料：

(1) 工商登记变更表及工商营业执照（需办理工商变更的纳税人提供）。

(2) 纳税人变更登记内容的有关证明文件。

(3) 税务机关发放的原税务登记证件（登记证正本、副本和登记表等）。

(4) 其他有关资料。

2. 填写《税务登记变更表》

纳税人变更申请通过后，领取并填写《税务登记变更表》，如表1—6所示。

表1—6　税务登记变更表

<table>
<tr><td colspan="2">纳税人名称</td><td colspan="2"></td><td>纳税人识别号</td><td></td></tr>
<tr><td colspan="6">变更登记事项</td></tr>
<tr><td>序号</td><td>变更项目</td><td>变更前内容</td><td colspan="2">变更后内容</td><td>批准机关名称及文件</td></tr>
<tr><td></td><td></td><td></td><td colspan="2"></td><td></td></tr>
<tr><td></td><td></td><td></td><td colspan="2"></td><td></td></tr>
<tr><td></td><td></td><td></td><td colspan="2"></td><td></td></tr>
<tr><td colspan="6">送缴证件情况：</td></tr>
</table>

经办人： 年　月　日	法定代表人（负责人）： 年　月　日	纳税人（签章） 年　月　日
经办税务机关审核意见：		
经办人： 年　月　日	负责人： 年　月　日	税务机关（签章） 年　月　日

3. 领取变更后的有关资料

纳税人应及时到税务机关领取有关资料并存档，涉及变更税务登记证内容的，需领取重新核发的税务登记证正本、副本。

思考与分析

2010 年 12 月 25 日，金田公司法人代表刘超因涉嫌经济问题并触及刑法，被公安机关逮捕。金田公司投资人通过会议一致决定撤销刘超的法人代表资格，由张浩担任公司新法人代表。

请问：金田公司改变法人代表的行为应否需要变更税务登记？应在何时办理？怎样办理？

实训操作

根据本模块后"技能训练"题 3 的资料，完成营口佳美服装有限公司的变更税务登记。

二、注销税务登记

注销税务登记是指纳税人办理税务登记后，发生特定情形，需要在所登记的税务机关终止纳税，而注销其税务登记的行为。

(一) 注销税务登记的范围

注销税务登记的范围包括：

(1) 纳税人发生解散、破产以及其他情形依法终止纳税义务。

(2) 纳税人因住所、经营地点变动而涉及改变税务登记机关。

(3) 纳税人被工商行政管理机关吊销营业执照。

(4) 纳税人依法终止履行纳税义务的其他行为。

(二) 注销税务登记的时限及地点

纳税人发生解散、破产、撤销以及其他情形的，应当在向工商管理机关或者其他机关办理注销登记前，持有关证件向原税务登记管理机关申报办理注销税务登记；按规定不需要在工商管理机关办理注销登记的，应当自有关机关批准或宣告终止之日起 15 日内，向原税务登记管理机关办理注销税务登记。

纳税人因住所、生产、经营场所变更而涉及改变主管税务登记机关的，应当自向工商行政管理机关申报办理变更或注销登记前，或者住所、生产、经营场所变动前，向迁出地税务机关申报办理注销税务登记，并在注销税务登记之日起 30 日内向迁达地主管税务登记机关申报办理税务登记。

纳税人被工商行政管理机关吊销营业执照的，应当自营业执照被吊销之日起 15 日内，向原税务登记机关办理注销税务登记。

（三）注销税务登记的程序

1. 申请并提供有关资料

纳税人应在规定的时限内，向税务登记机关提出注销税务登记申请，并提交税务机关要求的下列有关证件和资料：

（1）主管税务机关原发放的税务登记证正本、副本。

（2）主管部门批文或董事会、职代会的决议及其他有关证明文件。

（3）营业执照被吊销的纳税人应提交工商机关发放的注销决定。

（4）税务机关要求的其他有关资料。

2. 填报《注销税务登记申请审批表》

税务机关在接到纳税人提交的有关注销税务登记资料后，经审核资料完备、符合规定的，发放《注销税务登记申请审批表》，如表 1—7 所示。纳税人根据实际情况认真填写，并按照要求分别到发票管理环节缴销发票、到征收环节清缴税款、到稽查环节办理纳税清算等手续。最后将填列完整并盖有各相关管理部门签署意见的审批表提交主管税务登记部门审核。

表 1—7　　注销税务登记申请审批表

<table>
<tr><td>纳税人名称</td><td colspan="2"></td><td colspan="2">纳税人识别号</td><td></td></tr>
<tr><td colspan="6">注销原因</td></tr>
<tr><td rowspan="3">附送资料</td><td colspan="2"></td><td colspan="3"></td></tr>
<tr><td colspan="2"></td><td colspan="3"></td></tr>
<tr><td colspan="2"></td><td colspan="3"></td></tr>
<tr><td colspan="6">经办人：　　法定代表人（负责人）：　　纳税人（签章）
年　月　日　　年　月　日　　年　月　日</td></tr>
<tr><td colspan="6">以下由税务机关填写</td></tr>
<tr><td>受理时间</td><td colspan="5">经办人：　年　月　日　负责人：　年　月　日</td></tr>
<tr><td>清缴税款、滞纳金、罚款情况</td><td colspan="5">经办人：　年　月　日　负责人：　年　月　日</td></tr>
<tr><td>缴销发票情况</td><td colspan="5">经办人：　年　月　日　负责人：　年　月　日</td></tr>
<tr><td>税务检查意见</td><td colspan="5">经办人：　年　月　日　负责人：　年　月　日</td></tr>
<tr><td rowspan="3">收缴税务证件情况</td><td>种类</td><td>税务登记证正本</td><td>税务登记证副本</td><td>临时税务登记证正本</td><td>临时税务登记证副本</td></tr>
<tr><td></td><td></td><td></td><td></td><td></td></tr>
<tr><td colspan="5"></td></tr>
<tr><td>批准意见</td><td colspan="5">部门负责人：　　税务机关（签章）
年　月　日　　年　月　日</td></tr>
</table>

3. 领取注销税务登记的有关批件

经税务机关审查核实，在确认纳税人结清全部纳税事项后，为其办理注销税务登记手续，核发《注销税务登记通知书》。对因住所、生产、经营场所变更而涉及改变主管税务登记机关的纳税人，还应向迁达地税务机关递解《纳税人迁移通知书》，并附有《纳税人档案资料移交清单》。纳税人应及时到税务机关领回有关注销税务登记的批件、资料。

思考与分析

2010 年 12 月，金田公司由市区迁入下属开发区的产业园区，分属不同主管税务机关。

请问：金田公司需要办理何种税务登记？应如何办理？

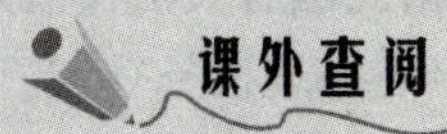

课外查阅

查阅停业、复业登记及外出经营报验的登记范围及要求。

知识考验

一、单项选择题

1. 企业自领取营业执照之日起（　　）日内，应向税务机关申报办理税务登记。

A. 30 日　　B. 10 日　　C. 60 日　　D. 15 日

2. 下列纳税人中，可以领购使用增值税专用发票的是（　　）。

A. 增值税小规模纳税人

B. 不能向税务机关提供有关增值税税务资料的纳税人

C. 销售免征增值税货物的纳税人

D. 增值税一般纳税人

3.《税收征管法》及其实施细则规定，从事生产经营的纳税人应当自领取（　　）之日起 15 日内，将其财务、会计制度或者财务、会计处理办法报送税务机关备案。

A. 税务登记证件　　B. 发票领购簿

C. 营业执照　　D. 财务专用章

4. 企业更换法定代表人需办理（　　）。

A. 开业登记　　B. 变更登记

C. 停业、复业登记　　D. 注销登记

5. 纳税人被工商行政管理机关吊销营业执照之日起（　　）内向税务机关申报办理注销税务登记。

A. 10 日　　B. 15 日　　C. 30 日　　D. 5 日

二、多项选择题

1. 企业在（　　）情况下，应当办理税务登记。

A. 解散　　B. 破产　　C. 撤销　　D. 更名

2. 我国发票按其用途及反映的内容不同，可以分为（　　）。

A. 增值税专用发票　　B. 普通发票　　C. 专业发票　　D. 保证凭证

3. 可以使用普通发票的单位有（　　）。

A. 增值税一般纳税人　　B. 营业税纳税人

C. 小规模纳税人　　D. 个体企业

4. 纳税人在办理注销税务登记前，应当向税务机关（　　）。

A. 结清应纳税款、滞纳金、罚款　　B. 提供清缴欠税的纳税担保

C. 缴纳不超过 10 000 元的保证金　　D. 缴销发票和其他税务证件

5. 根据我国有关法律规定，纳税人应当自领取营业执照之日起一定期限内，向当地税务机关申请办理税务登记。纳税人申报办理税务登记时应出示的证件和资料有（　　）

A. 营业执照　　B. 有关合同、章程、协议书

C. 银行账号证明　　D. 居民身份证

技能训练

1. 办理开业税务登记。

资料：营口佳美服装有限公司经辽宁省营口市站前区工商所批准，于 2010 年 6 月 25 日取得企业法人营业执照，注册号为 210000190000250000，经营期限为 20 年。纳税人识别号为 210000000000000，组织机构代码为 21013000－X，法定代表人为马明，从业人数为 260 人，注册地址为营口市长青路 68 号，邮政编码为 115000，电话为 0417－2868000，开户银行为中国工商银行光明支行，账号为 6222078256，经营范围为生产、销售服装，注册资本为 1 000 万元。预计年销售收入额为 120 万元。公司独立核算，适用企业会计制度；相关人员情况如表 1—8 所示。

表 1—8　　法定代表人、财务人员、办税人员基本情况

<table>
<tr><td rowspan="2">项目</td><td rowspan="2">姓名</td><td colspan="2">身份证件</td><td rowspan="2">固定电话</td><td rowspan="2">移动电话</td><td colspan="2" rowspan="2">电子邮箱</td></tr>
<tr><td>种类</td><td>号码</td></tr>
<tr><td>法定代表人</td><td>马明</td><td>居民身份证</td><td>210000197006250488</td><td>2868000</td><td>13840775555</td><td colspan="2">mming@sina.com</td></tr>
<tr><td>财务负责人</td><td>刘丽</td><td>居民身份证</td><td>210824197808160580</td><td>2868001</td><td>15841758899</td><td colspan="2">lli@126.com</td></tr>
<tr><td>办税人</td><td>张刚</td><td>居民身份证</td><td>210804198810150480</td><td>2868001</td><td>13009312568</td><td colspan="2">zhgang@126.com</td></tr>
<tr><td colspan="8">投资者基本情况</td></tr>
<tr><td>投资方名称</td><td>投资方经济性质</td><td>证件种类</td><td colspan="2">号码</td><td colspan="2">地址</td><td>投资比例</td></tr>
<tr><td>营口现代印染有限公司</td><td>法人</td><td>组织机构代码证</td><td colspan="2">21116000－X</td><td colspan="2">营口经济技术开发区</td><td>100%</td></tr>
</table>

要求：根据以上资料，为该公司办理开业税务登记，填写《税务登记表》(见表 1—1)。

2. 办理税种登记。

资料：营口佳美服装有限公司地处市区，主要在境内销售服装，已经被认定为增值税一般纳税人，具有生产经营用房产及小轿车一辆、载货卡车一辆。该公司涉及的税种主要包括增值税、城市维护建设税和教育费附加、企业所得税及房产税和车船税。

要求：根据以上资料，为该公司办理税种认定，填写《纳税人税种登记表》（见表 1—4）。

3. 办理变更税务登记。

资料：营口佳美服装有限公司于 2010 年 12 月 25 日将基本存款户变更为中国银行和平支行，账号为 10212076222，经营范围不仅包括生产、销售服装，还新增了纽扣、边角料的销售。

要求：请根据上述资料和技能训练题 1 中所给出的资料，完成佳美公司变更税务登记工作，填写《税务登记变更表》（见表 1—6）。

模块二

增值税纳税实务

学习目标

知识目标

- 熟悉增值税的法律知识
- 掌握增值税的核算方法
- 掌握增值税纳税申报的要求

技能目标

- 能正确核算不同纳税人增值税的应纳税额
- 会填制《增值税纳税申报表》及附列资料
- 能办理增值税纳税申报事项

任务一　核算增值税应纳税额

任务导入

佳美服装有限公司属于增值税一般纳税人。2011 年 3 月份发生如下与增值税有关的国内业务：

（1）5 日，购进生产用布料一批，取得的增值税专用发票上注明价款 100 000 元，增值税税款 17 000 元。该批布料的运杂费合计 800 元，对方代垫，取得运费发票一张，注明运费 600 元，建设基金 80 元，装卸费 120 元。款项尚未支付。

（2）8 日，购进 10 台缝合机，取得的增值税专用发票上注明价款 80 000 元，增值税税款 13 600 元，开出商业承兑汇票一张。开出转账支票支付运费 4 000 元，取得运费发票。

（3）10 日，根据委托代销协议，向中兴商厦发出服装 500 套（代销价格 200 元/套）。

（4）10 日，缴纳上月未交增值税 12 000 元。

（5）12 日，采取直接收款方式销售给美源百货商场运动服 2 000 套，开出的增值税专用发票上注明价款 200 000 元，增值税税款 34 000 元。

（6）15 日，为公司产品做宣传，将 20 套新款运动服赞助市内某篮球队。每套运动服的成本为 120 元。

(7) 18 日，从文具店购入办公用品一批，取得的商业零售发票上注明价款 1 755 元。款项用现金支付。

(8) 20 日，购进小轿车一辆，取得的增值税专用发票上注明价款 200 000 元，增值税税款 34 000 元，款项已经支付。

(9) 22 日，因质量原因，美源百货商场退回服装 20 套，收到美源百货商场主管税务机关开出的红字增值税专用发票通知单。

(10) 25 日，企业购入一批大豆油和月饼，作为节日礼品发给职工，取得的发票上注明价款总计 40 000 元，增值税税款 6 800 元，款项已经支付。

(11) 28 日，支付本月生产用电和办公楼用电的电费，取得的增值税专用发票上注明价款 10 000 元，增值税税款 1 700 元。其中生产用电占 90%，办公楼用电占 10%，款项已经支付。

(12) 29 日，采用分期收款方式销售运动服一批，不含税价款 300 000 元，增值税税款 51 000 元，合同约定在发出产品时支付 50%的款项，在下月 29 日，支付剩余 50%的货款。

(13) 30 日，收到中兴商厦支付的 8 月份代销服装清单，总计代销款项 234 000 元，代销手续费为代销商品价格的 5%，佳美公司根据代销价格和增值税款的情况开出增值税专用发票。

任务目标：

佳美公司以一个月为一纳税申报期限，3 月份取得的增值税发票都已认证通过。正确计算佳美公司 3 月份应纳增值税税额，并完成涉税业务会计处理。

学习任务考核单

姓名：　　　　　　　　　　　　　学号：　　　　　　　　　　　　　编号 2—1

序号	内容	分值	总结与归纳	成绩
1	增值税征税范围	20		
2	增值税纳税人的界定	20		
3	进项税额抵扣的规定	10		
4	一般纳税人应纳税额的计算及其会计处理*	30		
5	小规模纳税人应纳税额的计算及其会计处理	20		

请学生完成学习任务考核单并上交。标注“*”的请结合实训操作结果填写。

学习指南

一、认识增值税

增值税是对在我国境内销售货物或者提供加工、修理修配劳务以及进口货物的单位和个人，就其取得的增值额为计税依据征收的一种流转税。

我国增值税的发展

自1983年1月1日起，我国开始试行增值税。当时的征税范围仅限于机器及其零配件、农机具及其零配件、缝纫机、电风扇、自行车5种工业品，以后征税范围逐渐扩大。1993年12月13日，国务院发布了《中华人民共和国增值税暂行条例》，同年12月25日，财政部发布了《中华人民共和国增值税暂行条例实施细则》，上述条例和实施细则均自1994年1月1日起施行。之后，国务院以及财政部、国家税务总局又陆续发布了一些有关增值税的规定、办法。2008年11月5日对条例和实施细则进行了修订，自2009年1月1日起施行。我国现行增值税属于生产型增值税。

增值税的类型包括哪些？

（一）征税范围

1. 征税范围的基本规定

（1）销售货物。销售货物，是指在中华人民共和国境内（以下简称境内）有偿转让货物的所有权。货物，是指除土地、房屋和其他建筑物等不动产之外的有形动产，包括电力、热力、气体在内；在境内销售货物，即销售货物的起运地或所在地在境内；有偿是指从受让方取得货币、货物或其他经济利益。转让货物所有权的行为包括生产、批发、零售等环节的销售。

知识链接

不动产是指不能移动或者如果移动就会改变性质、损害其价值的有形财产，包括土地及定着物。不动产的销售虽在广义上也属于货物销售的范围，但考虑到不动产的增值具有特殊性，故不征收增值税，而征收营业税和土地增值税等。

（2）提供加工、修理修配劳务。提供加工、修理修配劳务又称销售应税劳务（这里的“税”指增值税，本模块下同），是指在境内有偿提供加工、修理修配劳务。加工，是指受托加工货物，即由委托方提供原料及主要材料，受托方按照委托方的要求制造货物并收取加工费的业务；修理修配，是指受托对损伤和丧失功能的货物进行修复，使其恢复原状和功能的业务。应在境内提供或销售上述劳务，即应税劳务的发生地在中国境内。

小贴士

营业税和增值税对劳务的征税范围不交叉，增值税只对提供加工、修理修配劳务取得的收入征税，而如运输公司提供运输劳务、建筑公司提供建筑劳务、广告公司提供广告制作劳务等取得的收入虽然都属于劳务收入，但属于需缴纳营业税的劳务。

（3）进口货物。进口货物，是指报关进口的货物。对于进口货物，除依法征收关税外，还应在进口环节征收增值税。

2. 征税范围的特殊规定

增值税的征税范围除了上述的一般规定以外，对于实务中某些特殊项目或行为是否属于增值税的征税范围，还做了如下具体规定：

(1) 特殊项目。具体包括：货物期货（包括商品期货和贵金属期货，在期货的实物交割环节纳税）；银行销售金银的业务；典当业的死当物品销售业务和寄售业代委托人销售寄售物品的业务；集邮商品的生产、调拨以及邮政部门以外的其他单位与个人销售集邮商品；邮政部门以外的其他单位和个人发行报刊；单独销售移动电话，不提供有关电信劳务服务的；缝纫业务。

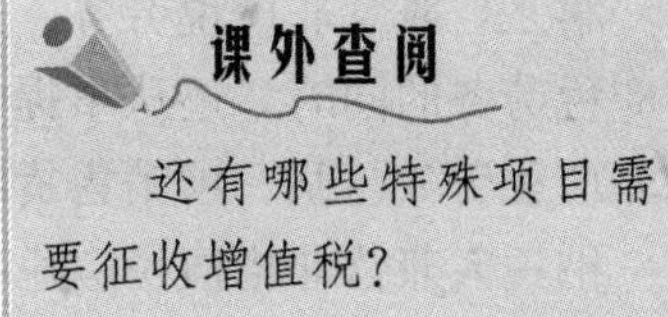

课外查阅

还有哪些特殊项目需要征收增值税？

思考与分析

邮政部门销售集邮商品、发行报刊是否征收增值税？

(2) 特殊行为。具体包括：视同销售、混合销售和兼营非应税劳务。

第一，视同销售。一般来说，对货物征收增值税应以货物所有权的有偿转让为前提，而下列行为或者没有转让货物的所有权，或者只是无偿转让货物的所有权。为平衡各类经营方式及各类货物之间的税负，便于税源控制，保持增值税抵扣链条的完整、连续，根据《中华人民共和国增值税暂行条例实施细则》（以下简称《增值税暂行条例实施细则》）规定，单位或者个体工商户的下列行为，视同销售货物，虽然没有取得销售收入，也视同销售应税货物，征收增值税：将货物交付其他单位或者个人代销；销售代销货物；设有两个以上机构并实行统一核算的纳税人，将货物从一个机构移送其他机构用于销售，但相关机构在同一县（市）的除外；将自产、委托加工的货物用于非增值税应税项目；将自产、委托加工的货物用于集体福利或个人消费；将自产、委托加工或购进的货物作为投资，提供给其他单位或个体工商户；将自产、委托加工或购进的货物分配给股东或投资者；将自产、委托加工或购进的货物无偿赠送给其他单位或者个人。

第二，混合销售。一项销售行为如果既涉及货物又涉及非增值税应税劳务，则该行为为混合销售行为。

从事货物的生产、批发或者零售的企业、企业性单位和个体工商户（包括以从事货物的生产、批发或者零售为主，并兼营非增值税应税劳务的单位和个体工商户在内）的混合销售行为，视为销售货物，应当缴纳增值税；其他单位和个人的混合销售行为，视为销售非增值税应税劳务，不缴纳增值税。

小贴士

上述所说“以从事货物的生产、批发或者零售为主，并兼营非增值税应税劳务”，是指纳税人年货物销售额与非增值税应税劳务营业额的合计数中，年货物销售额超过50%，非增值税应税劳务营业额低于50%，即以纳增值税为主的纳税人。

对以从事非增值税应税劳务为主，并兼营货物销售的单位和个人，其混合销售行为应视为销售非应税劳务，不征收增值税，即以纳营业税为主的纳税人。但这里有两种特殊情况应征收增值税：

(1) 如果纳税人设立单独的机构经营货物销售并单独核算，该单独机构应视为从事货物的生产、批发或零售的企业、企业性单位，其发生的混合销售行为应当征收增值税。

(2) 从事运输业务的单位和个人，发生销售货物并负责运输所售货物的混合销售行为，征收增值税。

纳税人的销售行为是否属于混合销售行为，由国家税务总局所属征收机关确定。

第三，兼营非应税劳务。兼营非应税劳务是指增值税纳税人在从事应税货物销售或提供应税劳务的同时，还从事提供非增值税应税劳务（即营业税规定的各种劳务），且从事的非应税劳务与某一项销售货物或提供应税劳务的行为并无直接的联系和从属关系。

纳税人兼营非增值税应税项目的，应分别核算货物或者应税劳务的销售额和非增值税应税项目的营业额；未分别核算的，由主管税务机关核定货物或者应税劳务的销售额。

小贴士

混合销售行为与兼营非应税劳务行为的区别：

(1) 混合销售行为注意三个“一”，即：同一项销售行为中既包括销售货物又包括提供非应税劳务；销售货物和提供非应税劳务的价款是同时从一个购买方取得的；混合销售只征收一种税。

(2) 兼营非应税劳务注意三个“两”，即：经营范围包含两种业务；销售货物或应税劳务和提供非应税劳务的货款向两个以上消费者收取；两种行为分别核算，分别征两种税，不分别核算或不能准确核算的，一并征收增值税。

思考与分析

麦香食品公司下设有一个糕点生产企业和一家商务酒店，糕点生产企业主要从事各种糕点的生产、销售业务，在销售过程中，客户可以自提货物，也可以由麦香公司代办托运，还可以由麦香公司送货上门，并收取一定的费用。商务酒店主要对外提供餐饮、住宿服务。

在节日期间，麦香公司经常将其生产的糕点赠送给福利院、老年服务中心。

请问：(1) 麦香公司既从事糕点生产、销售，又从事餐饮住宿服务，属于何种行为？

(2) 麦香公司生产、销售糕点的行为应缴纳何种税？

(3) 麦香公司对外提供餐饮服务的行为应缴纳何种税？

(4) 麦香公司送货上门的行为属于何种行为？应缴纳何种税？

(5) 麦香公司将糕点赠送给福利院、老年服务中心是否需要纳税？

(二) 纳税人与扣缴义务人

在我国境内销售货物或者提供加工、修理修配劳务以及进口货物的单位和个人，都是增值税的纳税人。

(1) 单位，是指企业、行政单位、事业单位、军事单位、社会团体及其他单位。

(2) 个人，是指个体工商户和其他个人。

(3) 承包人和承租人，单位租赁或者承包给其他单位或者个人经营的，以承租人或者承包人为纳税人。

(4) 扣缴义务人，境外的单位或者个人在境内提供应税劳务，在境内未设有经营机构的，以其境内代理人为扣缴义务人；在境内没有代理人的，以购买方为扣缴义务人。

思考与分析

我国将增值税纳税人按其经营规模的大小及会计核算健全与否划分为哪两类？

（三）税率与征收率

纳税人身份确定后，不同纳税人适用的税率是不一样的。

1. 一般纳税人的增值税税率

（1）基本税率：17%。增值税一般纳税人销售货物或进口货物及提供加工、修理修配劳务，除实行低税率、零税率和销售个别旧货适用征收率外，税率一律为17%，这就是通常所说的基本税率。

（2）低税率：13%。纳税人销售或进口下列货物，适用13%的低税率：粮食、食用植物油；自来水、暖气、冷气、热水、煤气、石油液化气、天然气、沼气、居民用煤炭制品；图书、报纸、杂志；饲料、化肥、农药、农机（不包括农机零部件）、农膜；国务院规定的其他货物。

对于农产品、音像制品、电子出版物和二甲醚则继续实行13%的低税率。

知识链接

农产品，是指种植业、养殖业、林业、牧业、水产业生产的各种植物、动物的初级产品。

音像制品，是指正式出版的录有内容的录音带、录像带、唱片、激光唱盘和激光视盘。

电子出版物是指以数字代码方式，使用计算机应用程序，将图文声像等内容信息编辑加工后存储在具有确定的物理形态的磁、光、电等介质上，通过内嵌在计算机、手机、电子阅读设备、电子显示设备、数字音/视频播放设备、电子游戏机、导航仪以及其他具有类似功能的设备上读取使用，具有交互功能，用以表达思想、普及知识和积累文化的大众传播媒体。

二甲醚是指化学分子式为CH_3OCH_3，常温常压下具有轻微醚香味，易燃、无毒、无腐蚀性的气体。

（3）零税率。纳税人出口货物，税率为零，但是国务院另有规定的除外。

税率为零不简单地等同于免税。出口货物免税仅指在出口环节不征收增值税，而零税率是指对出口货物除了在出口环节不征增值税外，还要对该产品在出口前已经缴纳的增值税进行退税，使该出口产品在出口时完全不含增值税税款，从而以无税产品进入国际市场。

（4）征收率。一般纳税人销售自产下列货物可按简易办法依照6%征收率计算缴纳增值税：县级及县级以下小型水力发电单位生产的电力；建筑用和生产建筑材料所用的砂、土、石料；以自己采掘的砂、土、石料或其他矿物连续生产的砖、瓦、石灰（不包括黏土、石心砖、瓦）；原料中掺有煤矸石、石煤、粉煤灰、烧煤锅炉的炉底渣及其他废渣（不包括高炉水渣）生产的墙体材料；用微生物、微生物代谢产物、动物毒素、人或动物的血液或组织制成的生物制品。

生产上述货物的一般纳税人，也可不按简易办法而按有关对一般纳税人的规定计算缴纳增值税。纳税人销售自来水，除适用13%的低税率外，也可选择按照简易办法依照6%征收率计算缴纳增值税，但不得抵扣进项税额，选择按照简易办法计算缴纳增值税，至少三年内不得变更。

纳税人兼营不同税率的货物或者应税劳务，应分别核算不同税率货物或应税劳务的销售额。未分别核算或不能准确核算销售额的，从高适用税率。纳税人销售不同税率的货物或应税劳务，并兼营应属一并征收增值税的非应税劳务的，其非应税劳务应从高适用税率。

2. 小规模纳税人的增值税征收率

小规模纳税人的增值税征收率统一为3%。

知识链接

增值税的免税、减税项目由国务院规定，任何地区、部门均不得规定免税、减税项目。《增值税暂行条例》及其实施细则中规定了起征点及有关减免税的优惠项目。

（一）增值税的起征点

对增值税起征点幅度的规定如下所述：

(1) 销售货物的，为月销售额2 000～5 000元。

(2) 销售应税劳务的，为月销售额1 500～3 000元。

(3) 按次纳税的，为每次（日）销售额150～200元。

增值税起征点的适用范围限于个人。省、自治区、直辖市财政厅（局）和国家税务局应在规定的幅度内，根据实际情况确定本地区适用的起征点，并报财政部、国家税务总局备案。

（二）免征增值税项目

(1) 农业生产者销售的自产农产品。

(2) 避孕药品和用具。

(3) 古旧图书。

(4) 直接用于科学研究、科学试验和教学的进口仪器、设备。

(5) 外国政府、国际组织无偿援助的进口物资和设备。

(6) 由残疾人组织直接进口供残疾人专用的物品。

(7) 销售的自己使用过的物品。

注：①农业，是指种植业、养殖业、林业、牧业、水产业。农业生产者，包括从事农业生产的单位和个人。农产品，是指初级农产品，具体范围由财政部、国家税务总局确定。

②古旧图书，是指向社会收购的古书和旧书。

③自己使用过的物品，是指其他个人使用过的物品。

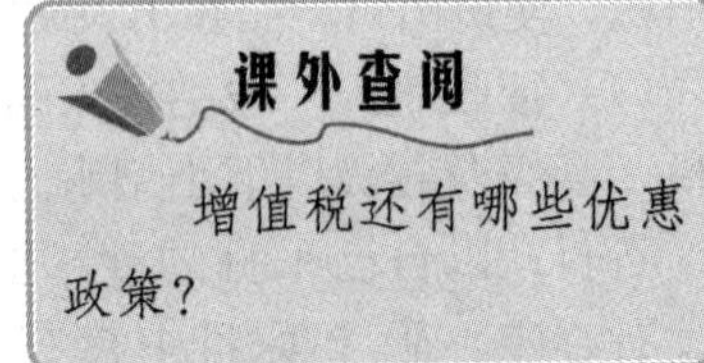

增值税还有哪些优惠政策？

思考与分析

某生态度假村利用临近资源优势，创办了水果特产销售中心，对外营业。其经营方式是从附近农民手中购进当地的水果特产，销售给来此度假的游人。在旅游旺季，该度假村生意火暴，水果销售收入颇丰。纳税时，该度假村办税员按销售免税农产品申报免税。

请问：办税员的做法是否正确？

二、核算应纳税额

（一）一般纳税人应纳税额的核算

我国对一般纳税人采用的计税方法是购进扣税法，即先按当期销售额和适用税率计算出销项税额，然后对当期购进项目已经缴纳的税款进行抵扣，从而间接计算出当期增值额部分的应纳税额。增值税一般纳税人销售货物或提供应税劳务，应纳税额为当期销项税额抵扣当期进项税额后的余额，计算公式为：

应纳税额＝当期销项税额－当期进项税额

　　　　＝当期销售额×适用税率－当期进项税额

由公式可知，正确计算一般纳税人应纳税额，取决于当期销项税额和当期进项税额两个因素。而当期销项税额的确定关键在于确定当期销售额。对当期进项税额的确定在税法中也作了一些具体的规定。

1. *确定销项税额*

销项税额是纳税人销售货物或应税劳务，按照销售额和规定的税率计算并向购买方收取的增值税税额。计算公式为：

销项税额＝销售额×适用税率

小贴士

销项税额是由购买方支付的税额。对于属于一般纳税人的销售方来讲，在没有抵扣其进行税额前，销售方向购买方收取的增值税税额（即销项税额）还不是其应纳增值税税额。

要想正确计算出销项税额，关键是确定销售额。

（1）一般情况下增值税销售额的确定。

增值税销售额，是指纳税人销售货物或者提供应税劳务，从购买方或承受应税劳务方收取的全部价款和一切价外费用，但不包括向购买方收取的销项税额。

小贴士

增值税实行的是价外税，也就是价外征税，由购买者负担。价款和增值税税款在增值税专用发票上也是分别注明的。但在实际工作中，常常会出现一般纳税人在销售货物或者提供应税劳务时采用销售额和销项税额合并定价的现象，这样就会形成含增值税销售额(以下简称含税销售额)。在计算销项税额时，必须将含税销售额换算成不含税的销售额，换算公式为：

不含税销售额＝含税销售额÷(1＋税率或征收率)

价外费用是指价外向购买方收取的其他各种性质的价外费用（实属价外收入），包括价外向购买方收取的手续费、补贴、基金、集资费、返还利润、奖励费、违约金、滞纳金、延期付款利息、赔偿金、代收款项、代垫款项、包装费、包装物租金、储备费、优质费、运输装卸费以及其他各种性质的价外收费。但下列项目不包括在内：

第一，向购买方收取的销项税额。

第二，受托加工应征消费税的消费品所代收代缴的消费税。

第三，同时符合下列条件的代垫运费：承运部门的运费发票开具给购货方；纳税人将该项发票转交给购货方（在这种情况下，纳税人仅是为购货人代办运输业务，而未从中收取额外费用)。

第四，同时符合以下条件代为收取的政府性基金或者行政事业性收费：由国务院或者财政部批准设立的政府性基金，由国务院或者省级人民政府及其财政、价格主管部门批准设立的行政事业性收费；收取时开具省级以上财政部门印制的财政票据；所收款项全额上缴财政。

第五，销售货物的同时代办保险等而向购买方收取的保险费，以及向购买方收取的代购买方缴纳的车辆购置税、车辆牌照费。

随同销售货物或提供应税劳务向购买方收取的价外费用，无论其在会计上如何核算，均应并入销售额计算增值税应纳税额。

计税时，对增值税一般纳税人（包括纳税人自己或代其他部门）向购买方收取的价外费用和逾期包装物押金，应视为含税收入，在征税时换算成不含税收入再并入销售额。

小贴士

下列情况一般为含税价：商业企业零售价；普通发票上注明的销售额；价税合并收取的金额；价外费用；包装物押金；建筑安装合同上的货物金额（主要涉及销售自产货物并提供建筑业劳务的合同)。

【例 2—1】 某公司为增值税一般纳税人，2011 年 1 月销售钢材一批，开出增值税专用发票中注明销售额为 8 000 元，税额为 1 360 元，另开出一张普通发票，收取包装费 117 元。计算该公司 1 月增值税计税销售额。

解： 该公司 1 月增值税销售额＝8 000＋117÷(1＋17%)＝8 100（元）

(2) 特殊销售方式下的销售额。

第一，采取折扣方式销售货物。纳税人以折扣方式销售货物分为两种情况：一种是商业折扣；另一种是现金折扣。对于商业折扣，应作如下处理：销售额和折扣额在同一张发票上分别注明的，可按冲减折扣额后的销售额征收增值税；将折扣额另开发票的，不论财务会计上如何处理，在征收增值税时，折扣额不得冲减销售额。而对于现金折扣，属于一种融资行为，折扣额不得从销售额中减除。

【例 2—2】 某公司为增值税一般纳税人，2011 年 1 月销售零部件一批，每件 10 元，共计 10 000 件，由于购买方购买数量多，按八折优惠价格出售，并将折扣部分与销售额同开在一张发票上。购买方 10 天内付款享受了 2%现金折扣，则计税销售额是多少？

解： 计税销售额＝10×80%×10 000＝80 000（元）

第二，采取以旧换新方式销售货物。纳税人采取以旧换新方式销售货物，应按新货物的同期销售价格确定销售额。所谓以旧换新销售，是指纳税人在销售过程中，折价收回同类旧货物，并以折价款部分冲减货物价款的一种销售方式。但对金银首饰以旧换新业务，可以按照销售方实际收取的不含增值税的全部价款征收增值税。

【例 2—3】 某家用电器商场为增值税一般纳税人，2011 年 2 月采取以旧换新方式零售某型号电视机，新机每台 3 200 元，旧机折价 200 元，即顾客只需支付 3 000 元，本月共以旧换新 10 台，则计税销售额是多少？

解： 计税销售额＝3 200÷(1＋17%)×10＝27 350.43（元）

第三，采取以物易物方式销售货物。以物易物是指购销双方不是以货币结算，而是以同等价款的货物相互结算，实现货物购销的一种方式。以物易物的双方都应作购销处理，以各自发出的货物核算销售额并计算销项税额，以各自收到的货物按规定核算购货额并计算进项税额。应注意的是，在以物易物活动中，应分别开具合法的票据，如收到的货物不能取得相应的增值税专用发票或其他合法票据的，则不能抵扣进项税额。

第四，销售货物收取包装物押金。纳税人为销售货物而出租、出借包装物收取的押金，单独记账核算的，不并入销售额，税法另有规定的除外。但对逾期（一般以 1 年为限）未收回包装物而不再退还的押金，应并入销售额，并按所包装货物的适用税率计算销项税额。税法规定，对销售除啤酒、黄酒以外的其他酒类产品而收取的包装物押金，无论是否返还以及会计上如何核算，均应并入当期销售额征税。

在将包装物押金并入销售额征税时，需要先将该押金换算为不含税价，再并入销售额征税。对于个别包装物周转使用期限较长的，报经税务机关确定后，可适当放宽逾期期限。另外，包装物押金不应混同于包装物租金，包装物租金在销货时，应作为价外费用并入销售额计算销项税额。

【例 2—4】 某食品公司为增值税一般纳税人，2011 年 3 月采取直接收款方式向某超市销售月饼一批，开出增值税专用发票中注明销售额为 80 000 元，税额为 13 600 元，另收取包装物租金 500 元，开出了收款收据。计算该公司 3 月增值税销项税额。

解： 该公司 3 月增值税销项税额＝13 600＋500÷(1＋17%)×17%

＝13 672.65（元）

第五，混合销售行为的销售额。混合销售行为按规定应当征收增值税的，其销售额为货物销售额与非应税劳务的销售额的合计，其非应税劳务的销售额应视同含税销售额进行处理。混合销售行为的税务处理原则如表 2—1 所示。

表 2—1　　　　　　　　　　　　**混合销售行为的税务处理原则**

一般原则（适用于一般情况）	按照纳税人主营业务的税种性质确定适用的税种： (1) 以纳增值税为主的纳税人的混合销售行为纳增值税。 (2) 以纳营业税为主的纳税人的混合销售行为纳营业税。
特殊原则（适用于特殊混合销售行为）	按照分别核算销售额分别纳税的原则处理，具体为： 纳税人的下列混合销售行为，应当分别核算货物的销售额和非增值税应税劳务的营业额，并根据其销售货物的销售额计算缴纳增值税，非增值税应税劳务的营业额不缴纳增值税；未分别核算的，由主管税务机关核定其货物的销售额： (1) 销售自产货物并同时提供建筑业劳务的行为。 (2) 财政部、国家税务总局规定的其他情形。

第六，应税销售额的核定。纳税人销售货物或者提供应税劳务的价格明显偏低且无正当理由的，或者视同销售行为而无销售额的，由主管税务机关核定其销售额。税务机关可按下列顺序确定销售额：按纳税人最近时期同类货物的平均销售价格确定；按其他纳税人最近时期同类货物的平均销售价格确定；按组成计税价格确定。其计算公式为：

组成计税价格＝成本×(1＋成本利润率)

公式中的"成本"：销售自产货物的为实际生产成本，销售外购货物的为实际采购成本。

"成本利润率"根据规定统一为10%。如货物属于征收消费税的范围，其组成计税价格还应加上消费税税额，组成计税价格公式中的成本利润率为《消费税若干具体问题的规定》中规定的成本利润率（消费税纳税实务中介绍）。

【例 2—5】　某商场为增值税一般纳税人，2011 年 3 月份销售三批同一规格、相同质量的货物，每批各 1 000 件，销售价格（不含增值税）分别为每件 120 元、100 元和 40 元。经税务机关认定，第三批销售价格每件 40 元明显偏低且无正当理由。计算该商场 3 月份增值税销售额。

解：本例中，税务机关已认定该商场第三批销售价格每件 40 元明显偏低且无正当理由，应按当月合理销售价格（120 元和 100 元）的平均售价确定销售额，则该商场 3 月份增值税销售额为：[120＋100＋(120＋100)÷2]×1 000＝330 000（元）。

【例 2—6】　某服装厂为增值税一般纳税人，2011 年 3 月将自产的一批新产品 W 牌针织服装 200 件作为福利发给本厂职工。已知 W 牌针织服装尚未投放市场，没有同类服装销售价格；每件服装成本 500 元。计算该批服装增值税销售额。

解：根据税法规定，纳税人将自产 W 牌针织服装 200 件作为福利发给本厂职工的行为视同销售行为，应缴纳增值税。因 W 牌针织服装尚没有市场同类价格，可按组成计税价格确定其销售价格。即：

该批服装增值税销售额＝成本×(1＋成本利润率)＝200×500×(1＋10%)＝110 000（元）

知识链接

一般纳税人销售已使用过的固定资产应区分不同情形征收增值税：销售自己使用过的属于不得抵扣且未抵扣进项税额的固定资产，按照简易办法依 4%征收率减半征收增值税；销售自己使用过的 2009 年 1 月 1 日以后购进或者自制的固定资产（注：用于生产经营的动产固定资产），按照适用税率征收增值税。

2. 确定进项税额

进项税额是指纳税人购进货物或接受应税劳务所支付或负担的增值税税额。进项税额与销项税额是一个相对应的概念。它们之间的对应关系是，一般纳税人在同一笔业务中，销售方收取的销项税额，就是购买方支付的进项税额。在一个纳税期间内，纳税人收取的销项税额抵扣其支付的进项税额，其余额为纳税人当期实际应缴纳的增值税税额。因为进项税额可以抵扣销项税额，直接影响纳税人应纳增值税税额的多少，所以，税法对准予从销项税额中抵扣的进行税额作出了严格的规定。

(1) 准予从销项税额中抵扣的进项税额。《增值税暂行条例》及其实施细则，对从销项税额中准予抵扣的进项税额作出如下规定：

第一，从销售方取得的增值税专用发票上注明的增值税税额。

第二，从海关取得的海关进口增值税专用缴款书上注明的增值税税额。

第三，购进农产品，除取得增值税专用发票或者海关进口增值税专用缴款书外，按照农产品收购发票或者销售发票上注明的农产品买价和13%的扣除率计算的进项税额。进项税额的计算公式为：

进项税额＝买价×扣除率

第四，购进或者销售货物以及在生产经营过程中支付运输费用的，按照运输费用结算单据上注明的运输费用金额和7%的扣除率计算的进项税额。进项税额的计算公式为：

进项税额＝运输费用金额×扣除率

知识链接

运输费用金额是指运输单位开具的货票上注明的运费、建设基金，不包括随同运费支付的装卸费、保险费等其他杂费。

一般纳税人购买或者销售免税货物所发生的运输费用，不得计算抵扣进项税额。

小贴士

混合销售行为和兼营的非应税劳务，按规定应当征收增值税的，该混合销售行为所涉及的非应税劳务和兼营的非应税劳务所用购进货物的进项税额，符合《增值税暂行条例》规定允许扣除的，准予从销项税额中抵扣。

(2) 不得从销项税额中抵扣的进项税额。根据《增值税暂行条例》及其实施细则的规定，下列项目的进项税额不得从销项税额中抵扣：

第一，购进货物或应税劳务，未按照规定取得并保存增值税扣税凭证，或者增值税扣税凭证上未按照规定注明增值税税额及其他有关事项的，其发生的进项税额不得从销项税额中抵扣。

第二，用于非增值税应税项目、免征增值税项目、集体福利或者个人消费的购进货物或者应税劳务的进项税额。非增值税应税项目是指提供非应税劳务、转让无形资产、销售不动产和固定资产、在建工程等；集体福利或者个人消费是指企业内部设置的供职工使用的食堂、浴室、理发室、宿舍、幼儿园等福利设施及其设备、物品等，或者以福利、奖励、津贴等形式发给职工个人的物品。

第三，非正常损失购进货物及相关的应税劳务的进项税额。非正常损失是指生产经营过程中正常损耗以外的损失，如因管理不善造成货物被盗窃、发生霉烂变质的损失。

第四，非正常损失的在产品、产成品所耗用的购进货物或者应税劳务的进项税额。

第五，国务院财政、税务主管部门规定的纳税人自用消费品：纳税人自用的应征消费税的摩托车、汽车、游艇，其进项税额不得从销项税额中抵扣。

第六，上述第二项至第四项规定的货物的运输费用和销售免税货物的运输费用。

一般纳税人兼营免税项目或者非增值税应税劳务而无法划分不得抵扣的进项税额的，按下列公式计算不得抵扣的进项税额：

$$\text{不得抵扣的进项税额} = \text{当月无法划分的全部进项税额} \times \text{当月免税项目销售额、非增值税应税劳务营业额合计} \div \text{当月全部销售额、营业额合计}$$

【例 2—7】 某企业为增值税一般纳税人，2011 年 1 月初，外购货物一批，支付增值税进项税额 18 万元。1 月下旬，因管理不善，造成 1 月初购进的该批货物一部分发生霉烂变质，经核实造成 1/3 损失。计算该企业 1 月份可以抵扣的进项税额。

解： 非正常损失购进货物的进项税额不得从当期销项税额中抵扣，因管理不善发生霉烂变质损失，属于非正常损失，其进项税额不能从销项税额中抵扣。则：

该企业 1 月份可以抵扣的进项税额＝18－18÷3＝12（万元）

【例 2—8】 某企业为增值税一般纳税人，既生产应税货物，又生产免税货物。2011 年 2 月份购进动力燃料一批，支付增值税进项税额 30 万元，外购的动力燃料一部分用于应税项目，另一部分用于免税项目，因应税项目和免税项目使用的动力燃料数量无法准确划分，故未分开核算。该企业 2 月份销售应税货物取得不含增值税销售额 400 万元，销售免税货物取得销售额 200 万元。计算该企业 2 月份可以抵扣的进项税额。

解： 纳税人兼营免税项目或增值税非应税项目而无法准确划分不得抵扣的进项税额的，按法定公式计算不得抵扣的进项税额。即：

该企业 2 月份可以抵扣的进项税额＝30－30× 200÷(400＋200)＝20（万元）

(3) 进项税额转出的确定。已抵扣进项税额的购进货物或者应税劳务，如果事后改变用途，用于非增值税应税项目、用于免征增值税项目、用于集体福利或者个人消费、购进货物发生非正常损失、在产品或产成品发生非正常损失等，应当将该项购进货物或者应税劳务的进项税额从当期的进项税额中扣减；无法确定该项进项税额的，按当期实际成本计算应扣减的进项税额。相关计算公式为：

实际成本＝进价＋运费＋保险费＋其他有关费用

应扣减的进项税额＝实际成本×征税时该货物或应税劳务适用的税率

3. 确定应纳税额

在准确计算出销项税额和进项税额后，一般纳税人就可以采用“购进扣税法”计算当期应纳税额。

当期销项税额小于当期进项税额而不足抵扣时，其不足部分可以结转下期继续抵扣。

【例 2—9】 某食品厂（增值税一般纳税人）主要生产各类食品，2011 年 3 月初有尚待抵扣的增值税税额 2 300 元。本月发生如下涉税业务：

（1）向某大型商场销售食品一批，开具的增值税专用发票上标明款项 500 000 元，增值税税款 85 000 元，款项尚未收到。

（2）向某个体商店销售食品一批，共取得收入 93 600 元，开具普通发票。

（3）节日期间，将新开发的一种食品免费发放给职工，成本为 100 000 元。

（4）本月收回上月委托外单位加工的食品一批，支付加工费 6 000 元（不含税），食品已验收入库，并收到受托方开来的增值税专用发票。

（5）从某粮油经营部（增值税一般纳税人）购进面粉一批，取得的增值税专用发票上注明的销售额为 200 000 元，税额为 26 000 元，面粉已验收入库，另外支付装卸费 500 元。

（6）因仓库管理不善，部分库存食品因包装受损而霉烂，该批食品成本为 12 000 元，该食品的原材料为面粉，成本中原材料占 40%。

（7）外购建筑涂料用于装饰公司办公楼，取得对方开具的增值税专用发票上注明的增值税税额为 8 500 元，已办理验收入库手续。

要求：计算该食品厂当期的应纳税额。

解： 食品霉烂属于非正常损失，其耗用的购进面粉的进项税额不得抵扣；外购涂料用于装饰公司属于非应税项目，不得抵扣进项税额。则：

该公司 3 月份销项税额＝85 000＋93 600÷(1＋17%)×17%
＋100 000×(1＋10%)×17%＝117 300（元）

该公司 3 月份可抵扣进项税额＝6 000×17%＋26 000
－12 000×40%×17%＝26 204（元）

该公司 3 月份应纳增值税税额＝117 300－26 204－2 300
＝88 796（元）

4. 一般纳税人增值税的会计核算

为了准确反映应纳增值税的计算和缴纳情况，按照规定，一般纳税人应在“应交税费”科目下设置“应交增值税”和“未交增值税”两个明细科目。“应交税费——应交增值税”明细账户核算增值税的计算形成情况，借方设置“进项税额”、“已交税金”、“减免税款”、“出口抵减内销产品应纳税额”、“转出未交增值税”等专栏，贷方设置“销项税额”、“进项税额转出”、“转出多交增值税”、“出口退税”等专栏。

第一，“进项税额”专栏，核算企业购入货物或接受应税劳务而支付的、准予从销售税款中抵扣的增值税税额。若有退回所购货物应冲销的进项税额，应以红字登记。

第二，“已交税金”专栏，核算企业当月预缴本月的增值税税额。

第三，“减免税款”专栏，核算企业按规定减免的增值税税额。

第四，“出口抵减内销产品应纳税额”专栏，核算出口企业销售出口货物后，向税务机关办理免抵退税申报，按规定计算的应免抵税额，借记本科目，贷记“应交税费——应交增值税（出口退税）”科目。

第五，“转出未交增值税”专栏，核算企业月终转出应缴未缴的增值税。月末企业“应交税费——应交增值税”明细账出现贷方余额时，根据余额借记本科目，贷记“应交税费——未交增值税”科目。

第六，“销项税额”专栏，核算企业销售货物或提供应税劳务应收取的增值税税额。若退回销售货物应冲销的销项税额，用红字登记。

第七，“进项税额转出”专栏，核算企业的购进货物、在产品、产成品等发生非正常损失以及其他原因而不应从销项税额中抵扣，按规定转出的进项税额。

第八，“转出多交增值税”专栏，核算一般纳税人企业月终转出多缴的增值税。月末企业“应交税费——应交增值税”明细账出现借方余额时，根据当前预缴税款与“应交税费”余额比较，按照较小金额借记“应交税费——未交增值税”科目，贷记本科目。

小贴士

当期销项税额小于当期进项税额而不足抵扣时，月度终了也会出现“应交税费——应交增值税”借方余额的现象，此时的借方余额为尚未抵扣的进项税额，仍保留在“应交税费——应交增值税（进项税额）”的借方。

第九，“出口退税”专栏，核算企业出口适用零税率的货物，向海关办理报关出口手续后，凭出口报关单等有关凭证，向税务机关申报办理出口退税而收到退回的税款。若出口货物办理退税后发生退货或者退关而补缴已退的税款，用红字登记。

（1）进项税额的会计处理。

【例 2—10】 某增值税一般纳税人，购进原材料，取得增值税专用发票上注明价款 50 000 元，增值税税额 8 500 元。另支付运杂费 600 元，取得运费结算单据，标明运费 500 元，装卸费 100 元。款项均通过银行转账支付。进行相关会计处理。

解： 会计处理如下：

运费可以抵扣的进项税额＝500×7%＝35（元）

借：原材料 50 565

　　应交税费——应交增值税（进项税额） 8 535

　贷：银行存款 59 100

【例 2—11】 某水果批发公司（增值税一般纳税人）从农业生产者手中购入水果一批，收购凭证上注明价款 100 000 元，适用的扣除率为 13%。进行相关会计处理。

解：会计处理如下：

购入免税农产品可抵扣进项税额＝100 000×13％＝13 000（元）

借：库存商品 87 000

应交税费——应交增值税（进项税额） 13 000

贷：银行存款 100 000

【例2—12】 某增值税一般纳税人因仓库管理不善，部分库存食品因包装受损而霉烂，该批食品成本为12 000元，该食品的原材料为面粉，成本中原材料占40％。进行相关会计处理。

解：因产品损失，该企业所用购进原材料已抵扣的进项税额不得抵扣，应通过“进项税额转出”处理。应转出的进项税额＝12 000×40％×17％＝816（元）。会计处理如下：

借：待处理财产损益——待处理流动资产损益 12 816

贷：库存商品 12 000

应交税费——应交增值税（进项税额转出） 816

（2）销项税额的会计处理。

【例2—13】 某增值税一般纳税人销售食品一批，开具的增值税专用发票上标明款项100 000元，增值税税额11 700元，款项尚未收到。进行相关会计处理。

解：会计处理如下：

借：应收账款 117 000

贷：主营业务收入 100 000

应交税费——应交增值税（销项税额） 11 700

【例2—14】 某建筑材料公司（增值税一般纳税人）在建工程领用本企业生产的一批建筑材料，价值200 000元。进行相关会计处理。

解：将自产货物用于非应税项目，应视同销售。会计处理如下：

借：在建工程 234 000

贷：库存商品 200 000

应交税费——应交增值税（销项税额） 34 000

【例2—15】 某食品公司（增值税一般纳税人）在节日前向每名生产工人发放两盒月饼，该批产品不含税售价为40 000元，成本为26 000元。进行相关会计处理。

解：会计处理如下：

借：生产成本 46 800

贷：应付职工薪酬——非货币性福利 46 800

借：应付职工薪酬——非货币性福利 46 800

贷：主营业务收入 40 000

应交税费——应交增值税（销项税额） 6 800

（3）应纳税额的会计处理。纳税人在准确核算“进项税额”、“销项税额”等基础上，月份终了，应根据具体情况，对账务进行结转：

第一，当期销项税额小于当期进项税额而不足抵扣时，其不足部分可以结转下期继续抵扣，尚未抵扣完的进项税额保留在“应交税费——应交增值税（进项税额）”的借方。

第二，月末，企业“应交税费——应交增值税”明细账户出现贷方余额时，根据余额借记“应交税费——应交增值税（转出未交增值税）”科目，贷记“应交税费——未交增值税”科目；如果企业出现多缴增值税情况，即“应交税费——应交增值税”明细账出现借方余额时，则根据余额借记“应交税费——未交增值税”，贷记“应交税费——应交增值税（转出多交增值税）”科目。

第三，企业当月缴纳本月预缴的增值税税额时，借记“应交税费——应交增值税（已交税金）”科目，贷记“银行存款”科目。

第四，企业当月缴纳上月应交未交的增值税时，借记“应交税费——未交增值税”科目，贷记“银行存款”科目。

（二）小规模纳税人应纳税额的核算

小规模纳税人销售货物或提供应税劳务，实行简易征收办法，即按规定的销售额和3%的征收率计算应纳税额，不得抵扣进项税额。计算公式为：

应纳税额＝销售额×征收率

对于小规模纳税人，其应纳税额计算的关键就是确定销售额。

1. 确定销售额

小规模纳税人取得的销售额与前述所讲增值税一般纳税人的销售额所包含的内容是一致的，都是销售货物或者提供应税劳务向购买方收取的全部价款和价外费用，但不包括按3%征收率收取的增值税税额。

由于小规模纳税人在销售货物或者提供应税劳务时，只能开具普通发票，取得的销售收入为含税销售额。因此，小规模纳税人在计算应纳税额时，必须将含税销售额换算为不含税的销售额后才能计算应纳税额。换算公式为：

不含税销售额＝含税销售额÷(1＋3%)

【例2—16】 某商店属于小规模纳税人，2011年1月取得零售收入总额为154 500元。计算该小规模纳税人1月份的不含税销售额。

解： 不含税销售额＝154 500÷(1＋3%)＝150 000（元）

2. 确定应纳税额

小规模纳税人在正确确定不含税销售额后，便能根据征收率计算其应纳税额，而与购进货物所支付的增值税没有任何关系。

知识链接

增值税小规模纳税人购置税控收款机，经主管税务机关审核批准后，可凭购进税控收款机取得的增值税专用发票，按照发票上注明的增值税税额，抵免当期应纳增值税税额，或者按照购进税控收款机取得的普通发票上注明的价款，依下列公式计算可抵免税额：

可抵免税额＝价款÷(1＋17%)×17%

当期应纳税额不足抵免的，未抵免部分可在下期继续抵免。

【例 2—17】 某商店属于小规模纳税人。2011 年 1 月发生如下业务：

（1）购进饮料、食品一批，总计 82 000 元。当月销售给消费者个人取得销售款 43 260 元。

（2）销售服装给个人消费者，取得销售价款为 36 050 元。

（3）购进洗衣粉，共付款 12 000 元，当月销售给消费者个人取得销售价款 2 369 元。

（4）销售给某增值税一般纳税人仪器 2 台，获得不含税销售额 12 300 元，已由税务所代开了增值税专用发票。

要求：计算该小规模纳税人 1 月份应纳增值税税额。

解： 该小规模纳税人购进饮料、食品及洗衣粉的价款与计算其应纳增值税税额无关。

销售饮料、食品的不含税销售额＝43 260÷(1＋3%)＝42 000（元）

销售服装不含税销售额＝36 050÷(1＋3%)＝35 000（元）

销售洗衣粉不含税销售额＝2 369÷(1＋3%)＝2 300（元）

该商店 1 月份不含税销售额＝42 000＋35 000＋2 300＋12 300＝91 600（元）

该商店 1 月份应纳增值税税额＝91 600×3%＝2 748（元）

知识链接

小规模纳税人（除其他个人外）销售自己使用过的固定资产，减按 2%征收率征收增值税，按下列公式确定应纳税额：

应纳税额＝售价÷(1＋3%的征收率)×2%

小规模纳税人销售自己使用过的除固定资产以外的物品，按 3%的征收率征收增值税，即：

应纳税额＝售价÷(1＋3%的征收率)×3%

3. 小规模纳税人的会计核算

增值税小规模纳税人，其应纳增值税税额也要通过“应交税费——应交增值税”明细科目核算，只是由于小规模纳税人不得抵扣进项税额，不需要在“应交税费——应交增值税”科目的借贷方中设置若干专栏。小规模纳税人“应交税费——应交增值税”科目借方发生额反映已缴的增值税税额，贷方发生额反映应缴的增值税税额；期末借方余额反映多缴的增值税税额，期末贷方余额反映尚未缴纳的增值税税额。

【例 2—18】 佳乐超市为小规模纳税人。2011 年 2 月发生相关经济业务如下：

（1）购进商品，取得的发票上注明价款 50 000 元，税款 8 500 元，货款已转账支付。

（2）从农民手中直接收购水果，收购价 8 000 元，现金支付。

（3）向消费者个人销售商品，取得零售收入 25 750 元。

要求：为佳乐超市上述业务作出相应的账务处理。

解： 对于小规模纳税人购进商品所负担的增值税税款计入所购商品成本，不得抵扣进项税额；零售收入为含税收入，还原为不含税收入为 25 750÷(1＋3%)＝25 000（元），应纳的增值税税额为 25 000×3%＝750（元）。会计处理如下：

（1）借：库存商品　58 500
　　贷：银行存款　58 500
（2）借：库存商品　8 000
　　贷：库存现金　8 000
（3）借：库存现金　25 750
　　贷：主营业务收入　25 000
　　　　应交税费——应交增值税　750

【例 2—19】 佳乐超市缴纳增值税 500 元。

解： 会计处理如下：

借：应交税费——应交增值税　500
　贷：银行存款　500

（三）进口货物应纳税额的核算

纳税人进口货物时，一般纳税人和小规模纳税人一样，必须按照组成计税价格和规定的税率计算应纳税额，不得抵扣任何税额。进口货物的计税依据是海关核定的组成计税价格。组成计税价格和应纳税额的计算公式为：

组成计税价格＝关税完税价格＋关税＋消费税

应纳税额＝组成计税价格×税率

如果进口货物在国内用于销售等生产经营项目，其在进口环节缴纳的增值税可以作为进行税额，在销售后的销项税额中抵扣。

【例 2—20】 某商贸公司（增值税一般纳税人）2011 年 1 月进口一批货物（非消费税应税货物），海关审定的关税完税价格为 20 万元，该批货物的关税为 2 万元，增值税税率为 17%，款项已付；当月销售该批货物，取得的不含税销售额为 30 万元，适用 17%税率，款项已收。

要求：计算该企业进口货物应纳增值税税额及当月应缴纳的增值税税额，并作出相应的账务处理。

解： 进口货物的组成计税价格＝20＋2＝22（万元）

进口环节应纳增值税税额＝22×17%＝3.74（万元）

当月销项税额＝30×17%＝5.1（万元）

当月应纳增值税税额＝5.1－3.74＝1.36（万元）

纳税人进口货物，关税应计入所购货物的成本。会计处理如下：

借：库存商品　220 000
　　应交税费——应交增值税（进项税额）　37 400
　贷：银行存款　257 400
借：银行存款　351 000
　贷：主营业务收入　300 000
　　　应交税费——应交增值税（销项税额）　51 000

有关关税和消费税的内容将在后续模块中介绍。

思考与分析

增值税小规模纳税人和一般纳税人在确定增值税应纳税额上，有什么相同和不同之处？

实训操作

根据“任务导入”中佳美公司 2011 年 3 月的业务，为佳美公司计算确定当期的销项税额、当期的进项税额及当期应纳增值税税额，并进行相应的会计处理。

任务二　增值税纳税申报

任务导入

在任务一中，佳美服装有限公司 2011 年 3 月份的增值税涉税业务的日常核算工作已经完成，办税员着手办理 2011 年 3 月份增值税的纳税申报业务。

任务目标：

完成佳美服装有限公司《增值税纳税申报表》及其附表的填写，并在规定的期限内完成申报工作。

学习任务考核单

姓名：　　　　　　　　　　　　学号：　　　　　　　　　　　　编号 2—2

序号	内容	分值	总结与归纳	成绩
1	进项税额抵扣的时限规定	10		
2	纳税时间的规定	20		
3	纳税地点	10		
4	一般纳税人申报表及其附表的填报*	40		
5	小规模纳税人申报表及其附表的填报	20		

请学生完成学习任务考核单并上交。标注“*”的请结合实训操作结果填写。

学习指南

一、纳税时间

（一）纳税义务发生时间

纳税义务发生时间是指纳税人发生应税行为应当承担纳税义务的起始时间，是一个时间点。

《增值税暂行条例》规定，销售货物或者应税劳务，为收讫销售款项或者取得索取销售款项凭据的当天；先开具发票的，为开具发票的当天；进口货物，为报关进口的当天。《增值税暂行条例实施细则》则明确规定了不同销售结算方式下纳税义务发生的时间，具体为：

(1) 采取直接收款方式销售货物，不论货物是否发出，均为收到销售款或者取得索取销售款凭据的当天。

(2) 采取托收承付和委托银行收款方式销售货物，为发出货物并办妥托收手续的当天。

(3) 采取赊销和分期收款方式销售货物，为书面合同约定的收款日期的当天，无书面合同的或者书面合同没有约定收款日期的，为货物发出的当天。

(4) 采取预收货款方式销售货物，为货物发出的当天，但生产销售生产工期超过12个月的大型机械设备、船舶、飞机等货物，为收到预收款或者书面合同约定的收款日期的当天。

(5) 委托其他纳税人代销货物，为收到代销单位的代销清单或者收到全部或者部分货款的当天。未收到代销清单及货款的，为发出代销货物满180天的当天。

(6) 销售应税劳务，为提供劳务同时收讫销售款或者取得索取销售款的凭据的当天。

(7) 纳税人发生除“将货物交付他人代销”和“销售代销货物”之外的视同销售货物行为，为货物移送的当天。

增值税扣缴义务发生时间为纳税人增值税纳税义务发生的当天。

思考与分析

某增值税纳税人，销售服装一批，收到预收货款的日期是2011年1月25日，发出货物的日期是2011年2月5日。

请问：该纳税人增值税纳税义务发生的时间是哪一天？

(二) 进项税额的抵扣时间

增值税一般纳税人申请抵扣的防伪税控系统开具的增值税专用发票，必须在规定的期限到税务机关认证，否则不予抵扣进项税额。认证通过的防伪税控系统开具的增值税专用发票，应在认证通过的当月按照增值税有关规定核算当期进项税额并申报抵扣，否则也不予抵扣进项税额。具体规定如下：

(1) 增值税一般纳税人取得2010年1月1日以后开具的增值税专用发票、公路内河货物运输业统一发票和机动车销售统一发票，应在开具之日起180日内到税务机关办理认证，并在认证通过的次月申报期内，向主管税务机关申报抵扣进项税额。

(2) 实行海关进口增值税专用缴款书（以下简称海关缴款书）“先比对后抵扣”管理办法的增值税一般纳税人取得2010年1月1日以后开具的海关缴款书，应在开具之日起180日内向主管税务机关报送《海关完税凭证抵扣清单》（包括纸质资料和电子数据）申请稽核比对。

未实行海关缴款书“先比对后抵扣”管理办法的增值税一般纳税人取得2010年1月1

日以后开具的海关缴款书，应在开具之日起180日后的第一个纳税申报期结束以前，向主管税务机关申报抵扣进项税额。

（3）增值税一般纳税人取得2010年1月1日以后开具的增值税专用发票、公路内河货物运输业统一发票、机动车销售统一发票以及海关缴款书，未在规定期限内到税务机关办理认证、申报抵扣或者申请稽核比对的，不得作为合法的增值税扣税凭证，不得计算进项税额抵扣。

（三）纳税期限

纳税期限是指纳税人按照税法规定缴纳税款的期限，有按年纳税、按期纳税和按次纳税之分，一般为一个时间段。

《增值税暂行条例》规定增值税的纳税期限分别为1日、3日、5日、10日、15日、1个月或者1个季度。纳税人的具体纳税期限，由主管税务机关根据纳税人应纳税额的大小分别核定；不能按照固定期限纳税的，可以按次纳税。

（四）纳税申报期限

纳税申报期限是指纳税人在纳税期满后向税务机关进行申报并缴纳税款的时间，一般为一个时间段。

纳税人以1个月或者1个季度为1个纳税期的，自期满之日起15日内申报纳税；以1日、3日、5日、10日或者15日为1个纳税期的，自期满之日起5日内预缴税款，于次月1日起15日内申报纳税并结清上月应纳税款。

扣缴义务人解缴税款的期限，依照上述规定执行。

纳税人进口货物，应当自海关填发海关进口增值税专用缴款书之日起15日内缴纳税款。

知识链接

以1个季度为纳税期限的规定仅适用于小规模纳税人。小规模纳税人的具体纳税期限，由主管税务机关根据其应纳税额的大小分别核定。

【例2—21】 某彩电生产企业为增值税一般纳税人，以1个月为纳税期限，2011年3月发生以下业务：

（1）5日，采用直接收款方式销售彩电50台，不含税价格为100 000元。

（2）6日，采用赊销方式销售彩电100台，合同约定3月26日收款。

（3）10日，购进一台检测设备，取得防伪税控专用发票注明单价9 000元，防伪税控专用发票于3月30日到主管税务机关认证。

（4）20日，采用预收货款方式销售彩电50台，货款已经收到。

（5）26日，收到本月6日销售的100台彩电货款。

（6）28日，发出20日已预收货款的25台，其余4月5日发货。

要求：确定该企业的纳税期限、每笔业务的纳税义务发生时间、纳税申报及缴纳税款的时间。

解：（1）该公司以1个月为纳税期限，因此纳税期限为2011年3月这一个时间段。

(2) 每一笔业务的纳税义务发生时间：

直接收款方式销售彩电的纳税义务发生时间是收到销售款的当天，即 3 月 5 日；

赊销方式销售彩电的纳税义务发生时间是合同约定收款日期的当天，即 3 月 26 日；

预收货款方式销售彩电的纳税义务发生时间是货物发出的当天，即应于本月纳税的是 28 日发出的 25 台，剩余的 25 台应于下月纳税。

购进的检测设备所取得的增值税专用发票已于当月认证通过，可以抵扣 3 月份的销项税额。

纳税人应该于 2011 年 4 月 1 日至 15 日之间完成纳税申报并缴纳税款。

二、纳税地点

增值税的纳税地点是指纳税人申报缴纳增值税税款的地点，具体规定如下：

(1) 固定业户应当向其机构所在地的主管税务机关申报纳税。总机构和分支机构不在同一县（市）的，应当分别向各自所在地的主管税务机关申报纳税；经国务院财政、税务主管部门或者其授权的财政、税务机关批准，可以由总机构汇总向总机构所在地的主管税务机关申报纳税。

(2) 固定业户到外县（市）销售货物或者发生应税劳务，应当向其机构所在地的主管税务机关申请开具外出经营活动税收管理证明，并向其机构所在地的主管税务机关申报纳税；未开具证明的，应当向销售地或者劳务发生地的主管税务机关申报纳税；未向销售地或者劳务发生地的主管税务机关申报纳税的，由其机构所在地的主管税务机关补征税款。

(3) 非固定业户销售货物或者发生应税劳务，应当向销售地或者劳务发生地的主管税务机关申报纳税；未向销售地或者劳务发生地的主管税务机关申报纳税的，由其机构所在地或者居住地的主管税务机关补征税款。

(4) 进口货物，应当向报关地海关申报纳税。

扣缴义务人应当向其机构所在地或者居住地的主管税务机关申报缴纳其扣缴的税款。

三、纳税申报

（一）一般纳税人的纳税申报

1. 认证

纳税人取得防伪税控系统开具的增值税专用发票抵扣联，必须在纳税申报之前到主管税务机关“认证窗口”认证金税工程数据。税务机关认证后，向纳税人下达“认证结果通知书”和“认证结果清单”。对于认证不符及密文有误的抵扣联，税务机关暂不予抵扣，并当场扣留作调查处理。未经认证的，不得申报抵扣。

2. 抄报税

月末终了，根据主管税务机关规定的抄税时限，纳税人将本月防伪税控开票系统中已经开具使用的发票信息抄入“税控 IC 卡”中。将抄税后的 IC 卡和打印的各种销项报表到税务局纳税服务大厅交给受理报税的税务工作人员，税务工作人员根据报税系统的要求读取IC卡上开票信息，然后与各种销项报表相核对，最后再进行报税处理。

知识链接

抄税是指开票单位将防伪税控系统开具的增值税发票的信息读入企业开发票使用的IC卡中，然后将IC卡带到国税局去，读到其计算机系统中，以便和取得发票的企业认证进项税金。记入国税局计算机系统的信息可进行全国范围的发票比对。

3. 整理纳税资料并申报

（1）必报资料。必报资料包括：《增值税纳税申报表（适用于增值税一般纳税人）》及其附列资料；使用防伪税控系统的纳税人，必须报送记录当期纳税信息的IC卡（明细数据备份在软盘上的纳税人，还须报送备份数据软盘）、《增值税专用发票存根联明细表》及《增值税专用发票抵扣联明细表》；资产负债表和损益表；《成品油购销存情况明细表》（发生成品油零售业务的纳税人填报）；主管税务机关规定的其他必报资料。

（2）备查资料。备查资料包括：已开具的增值税专用发票和普通发票存根联；符合抵扣条件并且在本期申报抵扣的增值税专用发票抵扣联；海关进口货物完税凭证、运输发票、购进农产品普通发票及购进废旧物资普通发票的复印件；收购凭证的存根联或报查联；代扣代缴税款凭证存根联；主管税务机关规定的其他备查资料。备查资料是否需要在当期报送，由各省级国家税务局确定。

（3）填制纳税申报表及附表。使用防伪税控系统开具增值税专用发票的纳税人在抄报税成功后，方可进行纳税申报。

增值税一般纳税人增值税纳税申报表分为主表、附列资料及附表，如表2—2～表2—5所示。

表2—2 **增值税纳税申报表**

（适用于增值税一般纳税人）

根据《中华人民共和国增值税暂行条例》第二十二条和第二十三条的规定制定本表。纳税人不论有无销售额，均应按主管税务机关核定的纳税期限按期填报本表，并于次月一日起十五日内，向当地税务机关申报。

税款所属时间：自　年　月　日至　年　月　日　填表日期：　年　月　日　金额单位：元（列至角分）

纳税人识别号					所属行业：	
纳税人名称	（公章）	法定代表人	注册地址		营业地址	
开户银行及账户		企业登记注册类型			电话号码	
项目		栏次	一般货物及劳务		即征即退货物及劳务	
			本月数	本年累计	本月数	本年累计
销售额	（一）按适用税率征税货物及劳务销售额	1				
	其中：应税货物销售额	2				
	应税劳务销售额	3				
	纳税检查调整的销售额	4				
	（二）按简易征收办法征税货物销售额	5				
	其中：纳税检查调整的销售额	6				

<table>
<tr><td rowspan="4"></td><td>（三）免、抵、退办法出口货物销售额</td><td>7</td><td></td><td></td><td>—</td><td>—</td></tr>
<tr><td>（四）免税货物及劳务销售额</td><td>8</td><td></td><td></td><td>—</td><td>—</td></tr>
<tr><td>其中：免税货物销售额</td><td>9</td><td></td><td></td><td>—</td><td>—</td></tr>
<tr><td>免税劳务销售额</td><td>10</td><td></td><td></td><td>—</td><td>—</td></tr>
<tr><td rowspan="14">税款计算</td><td>销项税额</td><td>11</td><td></td><td></td><td></td><td></td></tr>
<tr><td>进项税额</td><td>12</td><td></td><td></td><td></td><td></td></tr>
<tr><td>上期留抵税额</td><td>13</td><td></td><td>—</td><td></td><td>—</td></tr>
<tr><td>进项税额转出</td><td>14</td><td></td><td></td><td></td><td></td></tr>
<tr><td>免抵退货物应退税额</td><td>15</td><td></td><td></td><td>—</td><td>—</td></tr>
<tr><td>按适用税率计算的纳税检查应补缴税额</td><td>16</td><td></td><td></td><td>—</td><td>—</td></tr>
<tr><td>应抵扣税额合计</td><td>17＝12＋13－14－15＋16</td><td></td><td>—</td><td></td><td>—</td></tr>
<tr><td>实际抵扣税额</td><td>18（如 17＜11，则为 17，否则为 11）</td><td></td><td></td><td></td><td></td></tr>
<tr><td>应纳税额</td><td>19＝11－18</td><td></td><td></td><td></td><td></td></tr>
<tr><td>期末留抵税额</td><td>20＝17－18</td><td></td><td>—</td><td></td><td>—</td></tr>
<tr><td>简易征收办法计算的应纳税额</td><td>21</td><td></td><td></td><td></td><td></td></tr>
<tr><td>按简易征收办法计算的纳税检查应补缴税额</td><td>22</td><td></td><td></td><td>—</td><td>—</td></tr>
<tr><td>应纳税额减征额</td><td>23</td><td></td><td></td><td></td><td></td></tr>
<tr><td>应纳税额合计</td><td>24＝19＋21－23</td><td></td><td></td><td></td><td></td></tr>
<tr><td rowspan="14">税款缴纳</td><td>期初未缴税额（多缴为负数）</td><td>25</td><td></td><td></td><td></td><td></td></tr>
<tr><td>实收出口开具专用缴款书退税额</td><td>26</td><td></td><td></td><td>—</td><td>—</td></tr>
<tr><td>本期已缴税额</td><td>27＝28＋29＋30＋31</td><td></td><td></td><td></td><td></td></tr>
<tr><td>①分次预缴税额</td><td>28</td><td></td><td>—</td><td></td><td>—</td></tr>
<tr><td>②出口开具专用缴款书预缴税额</td><td>29</td><td></td><td>—</td><td>—</td><td>—</td></tr>
<tr><td>③本期缴纳上期应纳税额</td><td>30</td><td></td><td></td><td></td><td></td></tr>
<tr><td>④本期缴纳欠缴税额</td><td>31</td><td></td><td></td><td></td><td></td></tr>
<tr><td>期末未缴税额（多缴为负数）</td><td>32＝24＋25＋26－27</td><td></td><td></td><td></td><td></td></tr>
<tr><td>其中：欠缴税额（≥0）</td><td>33＝25＋26－27</td><td></td><td>—</td><td></td><td>—</td></tr>
<tr><td>本期应补（退）税额</td><td>34＝24－28－29</td><td></td><td>—</td><td></td><td>—</td></tr>
<tr><td>即征即退实际退税额</td><td>35</td><td>—</td><td>—</td><td></td><td></td></tr>
<tr><td>期初未缴查补税额</td><td>36</td><td></td><td></td><td>—</td><td>—</td></tr>
<tr><td>本期入库查补税额</td><td>37</td><td></td><td></td><td>—</td><td>—</td></tr>
<tr><td>期末未缴查补税额</td><td>38＝16＋22＋36－37</td><td></td><td></td><td>—</td><td>—</td></tr>
</table>

<table>
<tr><td colspan="7">以下由税务机关填写：</td></tr>
<tr><td>收到日期</td><td></td><td>接收人</td><td></td><td>审核日期</td><td colspan="2">主管税务机关盖章</td></tr>
<tr><td colspan="5">审核记录</td><td colspan="2">审核人签字：</td></tr>
</table>

表 2—3

增值税纳税申报表附列资料（表一）

（本期销售情况明细）

税款所属时间：　　年　　月　　日

纳税人名称：(公章)　　　　　　　　填表时间：年　　月　　日　　　　　　　　金额单位：元（列至角分）

一、按适用税率征收增值税货物及劳务的销售额和销项税额明细

项目	栏次	应税货物						应税劳务			小计		
		17%税率			13%税率								
		份数	销售额	销项税额	份数	销售额	销项税额	份数	销售额	销项税额	份数	销售额	销项税额
防伪税控系统开具的增值税专用发票	1												
非防伪税控系统开具的增值税专用发票	2	—	—	—	—	—	—	—	—	—	—	—	—
开具普通发票	3												
未开具发票	4	—			—			—			—		
小计	5=1+2+3+4	—			—			—			—		
纳税检查调整	6	—			—			—			—		
合计	7=5+6	—			—			—			—		

二、简易征收办法征收增值税货物的销售额和应纳税额明细

项目	栏次	6%征收率			4%征收率			小计		
		份数	销售额	应纳税额	份数	销售额	应纳税额	份数	销售额	应纳税额
防伪税控系统开具的增值税专用发票	8									
非防伪税控系统开具的增值税专用发票	9	—	—	—	—	—	—	—	—	—
开具普通发票	10									
未开具发票	11	—			—			—		
小计	12=8+9+10+11	—			—			—		
纳税检查调整	13	—			—			—		
合计	14=12+13	—			—			—		

三、免征增值税货物及劳务销售额明细

项目	栏次	免税货物			免税劳务			小计		
		份数	销售额	税额	份数	销售额	税额	份数	销售额	税额
防伪税控系统开具的增值税专用发票	15				—	—	—			
开具普通发票	16			—			—			—
未开具发票	17	—		—	—		—	—		—
合计	18=15+16+17									

表 2—4

增值税纳税申报表附列资料（表二）

（本期进项税额明细）

税款所属时间：　　年　　月　　日

纳税人名称：（公章）　　　　填表时间：　　年　　月　　日　　　　金额单位：元（列至角分）

一、申报抵扣的进项税额				
项目	栏次	份数	金额	税额
（一）认证相符的防伪税控增值税专用发票	1			
其中：本期认证相符且本期申报抵扣	2			
前期认证相符且本期申报抵扣	3			
（二）非防伪税控增值税专用发票及其他扣税凭证	4			
其中：海关进口增值税专用缴款书	5			
农产品收购发票或者销售发票	6			
废旧物资发票	7			
运输费用结算单据	8			
6%征收率	9	—	—	—
4%征收率	10	—	—	—
（三）外贸企业进项税额抵扣证明	11	—	—	
当期申报抵扣进项税额合计	12			
二、进项税额转出额				
项目	栏次	税额		
本期进项税转出额	13			
其中：免税货物用	14			
非应税项目用、集体福利、个人消费	15			
非正常损失	16			
按简易征收办法征税货物用	17			
免抵退税办法出口货物不得抵扣进项税额	18			
纳税检查调减进项税额	19			
未经认证已抵扣的进项税额	20			
红字专用发票通知单注明的进项税额	21			
三、待抵扣进项税额				
项目	栏次	份数	金额	税额
（一）认证相符的防伪税控增值税专用发票	22	—	—	—
期初已认证相符但未申报抵扣	23			
本期认证相符且本期未申报抵扣	24			
期末已认证相符但未申报抵扣	25			
其中：按照税法规定不允许抵扣	26			
（二）非防伪税控增值税专用发票及其他扣税凭证	27			
其中：海关进口增值税专用缴款书	28			
农产品收购发票或者销售发票	29			
废旧物资发票	30			
运输费用结算单据	31			
6%征收率	32	—	—	—
4%征收率	33	—	—	—
	34			

四、其他				
项目	栏次	份数	金额	税额
本期认证相符的全部防伪税控增值税专用发票	35			
期初已征税款挂账额	36	—	—	
期初已征税款余额	37	—	—	
代扣代缴税额	38	—	—	

注：第1栏=第2栏+第3栏=第23栏+第35栏—第25栏；第2栏=第35栏—第24栏；第3栏=第23栏+第24栏—第25栏；第4栏等于第5栏至第10栏之和；第12栏=第1栏+第4栏+第11栏；第13栏等于第14栏至第21栏之和；第27栏等于第28栏至第34栏之和。

表2—5　　固定资产进项税额抵扣情况表

纳税人识别号：　　　　纳税人名称（公章）：

填表日期：　　年　　月　　日　　　　金额单位：元（列至角分）

项目	当期申报抵扣的固定资产进项税额	当期申报抵扣的固定资产进项税额累计
增值税专用发票		
海关进口增值税专用缴款书		
合　　计		

注：本表一式二份，一份纳税人留存，一份主管税务机关留存。

纳税申报实行电子信息采集的纳税人，除向主管税务机关报送上述必报资料的电子数据外，还需报送纸质的《增值税纳税申报表（适用于一般纳税人）》（主表及附表），以便于税务申报大厅征收人员的审核比对。

（二）小规模纳税人的纳税申报

1．填制纳税申报表

小规模纳税人无论当月有无发生额，均应填报《增值税纳税申报表（适用于小规模纳税人）》（见表2—6），于次月15日前报主管税务征收机关。

表2—6　　增值税纳税申报表（适用于小规模纳税人）

纳税人识别号：□□

纳税人名称（公章）：　　　　金额单位：元（列至角分）

税款所属期：　　年　月　日至　　年　月　日　　　　填表日期：　　年　月　日

	项　目	栏次	本期数	本年累计
一、计税依据	（一）应征增值税货物及劳务不含税销售额	1		
	其中：税务机关代开的增值税专用发票不含税销售额	2		
	税控器具开具的普通发票不含税销售额	3		
	销售使用过的应税固定资产不含税销售额	4		
	其中：税控器具开具的普通发票不含税销售额	5		
	（二）免税货物及劳务销售额	6		
	其中：税控器具开具的普通发票销售额	7		
	（三）出口免税货物销售额	8		
	其中：税控器具开具的普通发票销售额	9		

<table>
<tr><td></td><td>本期应纳税额</td><td>10</td><td></td><td></td></tr>
<tr><td rowspan="4">二、税款计算</td><td>本期应纳税额减征额</td><td>11</td><td></td><td></td></tr>
<tr><td>应纳税额合计</td><td>12=10-11</td><td></td><td></td></tr>
<tr><td>本期预缴税额</td><td>13</td><td></td><td>—</td></tr>
<tr><td>本期应补（退）税额</td><td>14=12-13</td><td></td><td>—</td></tr>
<tr><td colspan="2" rowspan="4">纳税人或代理人声明：
此纳税申报表是根据国家税收法律的规定填报的，我确定它是真实的、可靠的、完整的。</td><td colspan="3">如纳税人填报，由纳税人填写以下各栏：</td></tr>
<tr><td colspan="3">办税人员（签章）：　　财务负责人（签章）：
法定代表人（签章）：　　联系电话：</td></tr>
<tr><td colspan="3">如委托代理人填报，由代理人填写以下各栏：</td></tr>
<tr><td colspan="3">代理人名称：　　经办人（签章）：　　联系电话：
代理人（公章）：</td></tr>
</table>

注：本表为A3竖式，一式三份，一份纳税人留存，一份主管税务机关留存，一份征收部门留存。

2. 整理纳税资料并申报

纳税人、扣缴义务人可以直接到税务机关办理纳税申报或报送代扣代缴、代收代缴税款报告表，也可以按照规定采取邮寄、数据电文或者其他方式办理申报。小规模纳税人进行纳税申报时，应提交以下资料：《增值税纳税申报表（适用于小规模纳税人）》；资产负债表和损益表；主管税务机关要求的其他资料。

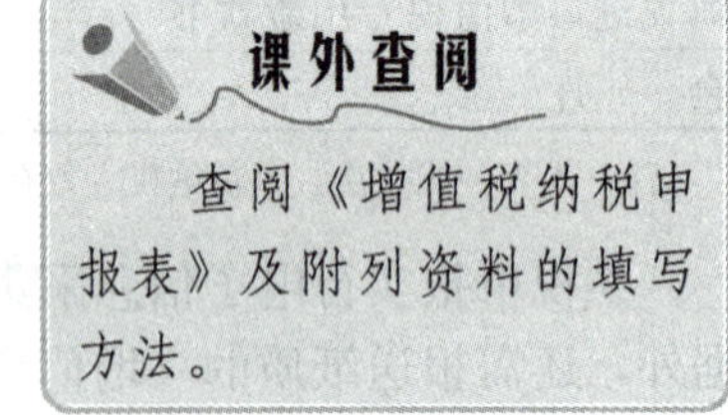

实训操作

根据任务一“任务导入”的资料及任务一“实训操作”的核算结果，完成佳美服装有限公司2011年3月份的增值税纳税申报。

任务三　办理出口货物退（免）税

任务导入

假设佳美服装有限公司有自营出口经营权，2011年2月份除国内业务外，还发生了向国外销售服装的业务，具体如下：

(1) 内销货物销项税额17万元，购进材料的可抵扣进项税额34万元。

(2) 向韩国大宇公司销售服装一批，销售额折合人民币200万元，款项已收到。

(3) 向日本三友株式会社出口服装一批，销售额折合人民币100万元，款项已收到。

已知：出口货物的征税率为17%，退税率为15%。

任务目标：

计算佳美公司2月份出口货物的免抵退税额，并进行相应的账务处理。

学习任务考核单

姓名：　　　　　　　　　　　　　　　　　学号：　　　　　　　　　　　　　编号 2—3

序号	内容	分值	总结与归纳	成绩
1	出口货物退（免）税的政策及适用范围	20		
2	生产企业出口货物免、抵、退税额的计算	30		
3	外贸企业出口货物退税的计算	20		
4	退税办理流程	30		

请学生完成学习任务考核单并上交。

学习指南

出口货物退（免）税是国家对报关出口的货物予以退还或免征在国内各生产、流转环节按税法规定已缴纳的增值税和消费税，即对增值税出口货物实行零税率，对消费税出口货物免税。增值税出口货物的零税率从税法上理解有两层含义：一是对本环节生产或销售货物的增值部分免征增值税，二是对出口货物前道环节所含的进项税额进行退还。当然，由于各种货物出口前涉及征免税的情况有所不同，且国家对少数货物有限制性出口政策，因此针对货物出口的不同情况，国家在遵循“征多少、退多少”、“未征不退和彻底退税”基本原则的基础上，制定了不同的税务处理办法。

一、出口货物退（免）税的基本规定

（一）基本政策

根据出口企业的不同类型和出口货物的不同种类，我国出口货物退（免）税的基本政策分为以下三类。

1. 出口免税并退税

出口免税是指对货物在出口环节不征收增值税、消费税。出口退税是指对货物在出口前实际承担的税收负担，按规定的退税率计算后予以退还。这种政策主要适用于：

（1）生产企业自营出口或委托外贸企业代理出口的自产货物。

（2）有出口经营权的外贸企业收购后直接出口或委托其他外贸企业代理出口的货物。

（3）特定出口的货物。

2. 出口免税但不退税

出口免税与上述第 1 项含义相同。出口不退税是指适用这个政策的出口货物因前一道生产、销售环节或进口环节是免税的，因此，出口时该货物的价格中本身就不含税，也就无须退税。这种政策主要适用于：

> **课外查阅**
>
> 哪些特定出口货物适用“出口免税并退税”政策？

（1）属于生产企业的小规模纳税人自营出口或委托外贸企业代理出口的自产货物。

（2）外贸企业从小规模纳税人购进并持普通发票的货物出口，免税但不予退税。但对规定列举的诸如抽

纱、工艺品等12类出口货物考虑其占出口比重较大及其生产、采购的特殊因素，特准退税。

(3) 外贸企业直接购进法律规定的免税货物（包括免税农产品）出口的，免税但不予退税。

3. 出口不免税也不退税

出口不免税是指国家限制或禁止出口的某些货物的出口环节视同内销环节，照常征税。出口不退税是指对这些出口货物不退还出口前其所负担的税款。适用这个政策的出口货物主要是税法列举限制或禁止出口的货物，如天然牛黄、麝香等。

知识链接

《出口货物退（免）税管理办法》规定：对出口的凡属于已征或应征增值税、消费税的货物，除国家明确规定不予退（免）税的货物和出口企业从小规模纳税人购进并持普通发票的部分货物外，都是出口货物退（免）税的货物范围，均应予以退还已征增值税和消费税或免征应征的增值税和消费税。但可以退（免）税的出口货物一般应具备以下四个条件：

(1) 必须是属于增值税、消费税征税范围的货物。

(2) 必须是报关离境的货物。

(3) 必须是在财务上作销售处理的货物。

(4) 必须是出口收汇并已核销的货物。

（二）出口货物退（免）税的方式

1. 免、退税

免、退税是指免征最后环节增值部分的应纳税额，并按购进金额计算退还应退税款。这种方式主要适用于收购货物出口的外（工）贸企业。

2. 免、抵、退税

实行免、抵、退税管理办法的“免”税，是指对生产企业出口的自产货物和视同出口的自产货物，免征本企业生产、销售环节增值税；“抵”税，是指生产企业出口自产货物所消耗的原材料、零部件、燃料、动力等所含应予退还的进项税额，抵顶内销货物的应纳税额；“退”税是指生产企业出口的自产货物在当月应抵顶的进项税额大于应纳税额时，对未抵顶完的部分予以退税。这种方式主要适用于自营或委托出口自产货物的生产企业。

3. 免税

对于列明试点企业从享受增值税返还政策的农资生产企业等收购的产品出口，不能享受抵、退税政策，即只享受免税政策。

（三）出口货物的退税率

出口货物的退税率，是出口货物的实际退税额与退税计税依据的比例。我国现行出口货物的退税率主要有：17%、16%、15%、14%、13%、11%、9%、8%、6%、5%等。出口应税货物的退（免）税政策如有变化，执行新调整后的税目税率。

出口企业应将不同税率的货物分开核算和申报，凡划分不清适用退税率的，一律从低适用退税率计算退（免）税。

二、生产企业出口货物退税的操作

（一）免、抵、退税的计算方法

生产企业自营或委托外贸企业代理出口（以下简称生产企业出口）自产货物，除另有规定外，增值税实行免、抵、退税管理办法。生产企业是指独立核算，具有实际生产能力的增值税一般纳税人。小规模纳税人出口自产货物仍实行免征增值税的办法。生产企业出口自产的属于应征消费税的产品，实行免征消费税的办法。

1. 当期应纳税额的计算

当期应纳税额的计算公式为：

$$\text{当期应纳税额}=\text{当期内销货物的销项税额}-\left(\text{当期进项税额}-\text{当期免、抵、退税不得免征和抵扣税额}\right)-\text{上期留抵税额}$$

其中：

$$\text{当期免、抵、退税不得免征和抵扣税额}=\text{出口货物离岸价}\times\text{外汇人民币牌价}\times\left(\text{出口货物征税率}-\text{出口货物退税率}\right)-\text{免、抵、退税不得免征和抵扣税额抵减额}$$

出口货物离岸价以出口发票计算的离岸价为准。出口发票不能如实反映实际离岸价的，企业必须按照实际离岸价向主管税务机关申报，同时主管税务机关有权依照相关法规予以核定。

$$\text{免、抵、退税不得免征和抵扣税额抵减额}=\text{免税购进原材料价格}\times\left(\text{出口货物征税率}-\text{出口货物退税率}\right)$$

免税购进原材料，包括从国内购进免税原材料和进料加工免税进口料件，其中，进料加工免税进口料件的价格为组成计税价格。其计算公式为：

进料加工免税进口料件的组成计税价格＝货物到岸价＋海关实征关税和消费税

综合上述公式，我们可以得到：

$$\text{当期免、抵、退税不得免征和抵扣税额}=\left(\text{出口货物离岸价}\times\text{外汇人民币牌价}-\text{免税购进原材料价格}\right)\times\left(\text{出口货物征税率}-\text{出口货物退税率}\right)$$

从该公式可以看出，在免、抵、退税的计算过程中，之所以出现免、抵、退税不得免征和抵扣税额，根源在于出口货物的征税率和退税率不一致。

小贴士

如果计算的当期应纳税额大于零，表明当期出口应退的进项税额不足抵顶内销货物应纳税额（即不足抵顶），当期仍有需要缴纳的税额。在这种情况下，应无期末留抵税额。如果计算的应纳税额为负数，即期末未抵扣税额，则有资格申请退税，但到底能退多少，还要进行计算比较。

2. 免、抵、退税额的计算

免、抵、退税额的计算公式为：

$$\text{免、抵、退税额}=\text{出口货物离岸价}\times\text{外汇人民币牌价}\times\text{出口货物退税率}-\text{免、抵、退税额抵减额}$$

其中：

免、抵、退税额抵减额＝免税购进原材料×出口货物退税率

公式中计算的“免、抵、退税额”就是名义应退税额或者免抵退制度下的可抵顶进项税额。公式中最后一个减项“免、抵、退税额抵减额”的含义是，免税购进的原材料本身是不含进项税额的，所以在计算免、抵、退税额时就不应该退还这部分原本不存在的税额，因此要通过计算剔除。

综合上述公式，我们可以得到：

$$\text{免、抵、退税额}=\left(\text{出口货物离岸价}\times\text{外汇人民币牌价}-\text{免税购进原材料}\right)\times\text{出口货物退税率}$$

如当期没有免税购进原料价格，“免、抵、退税不得免征和抵扣税额抵减额”、“免、抵、退税额抵减额”就不用计算。

3. 当期应退税额和免、抵、退税额的计算

如果当期应纳税额计算结果为负数，则需要进行比较来确定应退税额和免抵税额。

如当期期末留抵税额≤当期免、抵、退税额，则：

当期应退税额＝当期期末留抵税额

当期免抵税额＝当期免、抵、退税额－当期应退税额

如当期期末留抵税额＞当期免、抵、退税额，则：

当期应退税额＝当期免、抵、退税额

当期免抵税额＝0

“当期期末留抵税额”根据当期《增值税纳税申报表》中“期末留抵税额”确定。

【例 2—22】 某自营出口的生产企业为增值税一般纳税人，2011 年 3 月的有关经营业务如下：

（1）购进原材料一批，取得的增值税专用发票注明的价款为 200 万元，外购货物准予抵扣的进项税额 34 万元通过认证。货款已付。

（2）内销货物不含税销售额 100 万元，收款 117 万元存入银行。

（3）出口货物的销售额折合人民币 200 万元，款项已收到。

已知：2 月末留抵税款 3 万元；出口货物的征税率为 17%，退税率为 13%。

要求：计算该企业 3 月份免、抵、退税额。

解：（1）3 月份免、抵、退税不得免征和抵扣税额＝200×(17%－13%)＝8(万元)

（2）3 月份应纳税额＝100×17%－(34－8)－3＝17－26－3＝－12(万元)

（3）出口货物免、抵、退税额＝200×13%＝26(万元)

（4）按规定，如当期期末留抵税额≤当期免、抵、退税额时：

当期应退税额＝当期期末留抵税额

当期免抵税额＝当期免抵退税额－当期应退税额

即该企业 3 月份应退税额＝12(万元)；3 月份免抵税额＝26－12＝14(万元)。

思考与分析

如果【例 2—22】中，该生产企业购进原材料的价款为 400 万元，外购货物准予抵扣的进项税额 68 万元通过认证，其他条件不变，计算当期应退税额及当期免、抵、税额。

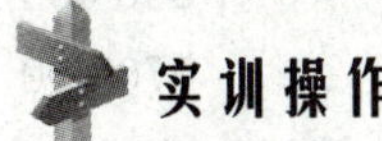

实训操作

根据任务三“任务导入”中佳美公司增值税相关业务，计算佳美公司 2011 年 2 月份当期应退税额及当期免、抵、税额。

(二) 免、抵、退税的账务处理

对于实行免、抵、退税办法的生产企业，应当在“应交税费——应交增值税”明细账下设置如下与退税有关的专栏：“出口抵减内销产品应纳税额”借方专栏，核算“当期免抵税额”。“出口退税”贷方专栏，核算企业应免抵和应退的税额。

另外，以“进项税额转出”贷方专栏核算“当期免、抵、退税不得免征和抵扣税额”应收的增值税出口退税在“其他应收款——应收补贴款”中核算，不计入企业的收入，不计入企业的应纳税所得额，不征收企业所得税。

具体核算步骤如下：

(1) 货物出口并确认收入实现时，根据出口销售额（离岸价）做如下会计处理：

借：应收账款（或银行存款等）

　贷：主营业务收入（或其他业务收入等）

(2) 月末根据《生产企业出口货物免、抵、退税申报汇总表》中计算出的“当期免、抵、退税不予免征和抵扣税额”做如下会计处理：

借：主营业务成本

　贷：应交税费——应交增值税（进项税额转出）

(3) 月末根据《生产企业出口货物免、抵、退税申报汇总表》中计算出的“当期应退税额”做如下会计处理：

借：其他应收款——应收补贴款

　贷：应交税费——应交增值税（出口退税）

(4) 月末根据《生产企业出口货物免、抵、退税申报汇总表》中计算出的“当期免抵税额”做如下会计处理：

借：应交税费——应交增值税（出口抵减内销产品应纳税额）

　贷：应交税费——应交增值税（出口退税）

(5) 收到出口退税款时，做如下会计处理：

借：银行存款

　贷：其他应收款——应收补贴款

通过上述核算可知，“出口退税”贷方专栏核算的是“当期免抵税额”与“当期应退税额”之和，即税法中规定的“当期免、抵、退税额”（即出口销售额×退税率）。

【例 2—23】 引用【例 2—22】，完成该企业 2011 年 3 月份增值税业务的账务处理。

解：(1) 购入材料时：

借：原材料 2 000 000

应交税费——应交增值税（进项税额） 340 000

贷：银行存款 2 340 000

(2) 借：银行存款 1 170 000

贷：主营业务收入 1 000 000

应交税费——应交增值税（销项税额） 170 000

(3) 借：银行存款 2 000 000

贷：主营业务收入 2 000 000

(4) 办理出口退税时：

第一，“免、抵、退税不得免征和抵扣税额”的会计处理：

借：主营业务成本 80 000

贷：应交税费——应交增值税（进项税额转出） 80 000

第二，“应退税额”的会计处理：

借：其他应收款——应收补贴款 120 000

贷：应交税费——应交增值税（出口退税） 120 000

第三，“免抵税额”的会计处理：

借：应交税费——应交增值税（出口抵减内销产品应纳税额） 140 000

贷：应交税费——应交增值税（出口退税） 140 000

实训操作

根据任务三“任务导入”中佳美公司增值税出口相关业务，完成佳美公司出口退税业务相关会计处理。

（三）免、抵、退税的退税申报

(1) 准备资料。

在进行出口货物免、抵、退税申报时，应先向主管征税机关的征税部门或岗位（以下简称征税部门）办理增值税纳税和免、抵税申报，并向主管税务机关的退税部门或岗位（以下称退税部门）办理退税申报。

第一，向征税部门办理增值税纳税及免、抵税申报时，应提供下列资料：《增值税纳税申报表》及其规定的附表、退税部门确认的上期《生产企业出口货物免、抵、退税申报汇总表》（见表 2—7）以及税务机关要求的其他资料。

第二，向退税部门办理退税申报时，应提供下列凭证资料：《生产企业出口货物免、抵、退税申报汇总表》、《生产企业出口货物免、抵、退税申报明细表》（见表2—8）、经征税部门审核签章的当期《增值税纳税申报表》及主管退税部门要求提供的其他资料等，如有进料加工业务的还应填报相关的进料加工相关报表等。

(2) 填写生产企业出口货物免、抵、退税申报汇总表及明细表，具体内容参见表 2—7、表 2—8。

表 2—7　　生产企业出口货物免、抵、退税申报汇总表

纳税人识别号：　　　　　　　　　　纳税人名称（公章）：

海关代码：　　　　　　　　　　税款所属期：　　年　　月至　　年　　月

申报日期：　　年　　月　　　　　　　　　金额单位：元（列至角分）

项　目	栏　次	当期	本年累计	与增值税纳税申报表差额
		(a)	(b)	(c)
当期免、抵、退出口货物销售额（美元）	1			—
当期免、抵、退出口货物销售额	2＝3＋4			
其中：单证不齐销售额	3			—
单证齐全销售额	4			—
前期出口货物当期收齐单证销售额	5		—	—
单证齐全出口货物销售额	6＝4＋5			—
不予免、抵、退出口货物销售额	7			—
出口销售额乘征退税率之差	8			—
上期结转免、抵、退税不得免征和抵扣税额抵减额	9		—	—
免、抵、退税不得免征和抵扣税额抵减额	10			—
免、抵、退税不得免征和抵扣税额	11（如 8＞9＋10 则为 8－9－10，否则为 0）			
结转下期免、抵、退税不得免征和抵扣税额抵减额	12（如 9＋10＞8 则为 9＋10－8，否则为 0）		—	—
出口销售额乘退税率	13			—
上期结转免、抵、退税额抵减额	14		—	—
免、抵、退税额抵减额	15			—
免、抵、退税额	16(如 13＞14＋15 则为 13－14－15，否则为 0)			—
结转下期免、抵、退税额抵减额	17(如 14＋15＞13 则为 14＋15－13，否则为 0)		—	—
《增值税纳税申报表》期末留抵税额	18		—	—
计算退税额期末留抵税额	19＝18－11c		—	—

续前表

<table>
<tr><td rowspan="2">项　目</td><td rowspan="2">栏　次</td><td>当期</td><td>本年累计</td><td>与增值税纳税申报表差额</td></tr>
<tr><td>(a)</td><td>(b)</td><td>(c)</td></tr>
<tr><td>当期应退税额</td><td>20（如 16>19 则为 19，否则为 16）</td><td></td><td></td><td>—</td></tr>
<tr><td>当期免抵税额</td><td>21=16−20</td><td></td><td></td><td>—</td></tr>
<tr><td>出口企业
兹声明以上申报无讹并愿意承担一切法律责任。
经办人：
财务负责人：　　（公章）
企业负责人：　　年　月　日</td><td colspan="2"></td><td colspan="2">退税部门：
经办人：
负责人：　　（章）
年　月　日</td></tr>
<tr><td></td><td colspan="2">经办人：
科（所）长：
负责人：　　（章）
年　月　日</td><td colspan="2">科（所）长：</td></tr>
</table>

表 2—8　　**生产企业出口货物免、抵、退税申报明细表**

序号	出口发票号码	出口报关单号	出口日期	代理证明号	核销单号	出口商品代码	出口商品名称	计量单位	出口数量	出口销售额		征税率%	退税率%	出口销售额乘征退税率之差	出口销售额乘退税率	海关加工手册号	单证不齐（齐全）标志	备注
										美元	人民币							
1	2	3	4	5	6	7	8	9	10	11	12	13	14	15=12×(13−14)	16=12×14	17	18	19

三、外贸企业出口货物退税的操作

（一）免、退税的计算

外贸企业以及实行外贸企业财务制度的工贸企业收购货物出口，免征其出口销售环节的增值税；其收购货物的成本部分，因外贸企业在支付收购货款的同时也支付了增值税进项税款，因此，在货物出口后按收购成本与退税率计算退税退还给外贸企业，征、退税之差计入企业成本。对于该类企业出口货物的退税采用免、退税管理办法，即“先征后退”。

知识链接

“先征后退”是指出口货物在生产（购货）环节按规定缴纳增值税，货物出口后由收购出口的企业向其主管出口退税的税务机关申请办理出口货物退税。

“即征即退”是指对按税法规定缴纳的税款，由税务机关在征税时部分或全部退还纳税人的一种税收优惠。

外贸企业出口货物应退税额的计算，依据购进出口货物增值税专用发票上注明的不含税金额和退税率计算。计算公式为：

应退税额＝外贸收购金额（不含增值税）×退税率

【例 2—24】 某服装进出口股份有限公司，2011 年 1 月出口美国服装一批，出口离岸价为 10 万美元，从国内某服装厂购进货物增值税专用发票上列明不含税价格为 50 万元，退税率为 15%。

要求：计算该项出口业务应退增值税税额。

解： 应退税额＝50×15%＝7.5（万元）

（二）外贸企业收购小规模纳税人出口货物增值税的退税规定

（1）凡从小规模纳税人购进持普通发票特准退税出口货物（抽纱、工艺品等 12 类出口货物），同样实行出口免税并退税的办法。由于小规模纳税人使用的是普通发票，其销售额和应纳税额没有单独计价，小规模纳税人应纳的增值税也是价外计征的，因此，必须将合并定价的销售额先换算成不含税价格，然后据以计算出口货物退税额。其计算公式为：

应退税额＝普通发票所列销售(含增值税)金额÷(1＋征收率)×退税率

（2）凡从小规模纳税人购进税务机关代开的增值税专用发票的出口货物，按以下公式计算退税：

应退税额＝增值税专用发票注明的金额×退税率

【例 2—25】 某进出口公司 2011 年 1 月从小规模纳税人购进特准退税的出口货物全部出口，普通发票注明金额 6 180 元；购进另一小规模纳税人甲产品一批全部出口，取得税务机关代开的增值税专用发票，发票注明金额 5 000 元。适用退税率为 3%。

要求：计算该公司 1 月份的应退税额。

解： 应退税额=[6 180÷(1+3%)]×3%+5 000×3%=330（元）

（三）外贸企业委托生产企业加工出口的货物的退税规定

外贸企业委托生产企业加工收回后报关出口的货物，按购进国内原辅材料的增值税专用发票上注明的进项税额，依原辅材料的退税率计算原辅材料应退税额。支付的加工费，凭受托方开具的货物适用的退税率，计算加工费的应退税额。

【例 2—26】 某进出口公司 2011 年 2 月购进牛仔布一批，取得增值税专用发票一张，计税金额 10 000 元，委托某服装加工厂加工成服装后出口，取得服装加工费计税金额 2 000元。已知牛仔布退税率为 11%，服装加工退税率为 13%。

要求：计算该公司 2 月份的应退税额。

解： 应退税额=10 000×11%+2 000×13%=1 360（元）

（四）外（工）贸企业出口货物免、退税申报

对有进出口经营权的外贸企业收购货物直接出口或委托其他外贸企业代理出口货物的，采取"先征后退"的计算方法。出口货物"先征后退"申报时应提供下列资料：

(1)《出口退税货物进货凭证申报明细表》(见表 2—9)。该表主要根据销货方在征税机关开具的出口货物《税收专用缴款书》来计算外贸企业收购环节已负担的进项税额。

(2)《出口货物退税申报明细表》(见表 2—10)。该表反映外贸企业当期应退税额的计算。其中，"专用税票号码"一栏，如属分批进货一次出口的业务，即多张专用税票对应一笔出口凭证的，可与其他相关项目一起一次填列。

(3)《进料加工贸易申请表》(见表 2—11)。外贸公司将进口料件转售给生产企业加工后收回复出口的填报此表。其中，第 7 栏"增值税专用发票所列税款"为外贸企业销售料件应计征的增值税税额；第 9 栏"海关代征税额"为进口料件进口环节由海关实征税额；第 10 栏"出口退税应抵扣税额"为复出口货物出口后从出口退税额中扣减的销售进口料件按出口货物退税率应计征的增值税税额与海关已实征按出口货物退税率计算的税款相抵减后的余额。

表 2—9　　出口退税货物进货凭证申报明细表

企业名称：

企业代码：　　　　　　　　　　　　　　　　　　　　　　　编号：

部门代码：　　　　　　　　　所属期：　年　月　　　　　　　　　　单位：元

序号	专用税票号码	开票日期	销货方税务登记号	商品代码	商品名称	退税计量单位	数量	计税金额	法定征税税率	征收率	实缴税额	退税率	可退税额	备注
合计														

企业负责人：　　　　　　财务负责人：　　　　退税机关经办人：

办税员：　　填表时间：　　年　　月　　日　　负责人：　　　　年　　月　　日

表 2—10　　　　　　　　　　　　**出口退税申报明细表**

企业名称：

企业代码：　　　　　　　　　　　　　　　　　　　　　　　　　　　　　　编号：

部门代码：　　　　　　　　所属期：　　年　　月　　　　　　　　　　　　单位：元

序号	出口发票号	报关单号	核销单号	专用税票号码	商品代码	商品名称	退税计量单位	出口数量	计税金额	退税率	应退税额		代理证明号	远期收汇证明号	备注
											增值税	消费税			
合计															
企业法人：　　　　财务负责人： 企业办税员：　　填表时间：　年　月　日									退税机关经办人： 负责人：　　　年　月　日						

表 2—11　　　　　　　　　　　　**进料加工贸易申请表**

编号：

单位：元

税务局：

我公司销售下表所列料件，属于进料加工复出口贸易，准许将销售发票上按规定税率计算注明税额，但不计征入库，而由国家税务局进出口税收管理分局从我公司的出口退税款中扣抵。

进料名称	增值税专用发票号码	计量单位	销售数量	单价	金额	增值税专用发票所列税款	购进企业名称	海关代征税额	出口退税应抵扣税额
1	2	3	4	5	6	7	8	9	10
合 计	—	—	—	—		—	—		
出口企业		主管退税的税务机关意见：							
海关代征税缴款书　　张 办税员： 财务负责人：(公章) 企业负责人：年 月 日		专管员： 年　月　日			科长： 年　月　日			(公章) 负责人： 年　月　日	

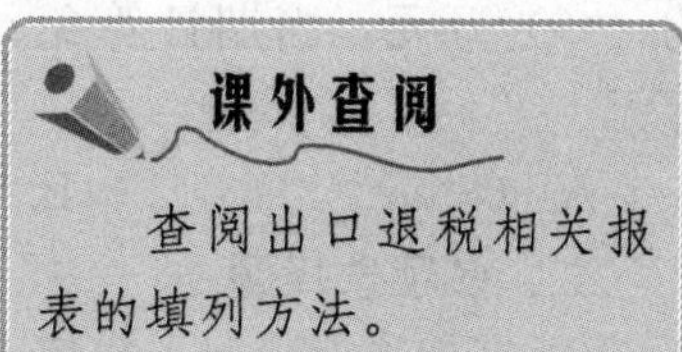

查阅出口退税相关报表的填列方法。

知识考验

一、单项选择题

1. 以下不属于增值税纳税人的是（　　）。

A. 个人　　　　　　　　　　　　B. 外商投资企业

C. 会计制度不健全的企业　　D. 在境外提供修理修配劳务的企业

2. 根据增值税条例规定，企业下列（　　）行为视同销售货物，计征增值税。

A. 购进材料用于在建工程　　B. 自产货物发生非正常损失

C. 自产货物用于集体福利　　D. 外购食品用于个人消费

3. 增值税一般纳税人外购下列货物，允许抵扣进项税额的是（　　）。

A. 外购工程物资　　B. 外购厂房

C. 外购用于福利的货物　　D. 外购设备修理用备件

4. 某食品加工企业（增值税一般纳税人）2011 年 1 月购进下列固定资产一批，其中不得计算抵扣进项税额的项目是（　　）。

A. 加工车间用烘焙设备一套　　B. 管理部门用的办公设备一套

C. 销售部门用的载货汽车三辆　　D. 厂部用的应征消费税的小汽车一辆

5. 下列各项收入中，应纳增值税的是（　　）。

A. 广告公司广告费收入　　B. 邮政部门邮政储蓄收入

C. 某房地产开发公司销售办公楼收入　　D. 某商店零售化妆品收入

6. 一般纳税人支付的下列运费中，不允许计算扣除进项税额的是（　　）。

A. 外购原材料支付的运输费用　　B. 外购设备支付的运输费用

C. 外购工程物资负担的运输费用　　D. 向农业生产者购买农产品的运输费用

7. 某一般纳税人某月将产品分别以 100 元、110 元和 50 元（被认定为偏低价格且无正当理由）的单价销售给甲、乙、丙各 100 件，则该月的销售额应被核定为（　　）元。

A. 26 000　　B. 31 500　　C. 30 000　　D. 33 000

8. 某商场（增值税一般纳税人），以“买一赠一”方式销售货物。本期销售 A 商品 50 台，每台售价（含税）4 680 元，同时赠送 B 商品 50 件（含税单价为 23.40 元/件）。A、B 商品适用税率均为 17%。该商场此项业务应申报的销项税额是（　　）元。

A. 34 170　　B. 34 000　　C. 33 830　　D. 32 830

9. 某服装厂将自产的棉服作为福利发给本厂的职工，该批产品成本共计 10 万元，按当月同类产品的平均售价计算为 15 万元，计征增值税的销售额为（　　）万元。

A. 10　　B. 11　　C. 15　　D. 17

10. 某生产企业（增值税一般纳税人）自营出口自产货物，2005 年 8 月计算应纳税额为(—9) 万元，当期计算免、抵、退税额为 20 万元，则当期免、抵、税额为（　　）万元。

A. 0　　B. 10　　C. 20　　D. 11

二、多项选择题

1. 下列选项中属于我国增值税纳税人的有（　　）。

A. 生产销售并安装钢制门窗的纳税人

B. 个人为其受雇用的公司提供修配劳务

C. 专门从事进口货物的单位

D. 从事个体运输劳务的个体工商户

2. 根据我国现行增值税的规定，纳税人提供下列劳务应当缴纳增值税的有（　　）。

A. 汽车的租赁　　B. 汽车的修理　　C. 房屋的修理　　D. 受托加工白酒

3. 下列业务中，应当征收增值税的是（　　）。

A. 电信器材的生产销售　　B. 房地产公司销售开发商品房业务

C. 某报社自己发行报刊　　D. 农业生产者销售自产农产品

4. 下列各项中属于视同销售行为应当计算销项税额的有（　　）。

A. 将自产的货物用于非应税项目　　B. 将购买的货物委托外单位加工

C. 将购买的货物无偿赠送他人　　D. 将购买的货物用于集体福利

5. 纳税人销售货物或提供劳务时收取的下列费用应并入销售额的有（　　）。

A. 手续费　　B. 受托加工收取的消费税

C. 增值税税额　　D. 奖励费

6. 下列属于增值税混合销售行为的有（　　）。

A. 生产企业生产门窗并负责安装一并收取价款

B. 销售货物并负责运输，一并收取价款

C. 电信公司销售手机并提供电讯服务，一并收取价款

D. 乙装饰公司提供装饰劳务并提供相应材料，一并收取价款

7. 下列进项税额不得从销项税额中抵扣的有（　　）。

A. 用于应税项目的应税劳务的进项税额

B. 用于免税项目的应税劳务的进项税额

C. 用于集体福利的购进货物的进项税额

D. 用于非正常损失的在产品的购进货物的进项税额

8. 增值税条例规定，允许抵扣的货物的运费金额包括（　　）。

A. 随同运费支付的装卸费　　B. 运费发票上注明的建设基金

C. 运费发票上注明的运费　　D. 随同运费支付的保险费

9. 对增值税视同销售行为征税，根据不同情况，要按（　　）确定其销售额。

A. 当月或近期同类货物的平均成本价　　B. 当月或近期同类货物的平均销售价

C. 当月或近期同类货物的最高售价　　D. 组成计税价格

10. 关于增值税纳税义务发生时间的确定，以下正确的有（　　）。

A. 进口货物的纳税义务发生时间为报关进口的当天

B. 采取预收货款方式销售货物的，为货物发出的当天

C. 委托其他纳税人代销货物的，原则上为收到代销单位销售的代销清单的当天

D. 采取赊销和分期收款方式销售货物的，为按合同约定的收款日期的当天

三、计算题

1. 某家电生产企业（增值税一般纳税人），2011 年 3 月发生以下经营业务：

（1）批发销售电视机一批，取得不含税销售额 300 万元。

（2）向个体户销售电视机一批，价税合并收取销售额 81.9 万元。

（3）将零售价 2.34 万元的电视机作为礼品赠送给某老年服务中心。

（4）购进原材料一批，增值税专用发票上注明的货款和进项税额分别为 200 万元、34 万元，专用发票本月已通过税务机关的认证。另外支付运费 1 万元，并取得承运单位开具的普通发票。

（5）购进生产设备一台，增值税专用发票上注明的价款和税款分别为 100 万元、17 万元，专用发票本月已通过税务机关的认证。

要求：计算该家电生产企业 2011 年 3 月应纳增值税税额。

2. 某机械厂为增值税一般纳税人，适用增值税税率为 17%，2011 年 3 月有期末留抵税额7 010元，2011 年 4 月发生下列经济业务：

（1）采取直接收款结算方式销售 A 产品 60 台，单价 8 000 元，单位成本 6 000 元，产品已交给购货方。

（2）基本建设工程领用生产用材料 1 000 公斤，不含税单价 60 元。

（3）将 30 台 B 产品作为投资提供给其他单位，单位成本 5 000 元，无同类产品的销售价格。

（4）改建职工食堂领用 A 产品 1 台；领用材料 100 公斤，不含税单价 60 元。

（5）因管理不善损失材料 50 公斤，不含税单价 60 元。

（6）购进货物的全部进项税额为 66 000 元，专用发票本月已通过税务机关的认证。

要求：计算该机械厂 2011 年 4 月应纳的增值税税额。

技能训练

某食品加工企业为增值税一般纳税人，2011 年 1 月期末留抵税额 20 万元，2011 年 2 月发生如下业务：

（1）销售速冻食品一批，开具防伪税控增值税专用发票 80 份，销售额总计 700 万元。

（2）销售糕点 500 万元，其中：开具防伪税控增值税专用发票 22 份，销售额为 300 万元；开具普通发票 50 份，销售额为 226 万元。

（3）提供加工劳务开具防伪税控增值税专用发票 18 份，收取加工费总计 100 万元。

（4）按简易办法 6%征收的货物销售额为 106 万元，其中：开具防伪税控增值税专用发票 20 份。

（5）将一批食品作为福利发给职工，该批产品售价 10 万元。

（6）本期基建领用生产用原材料（税率为 17%）100 000 元。

（7）由于保管不善，造成成本为 10 000 元的原材料（税率为 17%）霉烂变质。

（8）本期购进货物情况：

购进适用 17%税率货物 500 万元，本期认证相符且本期申报抵扣的防伪税控增值税专用发票 80 份，金额为 380 万元，进项税额 64.6 万元，其他的尚未认证；

适用 13%税率，本期认证相符且本期申报抵扣的防伪税控增值税专用发票 40 份，金额为 150 万元，进项税额 19.5 万元；

从农民手中购入免税农产品 16 份，金额为 230.08 元，取得由税务机关代开的农产品收购发票；

购进加工设备一台，本期认证相符且本期申报抵扣的防伪税控增值税专用发票 1 份，金额为 20 万元，进项税额 3.4 万元；

外购原材料和销售本企业产品过程中，接受运输发票 8 份（全部符合抵扣条件），运输费金额为 55 万元；

收到税务机关为小规模纳税人代开的征收率为3%的增值税专用发票12份，金额为500万元，税额为15万元。

（9）前期认证相符且本期申报抵扣发票2份，金额为6万元，进项税额1.02万元。

（10）截止到2010年1月31日欠税25万元，本期清欠款18万元。

要求：（1）计算该企业本月应纳增值税税额。

（2）填报《增值税纳税申报表》。

模块三

消费税纳税实务

学习目标

知识目标

- 熟悉消费税的法律知识
- 掌握消费税应纳税额的核算
- 掌握消费税纳税申报的要求

技能目标

- 能正确核算纳税人消费税应纳税额
- 会填制《消费税纳税申报表》
- 能办理消费税纳税申报事项

任务一　核算消费税应纳税额

任务导入

日新啤酒厂 2011 年 2 月份发生如下业务：

(1) 2 日，采取直接收款方式销售啤酒 100 吨，开出增值税专用发票。

(2) 5 日，将自己生产的啤酒 30 吨发给职工作为福利。

(3) 20 日，将 10 吨啤酒用于广告宣传，让客户及顾客免费品尝。

已知：该啤酒每吨出厂价为 2 500 元，每吨成本为 1 500 元；啤酒的定额税率为 220 元/吨；日新啤酒厂以 1 个月为一纳税申报期限。

任务目标：

正确计算日新公司 2 月应纳消费税税额，并完成涉税业务会计处理。

学习任务考核单

姓名：　　　　　　　　　　学号：　　　　　　　　　　编号 3—1

序号	内容	分值	总结与归纳	成绩
1	消费税征税范围	20		

2	消费税的税率形式	10		
3	消费税与增值税的区别	20		
4	消费税计税方式及适用范围	20		
5	消费税应纳税额的计算及会计处理*	30		

请学生完成学习任务考核单并上交。标注“*”的请结合实训操作结果填写。

学习指南

一、认识消费税

消费税是对中华人民共和国境内（以下简称中国境内）从事生产、委托加工和进口应税消费品的单位和个人，就其销售额或销售数量在特定环节征收的一种税。

我国消费税的发展

国务院于1993年12月13日颁布《中华人民共和国消费税暂行条例》（以下简称《消费税暂行条例》），决定自1994年1月1日开始征收消费税。消费税是在原产品税、增值税、工商统一税的基础上形成的独立税种。为适应社会经济形势的发展需要，进一步完善消费税制，经国务院批准，财政部、国家税务总局发布了《关于调整和完善消费税政策的通知》（财税［2006］33号），对消费税税目、税率及相关政策进行了一次大的调整。自2006年4月1日起，消费税税目由11个调整到14个。2008年11月5日，为配合增值税转型改革，国务院对《消费税暂行条例》进行了相应的修订。目前，我国实行的是狭窄型消费税。

（一）征税范围

我国现行消费税的征税范围是根据我国的经济状况、群众的消费水平、国家的消费政策并考虑财政需要选择一部分特定消费品列入其课征范围。目前，列入消费税征税范围的共有14个税目，具体如下。

1. 烟

凡是以烟叶为原料加工生产的产品，无论其使用何种辅料，均属于本税目的征收范围。

（1）卷烟。卷烟的征收范围包括工业和商业批发两个子目，分别在生产环节和批发环节征收。甲类卷烟，是指每标准条（200支，下同）调拨价格在70元（不含增值税）以上（含70元）的卷烟；乙类卷烟，是指每标准条调拨价格在70元（不含增值税）以下的卷烟。

（2）雪茄烟。雪茄烟的征收范围包括各种规格、型号的雪茄烟。

（3）烟丝。烟丝的征收范围包括以烟叶为原料加工生产的不经卷制的散装烟。

2. 酒及酒精

(1) 白酒。白酒的征收范围包括粮食白酒、薯类白酒等。

第一，粮食白酒。对企业生产的白酒应按照其所用原料确定适用税率。凡是既有外购粮食或者有自产或外购粮食白酒（包括粮食酒精），又有自产或外购薯类和其他原料酒（包括酒精）的企业，其生产的白酒凡所用原料无法分清的，一律按粮食白酒征收消费税。

第二，薯类白酒。用甜菜酿制的白酒，比照薯类白酒征税。

对以粮食原酒作为酒基与薯类酒精或薯类酒进行勾兑生产的白酒应按粮食白酒的税率征收消费税。

(2) 黄酒。黄酒的征收范围包括各种原料酿制的黄酒和酒精度超过12度（含12度）的土甜酒。

(3) 啤酒。啤酒的征收范围包括各种包装和散装的啤酒。无醇啤酒比照啤酒征税。

(4) 其他酒。其他酒的征收范围包括糠麸白酒、其他原料白酒、土甜酒、复制酒、果木酒、汽酒、药酒等。对以黄酒为酒基生产的配制或泡制酒，按其他酒税目征收消费税。

(5) 酒精。酒精的征收范围包括用蒸馏法和合成方法生产的各种工业酒精、医药酒精、食用酒精。以外购酒精为原料、经蒸馏脱水处理后生产的无水乙醇，属于酒精税目征收范围。

3. 化妆品

化妆品是日常生活中用于修饰美化人体表面的用品，包括各类美容、修饰类化妆品，高档护肤类化妆品和成套化妆品。

4. 贵重首饰及珠宝玉石

贵重首饰及珠宝玉石的征收范围包括各种金银珠宝首饰和经采掘、打磨、加工的各种珠宝玉石。

5. 鞭炮与焰火

鞭炮与焰火的征收范围包括各种鞭炮、焰火。具体包括喷花类、旋转类、旋转升空类、火箭类、吐珠类、线香类、小礼花类、烟雾类、造型玩具类、爆竹类、摩擦炮类、组合烟花类、礼花弹类等。

6. 成品油

(1) 汽油。汽油设置了含铅汽油和无铅汽油两个子目。

(2) 柴油。柴油的征收范围包括倾点在−50号至30号的各种柴油和以柴油为主，经调和精制可用作柴油发动机的非标油。

(3) 航空煤油。航空煤油的征收范围包括各种航空煤油，但航空煤油暂缓征收消费税。

(4) 石脑油。石脑油的征收范围包括除汽油、柴油、煤油、溶剂油以外的各种轻质油。

(5) 溶剂油。溶剂油的征收范围包括各种溶剂油。

(6) 润滑油。润滑油的征收范围包括以石油为原料加工的矿物性润滑油、矿物性润滑油基础油。植物性润滑油、动物性润滑油和化工原料合成润滑油不属于润滑油的征收范围。

(7) 燃料油。燃料油的征收范围包括用于电厂发电、船舶锅炉燃料、加热炉燃料、冶金和其他工业炉燃料的各类燃料油。

7. 汽车轮胎

汽车轮胎的征收范围包括各种汽车、挂车、专用车和其他机动车上的内、外轮胎，不包括农用拖拉机、收割机、手扶拖拉机的专用轮胎。

8. 摩托车

摩托车的征收范围包括轻便摩托车和摩托车两种。

9. 小汽车

小汽车的征收范围包括含驾驶员座位在内最多不超过9个座位（含）的，在设计和技术特性上用于载运乘客和货物的各类乘用车和含驾驶员座位在内的座位数在10至23座（含23座）的，在设计和技术特性上用于载运乘客和货物的各类中轻型商用客车。

10. 高尔夫球及球具

高尔夫球及球具的征收范围包括高尔夫球、高尔夫球杆、高尔夫球包（袋）、高尔夫球杆的杆头、杆身和握把。

11. 高档手表

高档手表的征收范围包括销售价格（不含增值税）每只在10 000元（含）以上的各类手表。

12. 游艇

游艇的征收范围包括艇身长度大于8米（含）小于90米（含），内置发动机，主要用于水上运动和休闲娱乐等非牟利活动的各类机动艇。

13. 木制一次性筷子

木制一次性筷子的征收范围包括各种规格的木制一次性筷子以及未经打磨、倒角的木制一次性筷子。

14. 实木地板

实木地板的征收范围包括各类规格的实木地板、实木指接地板、实木复合地板，以及用于装饰墙壁、天棚的侧端面为榫、槽的实木装饰板及未经涂饰的素板。

思考与分析

根据消费税征税范围的介绍，你能归纳出这些应税消费品的类型吗？

（二）纳税人

消费税的纳税人，是在中国境内生产、委托加工和进口应税消费品的单位和个人，以及国务院确定的销售应税消费品的其他单位和个人。

中国境内是指生产、委托加工和进口属于应当缴纳消费税的消费品的起运地或者所在地在境内。

思考与分析

单位、个人的具体内容是什么？

具体来说，消费税纳税人有下列五种类型：

（1）生产应税消费品的单位和个人。包括自产销售和自产自用，生产并销售应税消费品的单位和个人。

小贴士

纳税人自产自用的应税消费品，用于连续生产应税消费品的，不纳税；用于其他方面的，于移送使用时纳税。

（2）委托加工应税消费品的单位和个人。委托加工的应税消费品，除受托方为个人外，由受托方在向委托方交货时代收代缴税款。委托个人加工的应税消费品，由委托方收回后缴纳消费税。

（3）进口应税消费品的单位和个人。进口的应税消费品，以进口应税消费品的报关单位和个人为纳税人，于报关进口时纳税。为了减少征税成本，进口应税消费品的消费税由海关代征，个人携带或者邮寄进境的应税消费品的消费税，连同关税一并计征。

（4）零售金银首饰、钻石、钻石饰品的单位和个人。生产金银首饰、钻石及钻石饰品时不征收消费税，纳税人在零售时纳税。

（5）批发卷烟的单位和个人。财税［2009］84号规定：在卷烟批发环节加征一道从价计征的消费税，凡是批发销售的所有牌号规格卷烟的，都要在批发环节缴纳消费税。

小贴士

增值税对于同一货物在生产、批发、零售、进口各个流转环节多环节征收；而消费税除卷烟在生产、批发环节属多环节征收外，纳税环节相对单一；在零售环节交税的金银首饰、钻石及钻石饰品，在生产、批发、进口环节不交税；其他在进口环节、生产环节（出厂环节，特殊为移送环节、委托加工环节）交消费税的消费品在之后的批发、零售环节不再缴纳消费税。

（三）税率

消费税的税率包括比例税率和定额税率两类。由于针对不同税目或子目适用不同的税率，消费税的税率档次较为复杂。多数适用比例税率，成品油税目和啤酒、黄酒子目适用定额税率，卷烟和粮食白酒及薯类白酒同时适用比例税率和定额税率，即复合税率。消费税的税目税率（额）表如表3—1所示。

表3—1　消费税税目税率（额）表

<table>
<tr><td colspan="2">税目</td><td>从量计税的计税单位</td><td>税率（税额）</td></tr>
<tr><td colspan="4">一、烟</td></tr>
<tr><td colspan="4">1. 卷烟（复合计税）</td></tr>
<tr><td>定额税率</td><td>工业（生产环节）</td><td>每支</td><td>0.003元</td></tr>
<tr><td rowspan="3">比例税率</td><td rowspan="2">工业（生产环节）</td><td>甲类：每标准条（200支）对外调拨价格≥70元（不含增值税）</td><td>56%</td></tr>
<tr><td>乙类：每标准条（200支）对外调拨价格<70元（不含增值税）</td><td>36%</td></tr>
<tr><td>商业（批发环节）</td><td></td><td>5%</td></tr>
</table>

2. 雪茄烟		36%
3. 烟丝		30%
二、酒及酒精		
1. 粮食、薯类白酒（复合计税）		
定额税率	500克或500毫升	0.50元
比例税率		20%
2. 黄酒	吨	240元
3. 啤酒	甲类：每吨出厂价格≥3 000元	250元
	乙类：每吨出厂价格<3 000元	220元
	娱乐业和饮食业自制的每吨	250元
4. 其他酒		10%
5. 酒精		5%
三、化妆品		30%
四、贵重首饰及珠宝玉石	金银首饰、铂金首饰和钻石及钻石饰品	5%
	其他贵重首饰和珠宝玉石	10%
五、鞭炮、焰火		15%
六、成品油	含铅汽油	1.40元/升
	无铅汽油、石脑油、溶剂油、润滑油	1.00元/升
	柴油、航空煤油、燃料油	0.8元/升
七、汽车轮胎		3%
八、摩托车	气缸容量（排气量，下同）在250毫升（含250毫升）以下的	3%
	气缸容量在250毫升以上的	10%
九、小汽车	气缸容量（排气量，下同）在1.0升（含1.0升）以下的乘用车（下同）	1%
	气缸容量在1.0升以上～1.5升（含1.5升）的	3%
	气缸容量在1.5升以上～2.0升（含2.0升）的	5%
	气缸容量在2.0升以上～2.5升（含2.5升）的	9%
	气缸容量在2.5升以上～3.0升（含3.0升）的	12%
	气缸容量在3.0升以上～4.0升（含4.0升）的	25%
	气缸容量在4.0升以上的	40%
	中轻型商用客车	5%
十、高尔夫球及球具		10%
十一、高档手表	每只10 000元（含）以上	20%
十二、游艇		10%
十三、木制一次性筷子		5%
十四、实木地板		5%

小贴士

纳税人兼营不同税率的应税消费品，是指纳税人生产销售两种税率以上的应税消费品，应当分别核算不同税率应税消费品的销售额、销售数量。未分别核算销售额、销售数量的，或者将不同税率的应税消费品组成成套消费品销售的，从高适用税率。

二、核算应纳税额

（一）消费税应纳税额的计算

消费税应纳税额的计算有三种方法：从价定率计征法、从量定额计征法以及从价定率和从量定额复合计征法。

1. 从价定率计征

适用比例税率的应税消费品，其应纳税额应从价定率计征，此时的计税依据是销售额。其计算公式为：

应纳税额＝销售额×比例税率

销售额为纳税人销售应税消费品向购买方收取的全部价款和价外费用。

课外查阅

消费税对包装物押金的计税规定是否与增值税的规定相同？

思考与分析

根据增值税销售额的规定，说明价外费用包括哪些内容？哪些项目不包括在销售额中？

如果纳税人应税消费品的销售额中未扣除增值税税款或者因不得开具增值税专用发票而发生价款和增值税税款合并收取的，在计算消费税时，应当换算为不含增值税税款的销售额。其换算公式为：

应税销售额＝含增值税的销售额（及价外费用）÷(1＋17％或者3％)

知识链接

纳税人通过自设非独立核算门市部销售的自产应税消费品，应当按照门市部对外销售额或者销售数量征收消费税。纳税人用于换取生产资料和消费资料，投资入股和抵偿债务等方面的应税消费品，应当以纳税人同类应税消费品的最高销售价格作为计税依据计算消费税。

【例3—1】 某鞭炮厂2011年1月，以不含税出厂价187.2元/箱对外销售某高档鞭炮1 155箱，将500箱同类鞭炮移送给本厂非独立核算门市部对外销售，当月零售同类鞭炮412箱，每箱零售价为280.8元/箱。计算该厂当月应纳消费税税额（已知鞭炮的增值税税率为17％、消费税税率为15％）。

解：（1）对外销售鞭炮应纳消费税税额＝187.2×1 155×15％＝ 32 432.4（元)。

（2）零售鞭炮应纳消费税税额＝280.8÷(1＋17％)×412×15％＝14 832（元)；

该厂当月应纳消费税税额＝32 432.4＋14 832＝47 264.4（元)。

【例3—2】 某橡胶厂为增值税一般纳税人，本月销售给一汽车修理厂（小规模纳税人）汽车轮胎，开具普通发票上注明的价款为93.6万元，销售子午线轮胎取得销售额 150 万元。以成本价为 120 万元的轮胎调拨给统一核算的门市部，门市部当月取得零售收入 157.95 万元（已知轮胎适用的消费税税率为 3%，汽车轮胎成本利润率为 5%）。

计算：(1) 销售给小规模纳税人汽车轮胎应纳消费税税额。

(2) 销售子午线轮胎的应纳消费税税额。

(3) 调拨给门市部的轮胎应纳消费税税额。

解：(1) 销售给小规模纳税人汽车轮胎应纳消费税税额＝93.6÷(1＋17%)×3%＝2.4（万元）。

(2) 销售子午线轮胎免征消费税。

(3) 门市部销售汽车轮胎应纳消费税税额＝157.95÷(1＋17%)×3%＝4.05（万元）；橡胶厂本月应纳消费税税额＝2.4＋4.05＝6.45（万元）。

【例 3—3】 某木制品公司 2011 年 2 月销售给经销商甲实木地板 200 箱，增值税专用发票销售价为 1 500 元/箱，销售给经销商乙同类实木地板 130 箱，增值税专用发票销售价为 1 600 元/箱；当月，还将 70 箱同类实木地板发给其原材料供应商以抵偿上月的应付货款。计算该木制品公司当月应缴纳的消费税税额（已知实木地板的消费税税率为 5%）。

解：纳税人用于抵偿债务的应税消费品，应当以纳税人同类应税消费品的最高销售价格作为计税依据计算消费税。则：

应纳消费税税额＝(200×1 500＋130×1 600＋70×1 600)×5%＝3.1（万元）

2. 从量定额计征

适用定额税率的消费品，其应纳税额应从量定额计征，此时的计税依据是销售数量。其计算公式为：

应纳税额＝销售数量×定额税率

知识链接

销售数量，是指应税消费品的数量。具体为：

(1) 销售应税消费品的，为应税消费品的销售数量。

(2) 自产自用应税消费品的，为应税消费品的移送使用数量。

(3) 委托加工应税消费品的，为纳税人收回的应税消费品数量。

(4) 进口应税消费品的，为海关核定的应税消费品进口征税数量。

实行从量定额办法计算应纳税额的应税消费品，计量单位的换算标准如表 3—2 所示。

表 3—2 计量单位的换算标准

单位	黄酒	啤酒	汽油	柴油	航空煤油	石脑油	溶剂油	润滑油	燃料油
1 吨＝	962 升	988 升	1 388 升	1 176 升	1 246 升	1 385 升	1 282 升	1 126 升	1 015 升

【例3—4】 某酒厂2011年1月向外销售黄酒10吨，每吨价格1 630元，价款总计16 300元，款项未收。计算该批黄酒应纳的消费税税额（已知黄酒定额税率为240元/吨）。

解：应纳消费税税额＝10×240＝2 400（元）

【例3—5】 某石油化工厂2011年1月，销售无铅汽油25吨，柴油18吨，提供给本厂基建工程车辆、设备使用柴油5吨，将9吨含铅汽油进行提炼生产高品质汽油。计算该厂当月应纳消费税税额（已知汽油1吨＝1 388升，柴油1吨＝1 176升；无铅汽油的税率为定额税率1.0元/升；柴油的税率为定额税率0.8元/升）。

解：(1) 销售无铅汽油应纳消费税税额＝25×1 388×1.0＝34 700（元）。

(2) 销售柴油应纳消费税税额＝（18＋5)×1 176×0.8＝21 638.40（元）。

(3) 含铅汽油提炼生产高品质汽油免征消费税。

(4) 该厂当月应纳消费税税额＝34 700＋21 638.4＝56 338.4（元）。

3. 从价定率和从量定额复合计征

既规定了比例税率，又规定了定额税率的卷烟、粮食白酒和薯类白酒，其应纳税额实行从价定率和从量定额相结合的复合计征办法。其计算公式为：

应纳税额＝销售额×比例税率＋销售数量×定额税率

【例3—6】 某烟草生产企业是增值税一般纳税人。2011年1月销售甲类卷烟1 000标准条，取得含税销售额93 600元。计算该企业应缴纳的消费税税额（已知卷烟消费税定额税率为每标准箱50 000支为150元，即0.003元/支，1标准条有200支；比例税率每标准条调拨价格≥70为56%，每标准条调拨价格<70为36%）。

解：每标准条调拨价格＝93 600÷(1＋17%)÷1 000＝80（元），确定适用税率为56%。则：

应纳消费税税额＝93 600÷(1＋17%)×56%＋1 000×200×0.003
＝44 800＋600＝45 400（元）

4. 计税依据的特殊规定

(1) 自产自用的应税消费品。自产自用的应税消费品按照纳税人生产的同类消费品的销售价格计算纳税，如果当月同类消费品价格高低不同，应按销售数量加权平均计算，但销售价格明显偏低并无正当理由的或无销售价格的不得列入加权平均计算；没有同类消费品销售价格的，按照组成计税价格计算纳税。

实行从价定率办法计算纳税的组成计税价格计算公式为：

组成计税价格＝(成本＋利润)÷(1－比例税率)

实行复合计税办法计算纳税的组成计税价格计算公式为：

组成计税价格＝(成本＋利润＋自产自用数量×定额税率)÷(1－比例税率)

小贴士

由于消费税一般只在某一环节一次征收，因此，为避免应税消费品重复征税问题，对于自产自用应税消费品用于继续生产应税消费品的，移送时不征消费税，而用于其他方面的（如用于生产非应税消费品、在建工程、管理部门、赠送、职工福利等）于移送使用时缴纳消费税。

【例 3—7】 某汽车制造厂将自产的 A 型乘用车一辆赠送给某主管部门，该类乘用车对外销售价格为 16 万元，生产成本 10 万元；将新生产的 B 型乘用车一辆转为企业销售部门自用，其生产成本为 15 万元，无同类消费品价格。计算该汽车厂应缴纳的消费税（已知 A 型乘用车消费税税率为 5%，B 型乘用车消费税税率为 15%，平均利润率为 8%）。

解： A 型乘用车应纳消费税税额＝160 000×5%＝8 000（元）

B 型乘用车组成计税价格＝(150 000＋150 000×8%)÷(1－15%)＝190 588（元）

B 型乘用车应纳消费税税额＝190 588×15%＝28 588（元）

应纳消费税税额合计＝8 000＋28 588＝36 588（元）

【例 3—8】 某酒厂将自产的粮食白酒 1 吨发放给职工做福利，其成本为 4 000 元/吨，成本利润率为 5%，计算该笔业务当月应缴纳的消费税（已知白酒的定额税率为 0.5 元/斤，比例税率为 20%）。

解： 消费税从量税＝1×1 000×2×0.5＝1 000（元）

从价税组成计税价格＝[4 000×(1＋5%)＋1 000]÷(1－20%)＝6 500（元）

消费税从价税＝6 500×20%＝1 300（元）

应纳消费税税额＝1 000＋1 300＝2 300（元）

(2) 委托加工的应税消费品。委托加工的应税消费品按照受托方的同类消费品的销售价格计算纳税；没有同类消费品销售价格的，按照组成计税价格计算纳税。

实行从价定率办法计算纳税的组成计税价格计算公式为：

组成计税价格＝(材料成本＋加工费)÷(1－比例税率)

实行复合计税办法计算纳税的组成计税价格计算公式为：

组成计税价格＝(材料成本＋加工费＋委托加工数量×定额税率)÷(1－比例税率)

知识链接

材料成本，是指委托方所提供加工材料的实际成本。加工费，是指受托方加工应税消费品向委托方所收取的全部费用（包括代垫辅助材料的实际成本，但不包括增值税税金）。

【例 3—9】 甲酒厂 2011 年 1 月委托乙酒厂生产酒精 60 吨，一次性支付加工费 17 500元。已知甲酒厂提供原料的成本为 96 500 元，乙酒厂无同类产品销售价格。计算该批酒精应缴纳的消费税（已知酒精的消费税税率为 5%）。

解： 消费税组成计税价格＝(96 500＋17 500)÷(1－5%)＝120 000(元)

应纳消费税税额＝120 000×5%＝6 000（元）

小贴士

如果委托加工收回的应税消费品直接出售，则不再缴纳消费税；若以委托加工收回的应税消费品为原料，用于连续生产应税消费品的，当其销售时，准予从应纳消费税中扣除原已缴纳的消费税。

(3) 进口的应税消费品。进口的应税消费品按照组成计税价格计算纳税。

实行从价定率办法计算纳税的组成计税价格计算公式为：

组成计税价格=(关税完税价格+关税)÷(1-比例税率)

实行复合计税办法计算纳税的组成计税价格计算公式为：

组成计税价格=(关税完税价格+关税+进口数量×定额税率)÷(1-比例税率)

公式中的关税完税价格，是指海关核定的关税计税价格。

【例3—10】 某企业为增值税一般纳税人。2011年1月，该企业进口一批小汽车，关税完税价格为200万元，按规定应缴纳关税220万元。计算该企业进口该批小汽车应纳消费税税额（已知小汽车的消费税税率为40%）。

解： 组成计税价格=(200+220)÷(1-40%)=700(万元)

应纳消费税税额=700×40%=280（万元）

【例3—11】 某公司2011年1月进口甲类卷烟200标准箱，每箱关税完税价格为60 000元，每箱应纳关税15 000元，消费税税率为56%。计算该公司当月应缴纳的进口增值税税额和进口消费税税额（已知每标准箱定额税率为150元，比例税率为56%）。

解： 消费税从量税=200×150=30 000（元）

组成计税价格=[(60 000+15 000)×200+30 000]÷(1-56%)

=3 415.9(万元)

应纳进口增值税税额=3 415.9×17%=580.703(万元)

应纳进口消费税税额=3 415.9×56%+30 000÷10 000=1 915.904(万元)

小贴士

纳税人应税消费品的计税价格明显偏低并无正当理由的，由主管税务机关核定其计税价格。核定权限规定如下：

(1) 卷烟、白酒和小汽车的计税价格由国家税务总局核定，送财政部备案。

(2) 其他应税消费品的计税价格由省、自治区和直辖市国家税务局核定。

(3) 进口的应税消费品的计税价格由海关核定。

5. 扣除外购或委托加工应税消费品已纳消费税的规定

纳税人用外购或委托加工收回已税消费品继续生产同类应税消费品的，可以按生产领用数量扣除已税消费税的税款。具体规定如下：外购或委托加工收回的已税烟丝生产的卷烟；外购或委托加工收回的已税化妆品生产的化妆品；外购或委托加工收回的已税珠宝玉石生产的贵重首饰及珠宝玉石；外购或委托加工收回的已税鞭炮、焰火生产的鞭炮、焰火；外购或委托加工收回的已税杆头、杆身和握把为原料生产的高尔夫球杆；外购或委托加工收回的已税木制一次性筷子为原料生产的木制一次性筷子；外购或委托加工收回的已税实木地板为原料生产的实木地板；外购或委托加工收回的已税石脑油为原料生产的应税消费品；外购或委托加工收回的已税润滑油为原料生产的润滑油。

扣除外购已税消费品已纳消费税时，应注意以下问题：

(1) 酒及酒精、小汽车、高档手表、游艇等应税消费品不得抵税；用已税珠宝玉石生产的改在零售环节征税的金银首饰（含镶嵌首饰）、钻石首饰，在计税时不得抵税。

(2) 除石脑油外，其他应税消费品在抵税时必须是同类消费品抵税。

(3) 当期允许抵扣的消费税税额，按当期生产领用数量计算抵扣。

准予从消费税应纳税额中扣除已纳消费税税款，按照不同行为分别规定如下：

(1) 外购应税消费品（从价定率）连续生产应税消费品，其计算公式如下：

$$\text{当期准予扣除外购应税消费品已纳税款}=\text{当期准予扣除外购应税消费品买价}\times\text{外购应税消费品适用税率}$$

$$\text{当期准予扣除外购应税消费品买价}=\text{期初库存外购应税消费品买价}+\text{当期购进的外购应税消费品买价}-\text{期末库存的外购应税消费品买价}$$

(2) 外购应税消费品（从量定额）连续生产应税消费品，其计算公式如下：

$$\text{当期准予扣除外购应税消费品已纳税款}=\text{当期准予扣除外购应税消费品数量}\times\text{外购应税消费品单位税额}$$

$$\text{当期准予扣除外购应税消费品数量}=\text{期初库存外购应税消费品数量}+\text{当期购进的外购应税消费品数量}-\text{期末库存的外购应税消费品数量}$$

(3) 委托加工收回应税消费品连续生产应税消费品，其计算公式如下：

$$\text{当期准予扣除的委托加工应税消费品已纳税款}=\text{期初库存的委托加工应税消费品已纳税款}+\text{当期收回的委托加工应税消费品已纳税款}-\text{期末库存的委托加工应税消费品已纳税款}$$

(4) 进口应税消费品连续生产的应税消费品，其计算公式如下：

$$\text{当期准予扣除的进口应税消费品已纳税款}=\text{期初库存的进口应税消费品已纳税款}+\text{当期进口应税消费品已纳税款}-\text{期末库存的进口应税消费品已纳税款}$$

【例 3—12】 某化妆品企业是增值税一般纳税人，2011 年 2 月委托某厂加工散装化妆品 20 件，受托方同类产品含增值税售价为 29 250 元/件，当月收回后，全部领用用于连续生产成套化妆品。当月销售化妆品取得不含税销售额 200 万元。计算该企业 2 月应纳消费税税额（已知化妆品的消费税税率为 30%）。

解： 散装化妆品的应税销售额＝29 250÷(1＋17%)×20＝50(万元)

散装化妆品的已纳消费税税额＝50×30%＝15(万元)

2 月应纳消费税税额＝200×30%－15＝45(万元)

（二）消费税的会计核算

企业应在“应交税费”科目下设置“应交消费税”明细科目，核算应交消费税的发生、缴纳情况。该科目贷方登记应缴纳的消费税，借方登记已缴纳的消费税；期末贷方余额为尚未缴纳的消费税，借方余额为多缴纳的消费税。

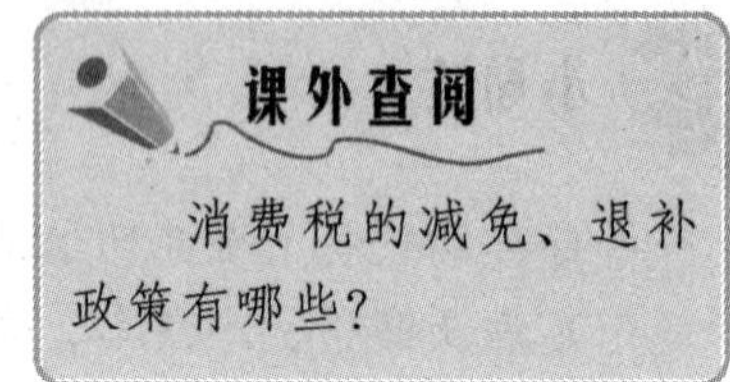

1. 销售自产应税消费品

消费税属于价内税，对企业来说是一种支出，应计入有关成本、费用。企业销售应税消费品应交的消费税，应借记“营业税金及附加”科目，由销售收入补偿，贷记“应交税费——应交消费税”科目。

【例3—13】 某企业销售所生产的化妆品，价款2 000 000元（不含增值税），适用的消费税税率为30%。计算该企业应纳消费税税额并进行相关会计处理。

解： 应交消费税税额＝2 000 000×30%＝600 000（元）

相关的会计分录如下：

	借方	贷方
借：营业税金及附加	600 000	
贷：应交税费——应交消费税		600 000

2. 视同销售应税消费品

企业将生产的应税消费品用于连续生产非应税消费品、抵偿债务、对外投资、集体和个人福利、广告、样品、换取生产资料和消费资料等，视同销售缴纳的消费税，可借记“生产成本”、“在建工程”、“长期股权投资”、“销售费用”等科目，贷记“应交税费——应交消费税”科目。

【例3—14】 某企业在建工程领用自产柴油，成本为50 000元，按市场价计算的应纳增值税为10 200元，应纳消费税为6 000元。进行相关会计处理。

解： 该企业的有关会计分录如下：

	借方	贷方
借：在建工程	66 200	
贷：库存商品		50 000
应交税费——应交增值税（销项税额）		10 200
——应交消费税		6 000

【例3—15】 某企业下设的职工食堂享受企业提供的补贴，本月领用自产应税消费品一批，该产品的账面价值为40 000元，市场价格为60 000元（不含增值税），适用的增值税税率为17%，消费税税率为10%。进行相关会计处理。

解： 该企业的有关会计分录如下：

	借方	贷方
借：应付职工薪酬——职工福利	76 200	
贷：主营业务收入		60 000
应交税费——应交增值税（销项税额）		10 200
——应交消费税		6 000
借：主营业务成本	40 000	
贷：库存商品		40 000

3. 委托加工应税消费品

企业委托加工应税产品，加工环节由受托方代收代缴消费税，视加工产品收回后的用途不同而采用不同的处理方法：一是委托加工应税消费品收回后直接用于销售的，销售时不再缴纳消费税，由受托方代收代缴的消费税计入委托加工成本，借记“委托加工物资”或“生产成本——委托外部加工”科目；二是委托加工应税消费品收回后继续用于加工应税消费品的，所缴消费税单独核算，记入“应交税费——应交消费税”明细账户的借方，在生产出的最终产品销售时，抵扣其应缴纳的消费税。

【例 3—16】 甲企业委托乙企业代为加工一批应交消费税的材料（非金银首饰）。甲企业的材料成本为 1 000 000 元，加工费为 200 000 元，由乙企业代收代缴的消费税为 80 000元（不考虑增值税）。材料已经加工完成，并由甲企业收回验收入库，加工费尚未支付。甲企业采用实际成本法进行原材料的核算。

解：(1) 如果甲企业收回的委托加工物资用于继续生产应税消费品，该企业的有关会计分录如下：

借：委托加工物资 1 000 000
　贷：原材料 1 000 000
借：委托加工物资 200 000
　　应交税费——应交消费税 80 000
　贷：应付账款 280 000
借：原材料 1 200 000
　贷：委托加工物资 1 200 000

(2) 如果甲企业收回的委托加工物资直接对外销售，甲企业的有关会计分录如下：

借：委托加工物资 1 000 000
　贷：原材料 1 000 000
借：委托加工物资 280 000
　贷：应付账款 280 000
借：原材料 1 280 000
　贷：委托加工物资 1 280 000

(3) 乙企业对应收取的受托加工代收代缴消费税的会计分录如下：

借：应收账款 80 000
　贷：应交税费——应交消费税 80 000

4. 进口应税消费品

进口应税消费品应缴纳的消费税计入进口应税消费品的成本，借记“材料采购”、“固定资产”等科目，贷记“银行存款”科目。

【例 3—17】 甲企业从国外进口一批需要缴纳消费税的商品，商品价值为 2 000 000 元，进口环节需要缴纳的消费税为 400 000 元（不考虑增值税），采购的商品已经验收入库，货款尚未支付，税款已经用银行存款支付。进行相关会计处理。

解：甲企业的有关会计分录如下：

借：库存商品 2 400 000

贷：应付账款　　2 000 000

　　银行存款　　400 000

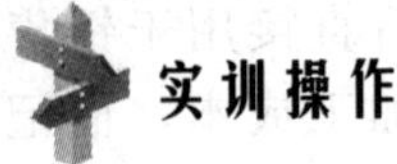

实训操作

根据任务导入中日新啤酒厂2011年2月的业务，为该公司计算确定当期应纳消费税税额，并进行相应的会计处理。

任务二　消费税纳税申报

任务导入

在任务一中，日新啤酒厂2011年2月份的消费税涉税业务的日常核算工作已经完成，办税员着手办理2011年2月份消费税的纳税申报业务。

任务目标：

完成日新啤酒厂2011年2月《消费税纳税申报表》的填写，并在规定期限内完成申报工作。

学习任务考核单

姓名：　　学号：　　编号3—2

序号	内容	分值	总结与归纳	成绩
1	消费税纳税时间的规定	30		
2	消费税纳税地点的界定	20		
3	纳税申报表及其附表的填写*	50		

请学生完成学习任务考核单并上交。标注“*”的请结合实训操作结果填写。

学习指南

一、纳税时间

（一）纳税义务发生时间

消费税纳税义务的发生时间，具体包括：

（1）纳税人销售应税消费品的，按不同的销售结算方式分别为：采取赊销和分期收款结算方式的，为书面合同约定的收款日期的当天，书面合同没有约定收款日期或者无书面合同的，为发出应税消费品的当天；采取预收货款结算方式的，为发出应税消费品的当天；采取托收承付和委托银行收款方式的，为发出应税消费品并办妥托收手续的当天；采取其他结算方式的，为收讫销售款或者取得索取销售款凭据的当天。

(2) 纳税人自产自用应税消费品的，为移送使用的当天。

(3) 纳税人委托加工应税消费品的，为纳税人提货的当天。

(4) 纳税人进口应税消费品的，为报关进口的当天。

(二) 纳税期限

消费税的纳税期限与增值税的纳税期限的规定一致，此处不再赘述。

(三) 纳税申报期限

消费税的纳税申报期限与增值税的纳税申报期限的规定一致。纳税人进口应税消费品，应当自海关填发海关进口消费税专用缴款书之日起15日内缴纳税款。

二、纳税地点

国内消费税由税务机关征收，进口应税消费品的消费税由海关代征。个人携带或者邮寄进境的消费品所应缴纳的消费税，连同关税一并征收。具体征收办法由国务院关税税则委员会会同有关部门制定。

关于消费税的纳税地点，具体规定如下：

(1) 纳税人销售的应税消费品，以及自产自用的应税消费品，除国务院财政、税务主管部门另有规定外，应当向纳税人机构所在地或者居住地的主管税务机关申报纳税。

纳税人到外县（市）销售或者委托外县（市）代销自产应税消费品的，于应税消费品销售后，向机构所在地或者居住地主管税务机关申报纳税。

纳税人的总机构与分支机构不在同一县（市）的，应当分别向各自机构所在地的主管税务机关申报纳税；经财政部、国家税务总局或者其授权的财政、税务机关批准，可以由总机构汇总向总机构所在地的主管税务机关申报纳税。

(2) 委托加工的应税消费品，除受托方为个人外，由受托方向机构所在地或者居住地的主管税务机关解缴消费税税款；委托个人加工应税消费品，由委托方向其机构所在地或者居住地主管税务机关申报纳税。

(3) 进口的应税消费品，由进口人或者其代理人向报关地海关申报纳税。

思考与分析

北京市A企业委托天津市B企业加工一批应税消费品，该批消费品应缴税款由B企业向天津税务机关解缴。

请问：这种做法对吗？为什么？

三、纳税申报

纳税人应如实填写消费税纳税申报表，并在规定的时间申报缴纳税款。纳税人无论当期有无销售或是否盈利，均应在次月1日至15日期间根据应税消费品分别填写《烟类应税消费品消费税纳税申报表》（见表3—3）、《成品油消费税纳税申报表》（见表3—4）、《酒及酒精消费税纳税申报表》（见表3—5）、《小汽车消费税纳税申报表》

（见表 3—6）、《其他应税消费品消费税纳税申报表》（见表 3—7），向主管税务机关进行纳税申报。除了纳税申报表以外，每类申报表都有附表，包括《本期准予扣除计算表》、《本期代收代缴税额计算表》、《生产经营情况表》、《准予扣除消费税凭证明细表》等，在申报时一并填写。

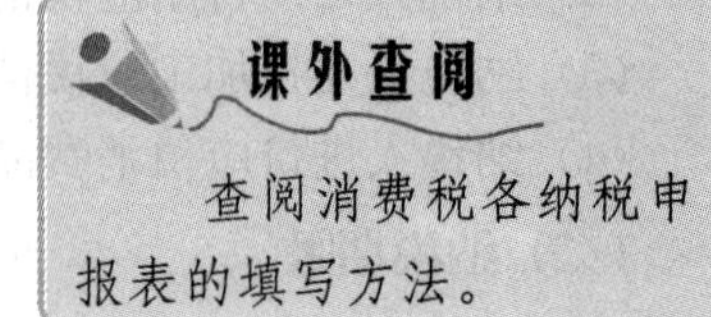

表 3—3　　烟类应税消费品消费税纳税申报表

税款所属期：　　年　月　日至　　年　月　日

纳税人名称（公章）：

纳税人识别号：□□□□□□□□□□□□□□□□□□□□

填表日期：　　年　月　日　　　　单位：卷烟万支、雪茄烟支、烟丝千克；金额单位：元（列至角分）

项目 应税消费品名称	适用税率		销售数量	销售额	应纳税额
	定额税率	比例税率			
卷烟	30 元/万支	56%			
卷烟	30 元/万支	36%			
雪茄烟	—	36%			
烟丝	—	30%			
合计	—	—	—	—	

本期准予扣除税额：	声明 此纳税申报表是根据国家税收法律的规定填报的，我确定它是真实的、可靠的、完整的。 经办人（签章）： 财务负责人（签章）： 联系电话：
本期减（免）税额：	
期初未缴税额：	
本期缴纳前期应纳税额：	（如果你已委托代理人申报，请填写） 授权声明 为代理一切税务事宜，现授权＿＿＿＿（地址）＿＿＿＿为本纳税人的代理申报人，任何与本申报表有关的往来文件，都可寄予此人。 授权人签章：
本期预缴税额：	
本期应补（退）税额：	
期末未缴税额：	

以下由税务机关填写

受理人（签章）：	受理日期：　　年　月　日	受理税务机关（章）：

表 3—4　　成品油消费税纳税申报表

税款所属期：　　年　月　日至　　年　月　日

纳税人名称（公章）：

纳税人识别号：□□□□□□□□□□□□□□□□□□□□

填表日期：　　年　月　日　　　　计量单位：升；金额单位：元（列至角分）

项目 应税消费品名称		适用税率（元/升）	销售数量	应纳税额
汽油	含铅汽油	0.20		
	无铅汽油			

柴油	0.80		
石脑油	1.00		
溶剂油	1.00		
润滑油	1.00		
燃料油	0.80		
航空煤油	0.80		
合计	—	—	

本期准予扣除税额：	声明 此纳税申报表是根据国家税收法律的规定填报的，我确定它是真实的、可靠的、完整的。 经办人（签章）： 财务负责人（签章）： 联系电话：
本期减（免）税额：	
期初未缴税额：	
本期缴纳前期应纳税额：	（如果你已委托代理人申报，请填写） 授权声明 为代理一切税务事宜，现授权______（地址）______为本纳税人的代理申报人，任何与本申报表有关的往来文件，都可寄予此人。 授权人签章：
本期预缴税额：	
本期应补（退）税额：	
期末未缴税额：	

以下由税务机关填写

受理人（签章）：	受理日期： 年 月 日	受理税务机关（章）：

表 3—5　　酒及酒精消费税纳税申报表

税款所属期：　年　月　日至　　年　月　日

纳税人名称（公章）：

纳税人识别号：□□□□□□□□□□□□□□□□□□□□□

填表日期：　年　月　日　　　　　　　　金额单位：元（列至角分）

项目 应税消费品名称	适用税率		销售数量	销售额	应纳税额
	定额税率	比例税率			
粮食白酒	0.5元/斤	20%			
薯类白酒	0.5元/斤	20%			
啤酒	250元/吨	—			
啤酒	220元/吨	—			
黄酒	240元/吨	—			
其他酒	—	10%			
酒精	—	5%			
合计	—	—	—	—	

本期准予抵减税额：	声明 此纳税申报表是根据国家税收法律的规定填报的，我确定它是真实的、可靠的、完整的。 经办人（签章）： 财务负责人（签章）： 联系电话：
本期减（免）税额：	
期初未缴税额：	

本期缴纳前期应纳税额：	（如果你已委托代理人申报，请填写） 授权声明 为代理一切税务事宜，现授权______（地址）______为本纳税人的代理申报人，任何与本申报表有关的往来文件，都可寄予此人。 授权人签章：
本期预缴税额：	
本期应补（退）税额：	
期末未缴税额：	

以下由税务机关填写

受理人（签章）：	受理日期：　年　月　日	受理税务机关（章）：

表 3—6　　**小汽车消费税纳税申报表**

税款所属期：　年　月　日至　年　月　日

纳税人名称（公章）：

纳税人识别号：□□□□□□□□□□□□□□□□□□□□□□

填表日期：　年　月　日　　　　单位：辆、元（列至角分）

应税消费品名称 \ 项目		适用税率	销售数量	销售额	应纳税额
乘用车	气缸容量≤1.0 升	1%			
	1.0 升<气缸容量≤1.5 升	3%			
	1.5 升<气缸容量≤2.0 升	5%			
	2.0 升<气缸容量≤2.5 升	9%			
	2.5 升<气缸容量≤3.0 升	12%			
	3.0 升<气缸容量≤4.0 升	25%			
	气缸容量>4.0 升	40%			
中轻型商用客车		5%			
合计		—	—	—	

本期准予扣除税额：	声明 此纳税申报表是根据国家税收法律的规定填报的，我确定它是真实的、可靠的、完整的。 经办人（签章）： 财务负责人（签章）： 联系电话：
本期减（免）税额：	
期初未缴税额：	
本期缴纳前期应纳税额：	（如果你已委托代理人申报，请填写） 授权声明 为代理一切税务事宜，现授权________（地址）________为本纳税人的代理申报人，任何与本申报表有关的往来文件，都可寄予此人。 授权人签章：
本期预缴税额：	
本期应补（退）税额：	
期末未缴税额：	

以下由税务机关填写

受理人（签章）：	受理日期：　年　月　日	受理税务机关（章）：

表 3—7　　其他应税消费品消费税纳税申报表

税款所属期：　　年　月　日至　　年　月　日

纳税人名称（公章）：

纳税人识别号：□□□□□□□□□□□□□□□□□□□□□□□

填表日期：　　年　月　日　　　　　　　　　　　　　　　　金额单位：元（列至角分）

<table>
<tr><td>项目
应税消费品名称</td><td>适用税率</td><td>销售数量</td><td>销售额</td><td>应纳税额</td></tr>
<tr><td></td><td></td><td></td><td></td><td></td></tr>
<tr><td></td><td></td><td></td><td></td><td></td></tr>
<tr><td></td><td></td><td></td><td></td><td></td></tr>
<tr><td>合计</td><td>—</td><td>—</td><td>—</td><td></td></tr>
<tr><td colspan="2">本期准予扣除税额：</td><td colspan="3" rowspan="3">声明
此纳税申报表是根据国家税收法律的规定填报的，我确定它是真实的、可靠的、完整的。
经办人（签章）：
财务负责人（签章）：
联系电话：</td></tr>
<tr><td colspan="2">本期减（免）税额：</td></tr>
<tr><td colspan="2">期初未缴税额：</td></tr>
<tr><td colspan="2">本期缴纳前期应纳税额：</td><td colspan="3" rowspan="4">（如果你已委托代理人申报，请填写）
授权声明
为代理一切税务事宜，现授权＿＿＿＿＿＿（地址）＿＿＿＿＿＿为本纳税人的代理申报人，任何与本申报表有关的往来文件，都可寄予此人。
授权人签章：</td></tr>
<tr><td colspan="2">本期预缴税额：</td></tr>
<tr><td colspan="2">本期应补（退）税额：</td></tr>
<tr><td colspan="2">期末未缴税额：</td></tr>
</table>

以下由税务机关填写

受理人（签章）：	受理日期：　年　月　日	受理税务机关（章）：

知识链接

消费税纳税人可以采用网上申报和纸质上门申报两种申报方式。

采取网上申报方式的消费税纳税人，要按规定准确填写《消费税纳税申报表》，并在申报期内先将申报资料电子数据传递到主管税务机关，其纸质申报资料可于申报结束后根据主管税务机关规定的时限报送至主管税务机关。

通过纸质实行上门申报方式的消费税纳税人，应在征期内向主管税务机关进行纳税申报，申报征收岗位人员可直接审核其纸质资料，纳税人需要报送的资料可于申报结束后根据主管税务机关规定的时限报送至主管税务机关。

实训操作

根据任务一“任务导入”的资料及任务一“实训操作”的核算结果，完成日新啤酒厂2011年2月份的《消费税纳税申报表》的填写。

知识考验

一、单项选择题

1. 根据消费税法律制度的规定，下列各项中，纳税人不需缴纳消费税的是（　　）。

A. 将自产的应税消费品用于职工福利

B. 随同应税消费品销售而取得的包装物作价收入

C. 将自产的应税消费品用于连续生产应税消费品

D. 收取时间超过 12 个月的包装物押金

2. 某高尔夫球具厂为增值税一般纳税人，下设一非独立核算的门市部。2011 年 2 月，该厂将生产的一批成本价为 70 万元的高尔夫球具移送门市部，门市部将其中 80%零售，取得含税销售额 77.22 万元。已知高尔夫球具的消费税税率为 10%，成本利润率为 10%。根据消费税法律制度的规定，该项业务应缴纳的消费税税额为（　　）万元。

A. 5.13　　B. 6　　C. 6.60　　D. 7.72

3. 根据消费税法律制度的规定，下列有关消费税纳税地点的表述中，不符合规定的是（　　）。

A. 进口的应税消费品，由进口人或者其代理人向报关地海关申报纳税

B. 委托个人加工的应税消费品，由受托方向其居住地主管税务机关申报纳税

C. 纳税人到外县（市）销售或者委托外县（市）代销自产应税消费品的，于应税消费品销售后，向机构所在地或者居住地主管税务机关申报纳税

D. 自产自用的应税消费品，除国务院财政、税务主管部门另有规定外，应当向纳税人机构所在地或者居住地的主管税务机关申报纳税

4. 某啤酒厂以赊销方式销售一批啤酒。根据消费税法律制度的规定，该啤酒厂的消费税纳税义务的发生时间为（　　）。

A. 啤酒厂发出啤酒的当天　　B. 购买方收到啤酒的当天

C. 销售合同规定的收款日期的当天　　D. 取得索取销货款凭据的当天

5. 某化工企业为增值税一般纳税人。2011 年 2 月销售一批化妆品，取得销售收入（含增值税）81 900 元。已知该化妆品适用消费税税率为 30%。该化工企业 4 月份应缴纳的消费税税额为（　　）元。

A. 21 000　　B. 22 200　　C. 24 570　　D. 25 770

6. 根据消费税法律制度的规定，对部分应税消费品实行从量定额和从价定率相结合的复合计税办法。下列各项中不实行复合计税办法的消费品有（　　）。

A. 卷烟　　B. 烟丝　　C. 粮食白酒　　D. 薯类白酒

7. 某化妆品企业于 2011 年 2 月 8 日将一批自制护肤品用于职工福利，该产品无同类消费品销售价格，该批产品成本为 10 万元，成本利润率为 5%，消费税税率为 8%，该批产品应纳消费税税额为（　　）万元。

A. 0.91　　B. 0.84　　C. 0.78　　D. 0.74

8. 根据消费税法律制度的规定，纳税人对外购下列已税消费品用于连续生产应税消费品的，其已缴纳的消费税税款不能从应纳的消费税税额中抵扣的是（　　）。

A. 外购已税烟丝为原料生产的卷烟
B. 外购已税汽车轮胎生产的小轿车
C. 外购已税化妆品为原料生产的化妆品
D. 外购已税摩托车生产的摩托车

9. 下列应税的消费品，属于在零售环节缴纳消费税的是（　　）。
A. 化妆品　B. 柴油　C. 小汽车　D. 钻石饰品

10. 下列商品售价中，与计算消费税的价格直接相关是（　　）。
A. 化妆品的零售价　B. 卡车的出厂价　C. 白酒的出厂价　D. 钻石饰品的出厂价

二、多项选择题

1. 根据消费税法律制度的规定，下列各项中，应当征收消费税的有（　　）。
A. 无醇啤酒　B. 调味料酒　C. 果啤　D. 医药酒精

2. 根据消费税法律制度的规定，下列消费品中，实行从价定率与从量定额相结合的征税办法的有（　　）。
A. 白酒　B. 卷烟　C. 小汽车　D. 化妆品

3. 根据消费税法律制度的规定，下列各项中，应按纳税人同类应税消费品的最高销售价格作为计税依据计征消费税的有（　　）。
A. 用于抵债的应税消费品　B. 用于馈赠的应税消费品
C. 用于换取生产资料的应税消费品　D. 用于投资入股的应税消费品

4. 根据消费税法律制度的规定，纳税人外购和委托加工的应税消费品，用于连续生产应税消费品的，已缴纳的消费税税款准予从应纳消费税税额中抵扣。下列各项中，可以抵扣已缴纳的消费税的有（　　）。
A. 委托加工收回的已税化妆品用于生产化妆品
B. 委托加工收回的已税玉石用于生产贵重首饰
C. 委托加工收回的已税汽车轮胎用于生产小汽车
D. 委托加工收回的已税烟丝用于生产卷烟

5. 根据我国现行消费税的规定，下列选项中应当缴纳消费税的是（　　）。
A. 批发卷烟
B. 销售个人使用过的电动自行车
C. 酒厂非独立核算门市部销售白酒
D. 进口金银首饰

6. 下列说法正确的有（　　）。
A. 凡是征收消费税的货物都征增值税
B. 凡是征收增值税的货物都征消费税
C. 应税消费品征收增值税的，其税基含有消费税
D. 应税消费品征收消费税的，其税基含有增值税

7. 下列消费品既征消费税又征增值税的有（　　）。
A. 卷烟的生产和批发环节　B. 金银饰品的生产和零售环节
C. 金银饰品的零售环节　D. 化妆品的生产环节

8. 纳税人将自产的应税消费品用于下列（　　）项目，应视同对外销售。

A. 职工福利　　　B. 馈赠　　　C. 在建工程　　　D. 管理部门

9. 某酒厂总部设在北京，生产基地设在沈阳，则下列关于消费税纳税地点的说法正确的有（　　）。

A. 在北京纳税　　　B. 在沈阳纳税

C. 经国家税务总局批准在北京纳税　　　D. 经由两地税局协商决定在哪里纳税

10. 根据消费税法律制度的规定，下列关于消费税纳税义务发生时间的表述中，正确的有（　　）。

A. 销售应税消费品采取赊销和分期收款结算方式的，为书面合同约定的收款日期的当天；书面合同没有约定收款日期或者无书面合同的，为发出应税消费品的当天

B. 销售应税消费品采取预收货款结算方式的，为收到货款的当天

C. 销售应税消费品采取托收承付和委托银行收款方式的，为发出应税消费品并办妥托收手续的当天

D. 纳税人委托加工应税消费品的，为受托人加工完毕的当天

三、计算题

1. 甲公司为增值税一般纳税人，接受乙酒厂委托加工粮食白酒 2 000 斤，乙酒厂提供的主要材料不含税成本为 30 000 元，甲公司收取不含税加工费和代垫辅料费 10 000 元，甲公司没有同类白酒的销售价格。已知：粮食白酒消费税的定额税率为 0.5 元/斤，比例税率为 20%。甲公司应代收代缴的消费税为多少？

2. 某企业 2011 年 2 月进口一批烟丝，关税完税价格为 100 万元，缴纳关税 40 万元。已知：烟丝消费税税率为 30%。该企业应缴纳的消费税、增值税分别为多少？

3. 某企业 2011 年 2 月进口卷烟 200 标准箱（每标准箱有 250 条，每条 200 支），每箱的关税完税价格为 6 万元，缴纳关税 300 万元。已知：卷烟的消费税比例税率为 56%，卷烟的消费税定额税率为 0.003 元/支。该企业应缴纳的消费税、增值税分别为多少？

4. 甲化妆品公司为增值税一般纳税人，主要从事化妆品的生产、进口和销售业务，2011 年 2 月发生以下经济业务：

（1）从国外进口一批化妆品，海关核定的关税完税价格为 112 万元，应缴纳关税 28 万元，公司按规定向海关缴纳了关税、消费税和进口环节增值税，并取得了相关完税凭证。

（2）向公司员工发放一批新研发的化妆品作为职工福利，该批化妆品不含增值税的销售价格为 75 万元。

（3）委托乙公司加工一批化妆品，提供的材料成本为 86 万元（不含税），支付乙公司加工费 5 万元（不含税），当月收回该批委托加工的化妆品，乙公司没有同类消费品销售价格。

已知：化妆品适用的消费税税率为 30%。

要求：（1）计算该公司当月进口环节应缴纳的消费税税额。

（2）计算该公司当月作为职工福利发放的化妆品应缴纳的消费税税额。

（3）计算乙公司受托加工的化妆品在交货时应代收代缴的消费税税额。

5. 某化妆品生产企业为增值税一般纳税人，2011 年 2 月从国外进口一批散装化妆品，关税完税价格为 150 万元，缴纳关税 60 万元。进口机器设备一套，关税完税价格为 40 万

元，缴纳关税 8 万元。散装化妆品和机器设备均验收入库。

本月企业将进口散装化妆品的 80%生产加工为成套化妆品 7 800 件，对外批发销售 6 000件，取得不含税销售额 390 万元；向消费者零售 800 件，取得含税销售额 51.48 万元。

已知：增值税税率为 17%，化妆品的消费税税率为 30%。

要求：(1) 计算该企业在进口环节应缴纳的消费税、增值税。

(2) 计算该企业国内生产销售环节应缴纳的增值税、消费税。

(计算结果保留小数点后两位)

技能训练

1. 企业概况

企业名称：佳得利白酒厂

企业性质：国有企业（增值税一般纳税人）

企业地址：沈阳市珠江东路 30 号

企业所属行业：工业企业

纳税人识别号：111000111100000088888

2. 具体业务

(1) 企业期初账务资料：

有关总分类账户期初余额：银行存款 268 000 元（借方）；应交税费 300 元（贷方）；应付账款 80 000 元（贷方）。

有关明细分类账户期初余额：应交增值税 150 元；应交消费税 150 元；应付账款——光明公司 80 000 元。

(2) 本月发生业务资料：

佳得利白酒厂 2011 年 2 月份用粮食白酒 10 吨抵偿光明公司玉米款 60 000 元。该粮食白酒每吨月售价在 5 500～6 500 元之间浮动，平均售价为 6 000 元，单位成本为5 000元。

3. 操作要求

根据上述资料计算佳得利得白酒厂 2011 年 2 月份缴纳粮食白酒的消费税税额，并填写《消费税纳税申报表》。该白酒适用的比例税率为 20%，定额税率为 0.5 元/斤（假设 3 月 1 日至 3 月 15 日为该白酒厂纳税申报期间，企业在国税局所属税务部门进行申报并完税）。

模块四

营业税纳税实务

学习目标

知识目标

- 熟悉营业税的法律知识
- 掌握营业税的计税依据、核算方法
- 掌握营业税纳税申报的要求

技能目标

- 能正确核算纳税人营业税的应纳税额
- 会填制《营业税纳税申报表》及附列资料
- 能办理营业税纳税申报事项

任务一　核算营业税应纳税额

任务导入

美好假日旅行社主要从事旅游服务及汽车出租业务，2011 年 2 月份发生以下经济业务：

(1) 组团境内旅游，收取旅游费共计 120 000 元，替旅游者支付给其他单位餐费、住宿费、交通费、门票共计 50 000 元。

(2) 组团境外旅游收入 200 000 元，其中替旅行者支付交通费等共计 30 000 元，付给境外接团企业费用 12 万元。

(3) 出租客车，取得租金收入 20 000 元。

任务目标：

正确计算该旅行社本月应纳营业税额，并完成涉税业务会计处理。

学习任务考核单

姓名：　　　　　　　　　　　　　　　　学号：　　　　　　　　　　　　编号 4—1

序号	内容	分值	总结与归纳	成绩
1	营业税征税范围的界定	20		
2	营业税纳税人的确定	10		
3	营业税的税目及税率	20		
4	营业税与增值税的区别	10		
5	营业税计税营业额的确定	10		
6	营业税应纳税额的计算及其会计处理*	30		

请学生完成学习任务考核单并上交。标注“*”的请结合实训操作结果填写。

学习指南

一、认识营业税

营业税是对在中华人民共和国境内提供应税劳务、转让无形资产或销售不动产的单位和个人，就其取得的营业额征税的一种税。

我国营业税的发展

营业税是我国货物和劳务税中主要的税种之一。1993 年，我国进行了大规模的税制改革，重新修订、颁布了《中华人民共和国营业税暂行条例》(以下简称《营业税暂行条例》)，将营业税的征税范围限定为提供应税劳务、转让无形资产和销售不动产，而且适用于内外资企业，建立了统一、规范的营业税制。自 2009 年起增值税由生产型转变为消费型，在这个大前提下，营业税进行了相应的修改。2008 年 11 月 10 日，国务院发布了修订后的《营业税暂行条例》，同年 12 月，财政部、国家税务总局发布了《中华人民共和国营业税暂行条例实施细则》(以下简称《营业税暂行条例实施细则》)，自 2009 年 1 月 1 日起实施。

(一) 征税范围

1. 征税范围的一般规定

根据《营业税暂行条例》及其实施细则的规定，营业税的征税范围可概括为：在中华人民共和国境内提供的应税劳务、转让的无形资产或者销售的不动产。

这里的“中华人民共和国境内”是指：劳务的提供方或接受方在境内；转让无形资产(不含土地使用权)的接受方在境内；转让或出租土地使用权的土地在境内；转让或出租不动产的不动产在境内。

思考与分析

某公司在 2011 年 3 月与沈阳某路桥公司签订了一份有关沥青加工的生产技术服务合同，

合同执行地点在欧洲，合同内容是为沈阳路桥公司在欧洲的高速公路工程所用乳化沥青产品的生产现场提供加工技术服务，合同期限为3个月。该公司认为技术服务发生在境外，属于来源于中国境外的所得，不属于营业税的纳税范畴，故一直没有申报缴纳营业税。

要求：对上述行为进行分析。

“应税劳务”是指除加工、修理修配劳务之外的劳务。

思考与分析

某电子技术有限公司受一家电器产品公司委托，负责对其销售产品进行售后保修及服务，电器公司定期支付劳务费。在缴纳税款时，该公司按照劳务营业税申报纳税。税务人员在进行税务检查时提出该公司应缴纳增值税，并求其补缴税款和滞纳金。但该公司的会计人员坚持说他们不生产产品，收取的只是维修劳务费，而劳务费收入就应该缴纳营业税。

请问：该公司会计说的是否正确，为什么？

目前，营业税按照行业、类别的不同设置了9个税目，具体如下：

（1）交通运输业。交通运输业是指使用运输工具或者人力、畜力将货物或旅客送达目的地，使其空间位置得到转移的业务活动。包括陆路运输、水路运输、航空运输、管道运输、装卸搬运五大类。

知识链接

凡与运营业务有关的各项劳务活动，均属交通运输业税目的征收范围。包括：打捞，理货，港务局提供的引航、系解缆、搬家、停泊、移泊等劳务及引水员交通费、过闸费、货物港务费等。

对远洋运输企业从事程租业务、期租业务和航空运输企业从事湿租业务取得的收入，按“交通运输业”税目缴纳营业税。

对远洋运输企业从事光租业务和航空运输企业从事干租业务取得的收入，按“服务业——租赁业”税目缴纳营业税。

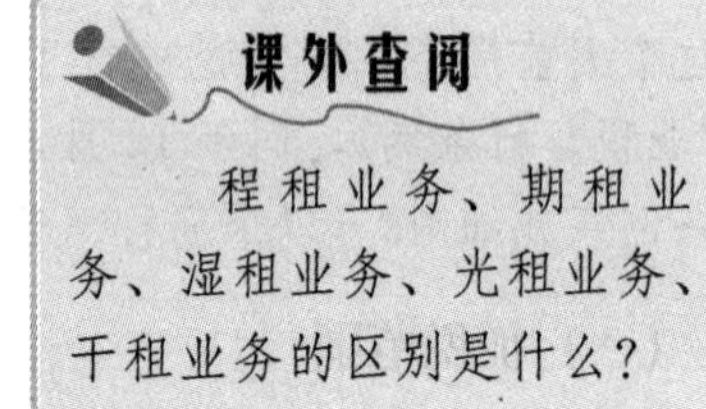

程租业务、期租业务、湿租业务、光租业务、干租业务的区别是什么？

（2）建筑业。建筑业是指建筑安装工程作业等，包括建筑、安装、修缮、装饰及其他工程作业等内容。

知识链接

其他工程作业是指代办电信工程、水利工程、道路修建、疏浚、钻井（打井）、拆除建筑物、平整土地、搭脚手架、爆破等工程作业。

管道煤气集资费（初装费）业务应按“建筑业”税目征收营业税。

（3）金融保险业。金融保险业包括金融业和保险业。

金融业是指经营货币和信用融通的业务，包括贷款、融资租赁、金融商品转让、金融经纪业和其他金融业务。

知识链接

下列金融业不征收营业税：非金融机构和个人金融商品的转让；金融企业存款或购入金融商品行为，以及金银买卖业务；外国银行分行改制过程中发生的向其改制后的外商独资银行（或其分行）转让企业产权和股权的行为；人民银行对金融机构贷款的业务（人民银行对企业贷款或委托金融机构贷款的业务应征收营业税）；金融机构往来业务；金融机构的出纳长款收入。

保险业是指将通过契约形式集中起来的资金，用以补偿被保险人的经济利益的业务，包括各种保险业务。

知识链接

下列保险业务不征收营业税：保险企业取得的追偿款；保险公司的摊回分保费用。

【例 4—1】 根据营业税法律制度的规定，下列各项中，应当征收营业税的是（　　）。

A. 银行销售金银业务

B. 融资租赁业务

C. 非金融机构和个人买卖外汇、有价证券或期货业务

D. 金融机构往来业务

解： B。选项 A 应当征收增值税；C、D 不需缴纳营业税。

（4）邮电通信业。邮电通信业是指专门办理信息传递的业务活动的总称，包括邮政、电信及与邮政、电信相关的业务。单位和个人从事快递业务按此税目征收营业税。

邮政业务，包括经营各种信函、包裹、汇兑、邮票发行、集邮和邮件运输、报刊发行等邮政业务活动。

电信业务，包括经营电话、电报、移动通信、无线寻呼、数据传输、图文传真、卫星通信等电信业务和电信传输活动（如服务、微波总站系统单位等）。

邮政部门在提供劳务的同时附带销售与邮政业务相关的各种物品（如信封、信纸、汇款单、邮件包装用品等），须缴纳营业税，而非增值税；电信部门在提供电信业务的同时附带销售专用和通用的电信物品（如电报纸、电话号码簿、电报签收簿、电信器材、电话机等），须缴纳营业税，而非增值税。

（5）文化体育业。文化体育业是指经营文化、体育活动的业务，包括文化业和体

育业。

文化业是指从事文化活动的业务，包括表演、播映、其他文化业。

知识链接

其他文化业是指从事上述活动以外的文化活动的业务，如各种展览，培训活动，文学、艺术、科技讲座及演讲、报告会，图书、杂志、报纸及其他资料的借阅业务等。

经营游览场所业务是指公园、动（植）物园及其他各种游览场所销售的门票业务。

体育业是指为举办各种体育比赛和为体育比赛或体育活动提供场所的业务。

小贴士

有线电视台收取的“初装费”，属于“建筑业”税目的征税范围；广告的播映属于“服务业——广告业”税目的征税范围；有线电视数字付费频道业务属于“文化体育业——播映”税目的征税范围；出租文化场所属于“服务业——租赁业”税目的征税范围；以租赁方式为体育比赛提供场所的业务属于“服务业——租赁业”税目的征税范围。

（6）娱乐业。娱乐业是指为娱乐活动提供场所和服务的业务，包括经营歌厅、舞厅、卡拉OK歌舞厅、音乐茶座、台球、高尔夫球、保龄球场、网吧、游艺场等娱乐场所，以及娱乐场所为顾客进行娱乐活动提供服务的业务。

（7）服务业。服务业是指利用设备、工具、场所、信息或技能为社会提供服务的业务，包括代理业、旅店业、饮食业、旅游业、仓储业、租赁业、广告业和其他服务业。

代理业是指代委托人办理受托范围内的业务，包括代销货物、代办进出口、介绍服务、其他代理服务；旅店业是指提供住宿服务的业务；饮食业是指经营饮食服务的业务；旅游业是指为旅游者安排食宿、交通工具和提供导游等旅游服务的业务；仓储业是指利用仓库、货场或其他场所代客贮放、保管货物的业务；租赁业是指出租人将场地、房屋、物品、设备或设施等租给承租人使用的业务；广告业是指利用图书、报纸、杂志、广播、电视、电影、幻灯、路牌、招贴、橱窗、霓虹灯、灯箱等形式为介绍商品、经营服务项目、文化节目或通告、声明等事项进行宣传和提供相关服务的业务；其他服务业是指上述业务以外的服务业务，如沐浴、理发、洗染、照相、美术、裱画、誊写、打字、镌刻、计算、测试、试验、化验、录音、录像、复印、晒图、设计、制图、测绘、勘探、打包、咨询等。

小贴士

代理报关业务属于“服务业——代理业”税目的征税范围；服务性单位将委托方预付的餐费转付给餐饮业，并向委托方和餐饮企业收取服务费的，属于餐饮中介服务，按照“服务业——代理业”税目征收营业税；无船承运业务，按照“服务业——代理业”税目征收营业税；远洋运输企业从事光租业务和航空运输企业从事干租业务取得的收入，按照“服务业——租赁业”税目征收营业税；单位和个人受托种植植物、饲养动物的行为，按“服务业”税目征收营业税；单位和个人在旅游景区经营索道、旅游游船、观光电梯、观光电车、景区环保客运车取得的收入，按“服务业——旅游业”税目征收营业税；交通部门有偿转让高速公路收费权行为，按照“服务业——租赁业”税目征收营业税；航空勘探、钻井（打井）勘探、爆破勘探，属于“建筑业”税目的征税范围。

（8）转让无形资产。转让无形资产是指转让无形资产所有权或使用权的行为，包括转让土地使用权、转让商标权、转让专利权、转让非专利技术、出租电影拷贝、转让著作权和转让商誉。

小贴士

转让土地使用权是指土地使用者转让土地使用权的行为；土地租赁，不按转让无形资产税目征税，属于“服务业——租赁业”税目的征税范围。

（9）销售不动产。销售不动产是指有偿转让不动产所有权的行为，包括销售建筑物或构筑物和销售其他土地附着物。在销售不动产时连同不动产所占土地的使用权一并转让的行为，比照销售不动产征收营业税。

课外查阅

查询营业税各税目的具体内容。

小贴士

以无形资产或不动产投资入股，参与接受投资方利润分配、共同承担投资风险的行为，不征收营业税。在投资后转让股权的，也不征收营业税。

【例 4—2】 根据营业税法律制度的规定，下列各项中，应当缴纳营业税的有（　　）。

A. 销售房地产　　B. 转让土地使用权

C. 以房产投资入股　　D. 以土地使用权投资入股

解：AB。

2. 征税范围的特殊规定

（1）混合销售行为。以纳增值税为主的纳税人的混合销售行为纳增值税；以纳营业税为主的纳税人的混合销售行为纳营业税。但提供建筑业劳务的同时销售自产货物的行为应分别核算，未分别合算的，由主管税务机关核定其应税劳务的营业额。

（2）兼营行为。纳税人提供营业税应税劳务的同时，还经营非应税（即增值税征税范围）货物与劳务，应分别核算应税劳务的营业额和货物或者非应税劳务的销售额，分别征收营业税和增值税；未分别核算或者未准确核算的，由主管税务机关核定其营业额。

纳税人兼营免税、减税项目的，应当单独核算免税、减税项目的营业额；未单独核算营业额的，不得免税、减税。

思考与分析

某酒店主要经营餐饮和住宿业务，又在店内大堂开设了独立核算的商品部。

请问：该酒店的经营活动属于什么行为？

【例4—3】 根据营业税法律制度的规定，下列混合销售行为中，应当一并征收营业税的是（　　）。

A. 贸易公司销售货物的同时负责安装

B. 百货商店销售商品的同时负责运输

C. 建筑公司提供建筑业劳务的同时销售自产货物并实行分别核算

D. 餐饮公司提供餐饮服务的同时销售酒水

解：D。选项A、B属于增值税的混合销售；选项C属于营业税的特殊混合销售行为，分别征税。

（3）视同发生应税行为。纳税人有下列情形之一的，应视同发生应税行为：单位或者个人将不动产或者土地使用权无偿赠送给其他单位或者个人；单位或者个人自己新建建筑物后销售，其所发生的自建行为；财政部、国家税务总局规定的其他情形。

（二）纳税人和扣缴义务人

1. 营业税的纳税人

（1）营业税纳税人的一般规定。中华人民共和国境内提供应税劳务、转让无形资产或者销售不动产的单位和个人，为营业税的纳税人。

（2）营业税纳税人的特殊规定。具体包括：

第一，铁路运输的纳税人。中央铁路运营业务的纳税人为铁道部；合资铁路运营业务的纳税人为合资铁路公司；地方铁路运营业务的纳税人为地方铁路管理机构；基建临管线铁路运营业务的纳税人为基建临管线管理机构。

第二，单位以承包、承租、挂靠方式经营的纳税人。单位以承包、承租、挂靠方式经营的，承包人、承租人、挂靠人（以下统称承包人）发生应税行为，承包人以发包人、出租人、被挂靠人（以下统称发包人）名义对外经营并由发包人承担相关法律责任的，以发包人为纳税人，否则以承包人为纳税人。

课外查阅

挂靠经营和非居民的含义是什么？

第三，建筑安装业务实行分包或转包的，分包或转包者为纳税人。

第四，在中国境内承包工程作业和提供应税劳务的非居民也是营业税的纳税人。

2. 营业税的扣缴义务人

在现实生活中，有些情况难以确定纳税人，因此税法规定了扣缴义务人。《营业税暂行条例》规定的扣缴义务人主要有：

（1）境外的单位或者个人在境内提供应税劳务、转让无形资产或者销售不动产，在境内未设有经营机构的，以其境内代理人为扣缴义务人；在境内没有代理人的，以受让方或购买方为扣缴义务人。

（2）非居民在中国境内发生营业税应税行为而在境内未设立经营机构的，以代理人为营业税的扣缴义务人；没有代理人的，以发包方、劳务受让方为扣缴义务人。

（3）国务院财政、税务主管部门规定的其他扣缴义务人。

（三）税率

营业税按照行业、类别的不同分别采用不同的比例税率，具体规定如表4—1所示。

表4—1　　营业税税目、税率表

税　率	适用税率的行业
3%	交通运输业、建筑业、邮电通信业、文化体育业
5%	金融保险业、服务业、销售不动产、转让无形资产
5%～20%	娱乐业（具体适用的税率，由各省、自治区、直辖市人民政府根据当地的实际情况在税法规定的幅度内决定）

注：税目、税率的调整，由国务院决定。

小贴士

纳税人兼有不同税目的应税劳务、转让无形资产或者销售不动产，应当分别核算不同税目的营业额、转让额、销售额（统称营业额）；未分别核算营业额的，从高适用税率。

【例4—4】　某企业经营餐厅和卡拉OK歌舞厅，6月份共收入180 000元，各项收入未分别核算。该饭店按大致比例将总收入180 000元划分为餐厅收入100 000元，歌舞厅烟酒饮料收入50 000元，歌舞厅点歌费收入30 000元，企业在进行纳税申报时，将餐厅收入和歌舞厅烟酒饮料收入按服务业5%申报纳税，歌舞厅点歌费收入按娱乐业20%申报纳税。分析该企业的做法是否正确。

解：该企业的做法不正确。根据《营业税暂行条例》的规定，纳税人兼有不同税目应税行为的，应当分别核算不同税目的营业额，未分别核算营业额的，从高适用税率。该企业的餐饮收入属于服务业，歌舞厅烟酒饮料收入和点歌费收入属于娱乐业，由于未分别核算，应将总营业额从高适用娱乐业的税率。

二、核算应纳税额

（一）营业税应纳税额的计算

营业税的计算比较简单，按照纳税人取得的营业额和规定的适用税率计算应纳税额，计算公式为：

应纳税额＝营业额(或销售额、转让额)×适用税率

营业税的计税依据是营业额，正确确定营业额是计算应纳营业税税额的关键。

1. 营业税的计税依据

营业额为纳税人提供应税劳务、转让无形资产或者销售不动产收取的全部价款和价外费用。价外费用，包括收取的手续费、补贴、基金、集资费、返还利润、奖励费、违约金、滞纳金、延期付款利息、赔偿金、代收款项、代垫款项、罚息及其他各种性质的价外收费。但不包括同时符合以下条件代为收取的政府基金或者行政事业性收费：由国务院或者财政部批准设立的政府性基金，由国务院或者省级人民政府及其财政、价格主管部门批准设立的行政事业性收费；收取时开具省级以上财政部门印制的财政票据；所收款项全部上缴财政。

针对不同的行业、类别，营业额的确定还有不同的规定。

（1）交通运输业的营业额。交通运输业的营业额为提供交通劳务取得的全部运营价款和价外费用。

第一，纳税人将承揽的运输业务分给其他单位或者个人的，以其取得的全部价款和价外费用扣除其支付给其他单位或者个人的运输费用后的余额为营业额。对于运输企业从事联运业务，以其实际取得的营业额为计税依据。

第二，运输企业自中华人民共和国境内运输旅客或者货物出境，在境外改由其他运输企业承运旅客或者货物的，以全程运费减去付给该承运企业的运费后的余额为营业额。

【例4—5】 某运输公司3月份取得货运收入400万元，装卸搬运收入5万元，另取得联运收入200万元，其中支付给其他承运单位承运费100万元。该公司当月应纳营业税的营业额为多少？

解： 应纳营业税营业额＝400＋5＋200－100＝505（万元）

（2）建筑业的营业额。建筑业的营业额为建筑安装企业向建设单位收取的工程价款及价外费用。

知识链接

工程价款由下列四项内容组成：

（1）根据实际完成的工作量和预算单价计算的直接费。

（2）根据直接费数额和管理费收费标准计算的间接费。

（3）根据直接费、间接费按规定标准计算的计划利润。

（4）根据直接费、间接费、计划利润，按税法规定的税（费）率标准计算的营业税、城市维护建设税和教育费附加。

因此，工程价款的计算公式为：

工程价款＝直接费＋间接费＋计划利润＋税金

第一，纳税人将建筑工程分包给其他单位的，以其取得的全部价款和价外费用扣除其

支付给其他单位的分包款后的余额为营业额。

第二，除提供建筑业劳务的同时销售自产货物的混合销售行为外，纳税人提供建筑业劳务（不含装饰劳务）的，其营业额应当包括工程所用原材料、设备及其他物资和动力价款，但不包括建设方提供的设备的价款。

第三，建筑安装工程不应包括设备价值，如通信线路工程和输送管道工程所使用的电缆、光缆和构成管道工程主体的防腐管段、管件等物品均属于设备，其价值不包括在工程的营业额中，具体设备名单可由省级地方税务机关根据各自实际情况列举。

第四，纳税人自建的房屋对外销售（不包括个人自建自用住房销售），其自建行为首先应按建筑业缴纳营业税，再按销售不动产缴纳营业税。

小贴士

自建行为是指纳税人自己建造房屋的行为；纳税人自建自用房屋的行为不缴纳营业税。

第五，纳税人提供装饰劳务（即包清工形式提供装饰劳务），营业额为向客户实际收取的人工费、管理费和辅助材料费等收入（不含客户自行采购的材料价款和设备价款）。

【例 4—6】 某建筑公司 2011 年 1 月承包甲单位的一项建筑工程，根据合同规定，采用包工不包料的方式进行工程价款结算。1 月份工程完工并验收合格，该建筑公司取得工程价款 2 200 万元，同时，甲企业给予建筑公司提前竣工奖 3 万元，该工程耗费甲单位提供的建筑材料 2 875 万元。计算该项工程建筑公司应纳营业税的营业额。

解： 应纳营业税的营业额＝2 200＋3＋2 875＝5 078（万元）

(3) 金融保险业的营业额。金融保险业营业额的确定包括金融业和保险业两方面。

第一，金融业的营业额。金融业的营业额主要包括贷款利息收入、金融商品转让收益、融资租赁收益以及从事金融经纪业务和其他金融业务的手续费收入。

贷款业务的营业额为贷款利息收入（包括各种加息、罚息等）。

融资租赁业务以其向承租者收取的全部价款和价外费用（包括残值）减去出租方承担的出租货物的实际成本后的余额，以直线法折算出本期的营业额。计算公式为：

本期营业额＝(应收取的全部价款和价外费用－实际成本)×(本期天数÷总天数)

实际成本＝货物购入原价＋关税＋增值税＋消费税＋运杂费＋安装费＋保险费＋支付给境外的外汇借款和人民币借款利息

外汇、有价证券、期货等金融商品买卖业务，以卖出价减去买入价后的余额为本期营业额。计算公式为：

本期营业额＝卖出价－买入价

其中，“卖出价”是指卖出原价，不得扣除卖出过程中支付的各种费用和税金；“买入价”是指购进原价，不包括购进过程中支付的各种费用和税金。

金融经纪业务和其他金融业务（中间业务）营业额为手续费（佣金）类全部收入。

金融企业从事代收电话费、水费、煤气费、信息费、学杂费、寻呼费、社保统筹费、交通违章罚款、税款等受托收款业务，以全部收入减去支付给委托方价款后的余额（即手续费）为营业额。

思考与分析

期货是指现在进行买卖，但在将来进行交收或交割，其标的物可以是某种货物，也可以是金融工具、金融指标等金融商品。

请问：货物期货交什么税？纳税义务的发生时间为何时？

第二，保险业的营业额。保险业的营业额为纳税人从事保险业务向对方收取的全部收入。

办理初保业务的营业额为纳税人经营保险业务向对方收取的全部价款，即向被保险人收取的全部保险费。

储金业务的营业额为纳税人在纳税期内的储金平均余额乘以人民银行公布的1年期存款的月利率。储金平均余额为纳税期期初储金余额与期末储金余额之和乘以50%。

知识链接

储金业务，是指保险企业在办理保险业务时，不是直接向投保人收取保费，而是向投保人收取一定数额的到期应返还的资金（称为储金），以储金产生的收益作为保费收入的业务。

保险企业开展无赔偿奖励业务的，以向投保人实际收取的保费为营业额。

【例4—7】 下列关于金融业营业税计税营业额的确定方法中，符合营业税法律制度规定的是（　　）。

A. 债券买卖业务，以卖出价减去买入价后的余额为营业额

B. 融资租赁业务，以向承租者收取的全部价款和价外费用为营业额

C. 贷款业务，以贷款利息收入减去借款利息支出后的余额为营业额

D. 金融经纪业务，以金融服务手续费收入减去相关成本后的余额为营业额

解： A。选项B，融资租赁业务，以其向承租者收取的全部价款和价外费用，减去出租方承担的出租货物的实际成本后的余额为营业额；选项C，贷款业务，以利息收入全额为营业额；选项D，金融经纪业务，以金融服务手续费为营业额。

（4）邮电通信业的营业额。邮电通信业营业额的确定包括邮政业和电信业两方面。

第一，邮政业的营业额。邮政业务的营业额为纳税人从事传递函件或者包件、邮汇、报刊发行、邮政物品销售、邮政储蓄或其他邮政业务所取得的营业收入额。

第二，电信业的营业额。电信业的营业额为纳税人提供电报、电话、电传、电话机安装、电信物品销售或其他电信业务所取得的营业收入额。

【例4—8】 某地邮电局2011年3月份发生以下经济业务：传送函件收入9万元；电话、电传收入3万元；销售电信物品收入4万元；报刊发行收入5万元；销售邮政物品收

入 2 万元。计算该邮电局 3 月份应纳营业税的营业额。

解： 邮政部门销售集邮商品、电信物品、邮政物品和报刊发行收入不征收增值税，应当征收营业税。

应纳营业税的营业额＝9＋3＋4＋5＋2＝23(万元)

(5) 文化体育业的营业额。文化体育业的营业额一般为取得的营业收入额，包括演出收入、播映收入、其他文化收入、经营游览场所收入和体育收入。

单位或个人进行演出，以全部收入减去付给提供演出场所的单位、演出公司或经纪人的费用后的余额为营业额。

广播电视有线数字付费频道业务应由直接向用户收取数字付费频道收视费的单位为纳税人，营业额为收取的收视费全额。对各合作单位分得的收视费收入，不再征收营业税。

【例 4—9】 某歌星租用大华体育馆举办个人演唱会，每场租金 30 000 元，共演出三场，由体育馆售票，共取得票款收入 600 000 元，按票款收入的 2%向歌星经纪人支付佣金。该歌星应缴纳营业税的营业额是多少？

解： 应纳营业税营业额＝600 000－30 000×3－600 000×2%＝498 000(元)

(6) 娱乐业的营业额。娱乐业的营业额为经营娱乐业收取的全部价款和价外费用，包括门票收费、台位费、点歌费、烟酒、饮料、茶水、鲜花、小吃等收费及经营娱乐业的其他各项收费。

【例 4—10】 某音乐茶座某月门票收入 2 万元，台位费、点歌费等收入 5 万元，茶水、饮料、鲜花、小吃收入 12 万元；发生工资性支出 1.8 万元，水电费以及外购烟酒等支出 3.6 万元。该音乐茶座当月应缴纳营业税的营业额是多少？

解： 应纳营业税的营业额＝2＋5＋12＝19（万元）

(7) 服务业的营业额。服务业的营业额为从事各项服务业所取得的营业收入额。具体包括：

第一，代理业的营业额。代理业的营业额应以代理人向委托人收取的全部价款和价外费用减除现行税收政策规定的可扣除部分后的余额为计税营业额。

第二，旅店业的营业额。旅店业的营业额为提供住宿服务的各项收入。

第三，饮食业的营业额。饮食业的营业额为向顾客提供饮食消费服务而收取的餐饮收入。

第四，旅游业务的营业额。旅游业务的营业额以其取得的全部价款和价外费用扣除替旅游者支付给其他单位或者个人的住宿费、餐费、交通费、旅游景点门票和支付给其他接团旅游企业的旅游费后的余额为营业额。旅游企业组织旅游团到境内或境外旅游，改由其他旅游企业接团的，以全程旅游费减去付给该接团企业的旅游费后的余额为营业额。

小贴士

单位和个人在旅游景区经营旅游游船、观光电梯、观光电车、景区环保客运车所取得的收入，按“服务业——旅游业”税目纳税；在景区兼有不同税目应税行为并采取“一票制”收费方式的，应当分别核算不同税目的营业额，未分别核算或核算不清的，从高适用税率。

第五，广告业的营业额。广告业的营业额为从事广告设计、制作、刊登、发布等活动取得的广告收入。

小贴士

广告代理业的营业额，以代理者向委托方收取的全部价款和价外费用减去付给其他广告公司及广告发布者的广告发布费后的余额为营业额。

第六，租赁业的营业额。租赁业的营业额为经营租赁业务所取得的租金收入全额，不得扣除任何费用。

第七，仓储业的营业额。仓储业的营业额为经营仓储业务向顾客收取的全部费用。

第八，其他服务业的营业额。其他服务业的营业额为发生其他服务业劳务时，向对方收取的全部价款和价外费用。

【例 4—11】 某旅行社组织 50 人的旅游团赴太湖旅游，每人收取旅游费 2 000 元。旅行社实际为每人支付住宿费 500 元、餐费 500 元、交通费 400 元、门票 80 元。该旅行社此次旅游业务应缴纳营业税的营业额为多少元？

解： 应纳营业税营业额＝(2 000－500－500－400－80)×50＝26 000(元)

(8) 转让无形资产的营业额。转让无形资产的营业额为转让无形资产所取得的转让额，具体包括无形资产受让方支付给转让方的全部货币、实物和其他经济利益。

纳税人转让土地使用权（土地的二级市场），以全部收入减去土地使用权购置或受让原价后的余额为营业额。

纳税人转让抵债所得的土地使用权，以全部收入减去抵债时该项土地使用权作价后的余额为营业额。

(9) 销售不动产的营业额。销售不动产的营业额为向不动产购买者收取的全部价款和价外费用。

纳税人销售或转让其购置的不动产，以全部收入减去不动产的购置原价后的余额为营业额。

纳税人销售或转让抵债所得的不动产，以全部收入减去抵债时该项不动产作价后的余额为营业额。

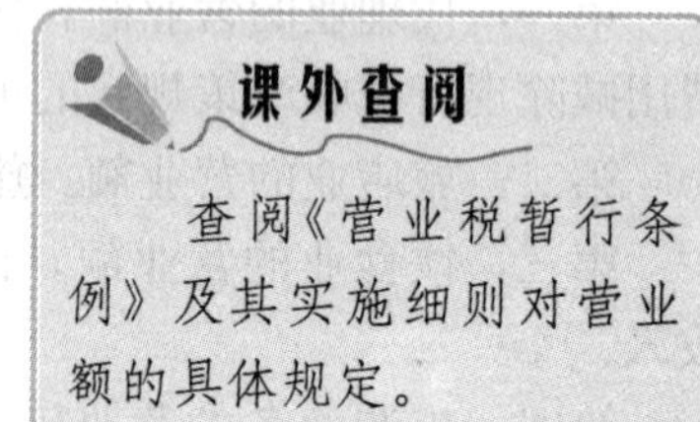

小贴士

纳税人提供应税劳务、转让无形资产或销售不动产价格明显偏低又没有正当理由的，主管税务机关可以按下列顺序核定其营业额：

(1) 按纳税人当月提供的同类应税劳务或者销售的同类不动产的平均价格核定。

(2) 按纳税人最近时期提供的同类应税劳务或者销售的同类不动产的平均价格核定。

(3) 按组成计税价格确定营业额。计算公式为：

组成计税价格=[营业成本或工程成本×(1+成本利润率)]÷(1-营业税税率)

公式中的成本利润率，由省、自治区、直辖市人民政府所属税务机关确定。

2. 营业税应纳税额的计算

从营业税计税依据的规定看，纳税人营业额的确定有三种方法：以收入全额为营业额；以余额为营业额；以组成计税价格为营业额。

营业税应纳税额计算的基本规定如表4—2所示。

表4—2　　营业税应纳税额计算的基本规定

具体情况	计算公式
以收入全额为营业额	应纳营业税=营业额×税率
以余额为营业额	应纳营业税=(收入全额-允许扣除金额)×税率
以组成计税价格为营业额	应纳营业税=组成计税价格×税率

【例4—12】 某公司自建同一规格和标准的楼房3栋，建筑安装成本为6 000万元，成本利润率为10%。房屋建成后，该公司将其中1栋留作自用，1栋对外出租，取得租金收入200万元，另一栋对外销售，取得销售收入3 500万元。计算该公司应纳营业税。

解：自建自用的房屋不纳税；

对外出租的房屋应纳营业税=200×5%=10(万元)

建对外销售的房屋应缴纳建筑业和销售不动产的营业税，即：

对外销售房屋应纳营业税=[6 000×1/3×(1+10%)]÷(1-3%)×3%+3 500×5%
=243.04(万元)

【例4—13】 某银行2010年第1季度有关业务资料如下：

(1) 向企业贷款取得利息收入800万元，逾期贷款的罚息收入10万元。

(2) 为电信部门代收电话费280万元，取得手续费收入14万元。

(3) 购进有价证券800万元，6月26日以860万元价格卖出。

(4) 取得结算手续费收入30万元。

(5) 销售结算凭证收入2万元。

计算该银行1季度应纳营业税。

解：有关业务应纳营业税的计算如下：

贷款利息收入及罚息收入应纳营业税=(800+10)×5%=40.5(万元)

代收话费手续费收入（金融经济业）应纳营业税=14×5%=0.7(万元)

有价证券转让（金融商品转让）应纳营业税=(860-800)×5%=3(万元)

结算手续费收入应纳营业税=30×5%=1.5(万元)

销售凭证应纳营业税=2×5%=0.1(万元)

1季度应纳营业税=40.5+0.7+3+1.5+0.1=45.8(万元)

【例 4—14】 某电影院，2011 年 2 月份取得门票收入 80 万元，广告收入 10 万元，代售某话剧表演门票收入 20 万元，取得手续费收入 2 万元，场地租赁费 0.5 万元。计算该电影院 2 月份应纳营业税及代扣代缴营业税。

解：有关业务应纳营业税的计算如下：

电影院文化体育业营业税＝80×3％＝2.4(万元)

服务业应纳营业税＝(10＋2＋0.5)×5％＝0.625(万元)

电影院 2 月份应纳营业税＝2.4＋0.625＝3.025(万元)

电影院 2 月份代扣代缴营业税＝(20－2－0.5)×3％＝0.525(万元)

【例 4—15】 2011 年 2 月，某国际旅行社组织甲、乙两个假日旅游团。

(1) 甲团是由 30 人组成的境内旅游团。旅行社向每人收取 5 000 元（人民币，下同）。旅游期间，旅行社为每人支付交通费 1 600 元，住宿费 400 元，餐费 300 元，公园门票等费用 600 元。

(2) 乙团是由 30 人组成的境外旅游团。旅行社向每人收取 7 000 元，在境外该团改由当地某旅游公司接团，负责在境外安排旅游。旅行社按协议支付给境外旅游公司旅游费折合人民币 150 000 元。

计算该旅行社 2 月份应缴纳的营业税税额。

解：该旅行社 2 月份应缴纳的营业税税额

＝[(5 000－1 600－400－300－600)×30＋(7 000×30－150 000)]×5％

＝(63 000＋60 000)×5％

＝6 150(元)

【例 4—16】 某房地产开发有限公司，主要从事房地产开发、销售及物业出租业务，2011 年 3 月份发生以下经济业务：

(1) 销售普通住宅 10 套，面积共计 1 250 平方米，每平方米售价为 12 000 元。

(2) 销售精装修高档公寓 3 套，面积共计 540 平方米，每平方米售价为 20 000 元，其中：毛坯房每平方米为 18 000 元，装修费每平方米为 2 000 元。

(3) 出租写字楼 1 200 平方米，取得租金收入 60 000 元。

已知：销售不动产适用的营业税税率为 5％；出租写字楼适用的营业税税率为 5％。

计算该房地产公司 3 月份应缴纳的营业税税额。

解：根据营业税法律制度规定，销售精装修高档公寓的装修费应计入营业额。

销售住宅应缴纳的营业税税额＝1 250×12 000×5％＝750 000（元）

销售公寓应缴纳的营业税税额＝540×20 000×5％＝540 000（元）

出租写字楼应缴纳的营业税税额＝60 000×5％＝3 000（元）

该房地产公司 3 月应缴纳营业税税额＝750 000＋540 000＋3 000＝1 293 000（元）

【例 4—17】 某公司自建一栋房屋后对外销售，建筑成本为 300 万元，当地成本利润率为 20％，对外售价 400 万元，计算该公司销售房屋应纳营业税。

解：有关业务应纳营业税的计算如下：

建筑业营业税＝300×(1＋20％)÷(1－3％)×3％＝11.13(万元)

销售不动产营业税＝400×5％＝20(万元)

应纳营业税＝11.13＋20＝31.13(万元)

营业税的其他规定：

(1)以纳税人的营业额计算缴纳营业税后因发生退款减除营业额的，应当退还已缴纳营业税税款或者从纳税人以后的应缴纳营业税税额中减除。

(2)购置税控收款机抵免当期应纳营业税税额的规定：增值税专用发票注明的增值税税额；普通发票的可抵免税额＝价款÷(1＋17％)×17％。

查阅《营业税暂行条例》及其实施细则中营业税减免税的规定。

【例4—18】 某运输公司2011年2月取得运输收入200 000元，当月购买一台税控收款机，支付3 744元并取得普通发票。计算当月应纳营业税。

解：应纳营业税＝200 000×3％－3 744÷(1＋17％)×17％＝6 000－544＝5 456(元)

(二) 营业税的会计核算

企业应在“应交税费”科目下设置“应交营业税”明细科目，核算应交营业税的发生、缴纳情况。该科目贷方登记应缴纳的营业税，借方登记已缴纳的营业税，期末贷方余额为尚未缴纳的营业税。

1. 提供应税劳务的会计核算

企业按照营业额及其适用的税率，计算应交的营业税，借记“营业税金及附加”科目，贷记“应交税费——应交营业税”科目。

【例4—19】 某运输公司某月取得营业额500 000元，适用的营业税税率为3％。计算该公司应纳营业税并进行相关会计处理。

解：该公司应纳营业税的有关会计分录如下：

应纳营业税＝500 000×3％＝15 000(元)

(1) 计提应交营业税：

借：营业税金及附加　　15 000

　贷：应交税费——应交营业税　　15 000

(2) 以银行存款缴纳时：

借：应交税费——应交营业税　　15 000

　贷：银行存款　　15 000

2. 销售不动产的会计核算

房地产开发企业以开发、销售的商品房及其土地附着物等不动产为主营业务，其销售不动产取得的收入以及预售收入均应计算缴纳营业税，借记“营业税金及附加”科目，贷记“应交税费——应交营业税”科目；非房地产开发企业出售不动产属于对企业固定资产的处理，其应缴纳的销售不动产营业税，借记“固定资产清理”科目，贷记“应交税费——应交营业税”科目。

【例 4—20】 某企业出售一幢厂房，原价 100 万元，已计提折旧 30 万元，售价 80 万元，以银行存款支付有关清理费用 1 万元。计算该公司应纳营业税并进行相关会计处理。

解：该企业应纳营业税及会计分录如下：

应纳营业税＝800 000×5％＝40 000(元)

借：固定资产清理　　40 000

　　贷：应交税费——应交营业税　　40 000

3. 转让无形资产的会计核算

企业转让无形资产使用权取得收入应缴纳的营业税，应借记“营业税金及附加”科目，贷记“应交税费——应交营业税”科目；转让无形资产所有权实际取得的转让收入与该项无形资产账面价值的差额计入“营业外收入”或“营业外支出”，应交的营业税，则作为相应的“营业外收入”的减少或“营业外支出”的增加。

【例 4—21】 某企业将原购入的一项专利权出售给其他企业，取得收入 80 000 元，该专利权的账面余额为 60 000 元。计算该公司应纳营业税并进行相关会计处理。

解：该企业应纳营业税及会计分录如下：

应纳营业税＝80 000×5％＝4 000(元)

借：银行存款　　80 000

　　贷：无形资产　　60 000

　　　　应交税费——应交营业税　　4 000

　　　　营业外收入　　16 000

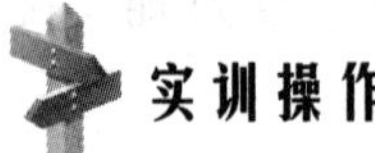

实训操作

根据“任务导入”中美好假日旅行社 2011 年 2 月的业务，为美好假日旅行社计算确定当期应纳营业税税额，并进行相应的会计处理。

任务二　营业税纳税申报

任务导入

在任务一中，美好假日旅行社 2011 年 2 月份的营业税涉税业务的日常核算工作已经完成，办税员着手办理 2011 年 2 月份营业税的纳税申报业务。

任务目标：

完成美好假日旅行社 2011 年 2 月《营业税纳税申报表》的填写，并在规定期限内完成申报工作。

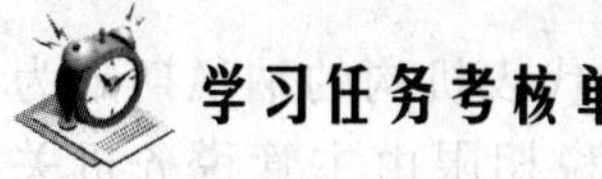

学习任务考核单

姓名：　　　　　　　　　　　　　　　　　学号：　　　　　　　　　　　　　　　　编号 4—2

序号	内容	分值	总结与归纳	成绩
1	营业税纳税时间的规定	30		
2	营业税纳税地点的界定	20		
3	营业税的纳税申报*	50		

请学生完成学习任务考核单并上交。标注“＊”的请结合实训操作结果填写。

学习指南

一、纳税时间

（一）纳税义务发生时间

营业税纳税义务发生时间为纳税人收讫营业收入款项或者取得索取营业收入款项凭据的当天。

知识链接

“收讫营业收入款项”是指纳税人应税行为发生过程中或完成后收取的款项；“取得索取营业收入款项凭据的当天”，为书面合同确定的付款日期的当天；未签订书面合同或者书面合同未确定付款日期的，为应税行为完成的当天。

营业税纳税义务的发生时间，具体分为以下几种情况：

（1）纳税人转让土地使用权或者销售不动产，采取预收款方式的，其纳税义务发生时间为收到预收款的当天。

（2）纳税人提供建筑业或者租赁业劳务，采取预收款方式的，其纳税义务发生时间为收到预收款的当天。

（3）纳税人将不动产或者土地使用权无偿赠送给其他单位或者个人的，其纳税义务发生时间为不动产所有权、土地使用权转移的当天。

（4）纳税人自己新建（以下简称自建）建筑物后销售的，其纳税义务发生时间为销售自建建筑物的纳税义务发生时间。

（5）营业税扣缴义务发生时间为纳税人营业税纳税义务发生的当天。

（二）纳税期限

营业税的纳税期限分别为 5 日、10 日、15 日、1 个月或者 1 个季度。纳税人的具体纳税期限，由主管税务机关根据纳税人应纳税额的大小分别核定；不能按照固定期限纳税的，可以按次纳税。

银行、财务公司、信托投资公司、信用社、外国企业常驻代表机构的纳税期限为1个季度。保险公司的纳税期限为1个月，其他纳税人的纳税期限由主管税务机关核定。

纳税人以5日、10日或者15日为一个纳税期的，自期满之日起5日内预缴税款。

扣缴义务人解缴税款的期限，依照营业税纳税期限的规定执行。

（三）纳税申报期限

纳税人以1个月或者1个季度为一个纳税期的，自期满之日起15日内申报纳税；以5日、10日或者15日为一个纳税期的，于次月1日起15日内申报纳税并结清上月应纳税款。

思考与分析

某单位于2011年3月将一座房屋转让，于3月25日取得销售不动产款项80万元，产权转移手续4月8日办妥。

请问：销售房屋的纳税义务发生时间及纳税申报期限（假设以一个月为纳税申报期）分别为何时？

二、纳税地点

（1）纳税人提供建筑业劳务，应向应税劳务的发生地的主管税务机关申报纳税，承包的工程跨省、自治区、直辖市的，向其机构所在地主管税务机关申报纳税。

（2）纳税人转让土地使用权，应当向土地所在地的主管税务机关申报纳税。

（3）纳税人销售、出租不动产，应当向不动产所在地的主管税务机关申报纳税。

（4）纳税人提供其他应税劳务和转让其他无形资产，应当向其机构所在地或者居住地的主管税务机关申报纳税。

（5）扣缴义务人应当向其机构所在地或者居住地的主管税务机关申报缴纳其扣缴的税款。

思考与分析

纳税人提供应税劳务，应当向应税劳务发生地的主管税务机关申报缴纳营业税。

请问：该观点正确吗？

三、纳税申报

纳税人应按照《营业税暂行条例》有关规定，及时办理纳税申报，并如实填写《营业税纳税申报表》，格式如表4—3所示。

表 4—3

营业税纳税申报表

纳税人名称（公章）： 纳税人识别号：

税款所属时间：自 年 月 日至 年 月 日 填表日期： 年 月 日 金额单位：元（列至角分）

税目	营业额				税率（%）	本期税款计算			税款缴纳								
									本期已缴税额						本期应缴税额计算		
	应税收入	应税减除项目金额	应税营业额	免税收入		小计	本期应纳税额	免（减）税额	期初欠缴税额	前期多缴税额	小计	已缴本期应纳税额	本期已被扣缴税额	本期已缴欠缴税额	小计	本期期末应缴税额	本期期末应缴欠缴税额
1	2	3	4=2−3	5	6	7=8+9	8=(4−5)×6	9=5×6	10	11	12=13+14+15	13	14	15	16=17+18	17=8−13−14	18=10−11−15
交通运输业																	
建筑业																	
邮电通信业																	
服务业																	
娱乐业																	
金融保险业																	
文化体育业																	
销售不动产																	
转让无形资产																	
合 计																	
代扣代缴项目																	
总 计																	

纳税人或代理人声明：此纳税申报表是根据国家税收法律的规定填报的，我确定它是真实的、可靠的、完整的。	如纳税人填报，由纳税人填写以下各栏：							
	办税人员（签章）		财务负责人（签章）		法定代表人（签章）		联系电话	
	如委托代理人填报，由代理人填写以下各栏：							
	代理人名称		经办人（签章）		联系电话		代理人（公章）	
以下由税务机关填写：								
受理人（签章）：	受理日期： 年 月 日			受理税务机关（签章）：				

注：本表为 A3 横式一式三份，一份纳税人留存，一份主管税务机关留存，一份征收部门留存。

除经税务机关核准实行简易申报方式的营业税纳税人外，纳税人在申报时均应按《营业税纳税人纳税申报办法》规定报送以下资料：

(1)《营业税纳税申报表》(格式如表4—3所示)。

(2) 按照本纳税人发生营业税应税行为所属的税目，分别填报相应税目的营业税纳税申报表附表；同时发生两种或两种以上税目应税行为的，应同时填报相应的纳税申报表附表。

(3) 凡使用税控收款机的纳税人应同时报送税控收款机IC卡。

(4) 主管税务机关规定的其他申报资料。

课外查阅

查阅《营业税纳税申报表》的填写方法及申报表附表的内容及填写方法。

实训操作

根据任务一“任务导入”的资料及任务一“实训操作”的核算结果，完成美好假日旅行社2011年2月份的《营业税纳税申报表》的填写。

知识考验

一、单项选择题

1. 根据营业税法律制度的规定，下列选项中，属于营业税征税范围的是（　　）。

A. 销售货物　　B. 进口货物

C. 转让无形资产　　D. 提供修理修配劳务

2. 下列选项中，属于应缴纳营业税的混合销售行为的是（　　）。

A. 电冰箱专卖店销售电冰箱并负责安装

B. 机场提供运输服务并附设商场销售货物

C. 建材商店销售建材，也从事装修、装饰业务

D. 歌舞厅提供娱乐服务并销售烟酒

3. 在确定营业税计税依据时，下列表述中不正确的是（　　）。

A. 运输企业自境内运输货物出境，在境外改由其他运输企业承运，以全程运费减去付给该承运企业的运费后的余额为营业额

B. 旅行社组织旅游，以收取的全部旅游费为其实际营业额

C. 银行一般贷款业务，以取得的全部贷款利息收入为其实际的营业额

D. 从事建筑工程作业应以包括工程所用原材料及其他物资和动力的价款在内的营业额为其计税营业额

4. 某运输公司2011年4月取得运输收入200 000元，当月购买一台税控收款机，支付3 744元并取得普通发票。已知该公司适用的营业税税率为3%，该公司当月应缴纳营业税为（　　）元。

A. 5 887.68　　B. 5 251　　C. 5 456　　D. 6 000

5. 某邮政局2月份发生以下经济业务：传递函件和包裹取得收入6万元，报刊发行收入9万元，邮政物品销售和其他邮政业务收入8万元，发生工资等支出6万元，则该邮政局2月份应纳营业税税额为（　　）万元。

A. 0.69　　B. 0.42　　C. 1.00　　D. 1.18

6. 根据营业税法律制度的规定，下列各项中，应当征收营业税的是（　　）。

A. 金融机构吸收存款　　B. 金融机构购入金融商品

C. 金融机构转让金融商品　　D. 金融机构从事金银买卖业务

7. 根据营业税法律制度的规定，下列各项中，应当按"文化体育业"税目征收营业税的是（　　）。

A. 广告的播映　　B. 出租文化场所

C. 以租赁方式为体育比赛提供场所　　D. 动物园销售门票的业务

8. 根据营业税法律制度的规定，纳税人以1个月为一个纳税期的，应在一定期限内向税务机关申报纳税，该一定期限是（　　）。

A. 自期满之日起5日内　　B. 自期满之日起7日内

C. 自期满之日起10日内　　D. 自期满之日起15日内

9. 下列各项收入中，免征营业税的是（　　）。

A. 某科研单位取得的技术转让收入　　B. 某冰箱厂取得的商标权转让收入

C. 某房地产公司取得的商品房销售收入　　D. 某歌厅取得的服务收入

10. A市的甲公司将其在B市的办公楼卖给了C市的乙公司，销售合同在D市签订，则甲公司营业税纳税申报的地点应当是（　　）。

A. A市　　B. B市　　C. C市　　D. D市

二、多项选择题

1. 根据营业税法律制度的规定，下列各项中，应视同发生应税行为征收营业税的有（　　）。

A. 个人将不动产无偿赠送给单位　　B. 单位将土地使用权无偿赠送给个人

C. 单位自建自用房屋的行为　　D. 单位自建房屋销售的自建行为

2. 根据营业税法律制度的规定，下列各项中，应当征收营业税的有（　　）。

A. 邮政部门、集邮公司销售集邮商品

B. 邮政部门以外的其他单位和个人销售集邮商品

C. 邮政部门发行报刊

D. 邮政部门以外的其他单位和个人发行报刊

3. 根据营业税法律制度的规定，下列各项中，应当征收营业税的有（　　）。

A. 随汽车销售提供的汽车按揭服务和代办服务

B. 纳税人单独提供按揭、代办服务，不销售汽车

C. 纳税人销售林木的同时提供林木管护劳务

D. 纳税人单独提供林木管护劳务

4. 下列各项中，应按照"服务业——租赁业"税目征收营业税的有（　　）。

A. 融资租赁　　B. 以租赁方式为体育比赛提供场所

C. 出租文化场所　　D. 交通部门有偿转让高速公路收费权

5. 下列各项中，应按“转让无形资产”税目征收营业税的有（　　）。

A. 出租电影拷贝

B. 转让无形资产

C. 以无形资产入股，参与接受投资方的利润分配、共同承担投资风险的行为

D. 土地租赁

6. 下列关于营业额的表述中，正确的有（　　）。

A. 纳税人发生应税行为，如果将价款与折扣额在同一张发票上注明，以折扣后的价款为营业额

B. 纳税人发生应税行为，如果将折扣额另开发票的，不论其在财务上如何处理，均不得从营业额中扣除

C. 纳税人因财务会计核算办法改变将已缴纳过营业税的预收性质的价款逐期转为营业收入时，允许从当期营业额中减除

D. 单位和个人提供应税劳务、转让无形资产和销售不动产时，因受让方违约而从受让方取得的赔偿金收入，不计入营业额

7. 下列关于营业额的表述中，正确的有（　　）。

A. 纳税人销售或转让抵债所得的不动产，以全部收入减去抵债时该项不动产作价后的余额为营业额

B. 纳税人转让土地使用权，以全部收入减去土地使用权购置或受让原价后的余额为营业额

C. 从事广告代理业务的，以其全部收入为营业额

D. 单位或个人进行演出，以其全部收入为营业额

8. 根据营业税法律制度的规定，下列各项中，免征营业税的有（　　）。

A. 将土地使用权转让给农业生产者用于农业生产

B. 个人转让著作权

C. 外商投资企业从事技术转让、技术开发业务取得的收入

D. 残疾人员个人提供的劳务

9. 下列关于营业税纳税义务发生时间的表述中，正确的有（　　）。

A. 纳税人销售不动产，采取预收款方式的，其纳税义务发生的时间为收到预收款的当天

B. 纳税人转让土地使用权，采取预收款方式的，其纳税义务发生的时间为收到预收款的当天

C. 纳税人提供建筑业劳务，采取预收款方式的，其纳税义务发生的时间为收到预收款的当天

D. 纳税人提供租赁业劳务，采取预收款方式的，其纳税义务发生的时间为收到预收款的当天

10. 下列关于营业税纳税地点的表述中，正确的有（　　）。

A. 纳税人销售、出租不动产应当向不动产所在地的主管税务机关申报纳税

B. 纳税人提供应税劳务（不包括建筑业）应当向其机构所在地或者居住地的主管税务机关申报纳税

C. 纳税人提供建筑业劳务应当向应税劳务发生地的主管税务机关申报纳税

D. 纳税人承包的工程跨省的，向其机构所在地的主管税务机关申报纳税

技能训练

1. 甲歌舞团拟举办一场大型演出，与乙演出公司签订协议，由乙演出公司作为经纪人负责宣传策划，地点选择在丙体育馆，三方商定：

(1) 支付丙体育馆场租 8 万元，由丙体育馆负责售票。

(2) 甲歌舞团支付乙演出公司经纪费 10 万元。

(3) 门票收入共 50 万元，甲歌舞团支付给丁广告代理公司 3 万元。

已知：文化体育业的营业税税率为 3%，租赁业、代理服务业适用的营业税税率为 5%。

要求：计算甲歌舞团、乙演出公司和丙体育馆各自应缴纳的营业税税额并填写各自的《营业税纳税申报表》。

2. 甲建筑公司以 16 000 万元的总承包额中标为某房地产开发公司承建一幢写字楼，之后甲建筑公司又将该写字楼工程的装饰工程以 7 000 万元分包给乙建筑公司。工程完工后，房地产开发公司用其自有的总价为 4 000 万元的两幢普通住宅楼抵顶了应付给甲建筑公司的部分工程劳务费。房地产开发公司又支付给甲建筑公司 100 万元材料价差和 300 万元提前竣工奖，甲建筑公司又将提前竣工奖支付给乙建筑公司 50 万元。

已知：建筑业的营业税税率为 3%，销售不动产的营业税税率为 5%。

要求：(1) 计算甲建筑公司应纳的建筑业营业税。

(2) 计算甲建筑公司应代扣代缴乙建筑公司的营业税。

(3) 计算房地产开发公司应纳的营业税。

(4) 填写甲建筑公司的《营业税纳税申报表》。

模块五

关税纳税实务

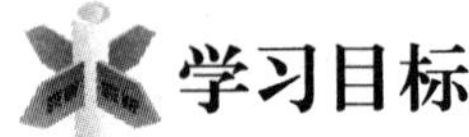

学习目标

知识目标

- 熟悉关税的法律知识
- 掌握关税应纳税额的核算
- 熟悉关税征收管理的相关规定

技能目标

- 能准确识别关税的纳税人
- 能正确核算纳税人的应纳税额

任务一 核算关税应纳税额

任务导入

东盛贸易公司属于商品流通企业的增值税一般纳税人，有进出口经营权，2011 年 2 月 15 日报关进口货物一批，FOB（离岸价格）成交价格为 200 000 元，支付国外运费 20 000 元，保险费 7 200 元，进口关税税率为 20%，进口增值税税率为 17%。

任务目标：

计算该批进口货物应缴纳的关税，并进行相应的会计处理。

学习任务考核单

姓名： 学号： 编号 5—1

序号	内容	分值	总结与归纳	成绩
1	关税的征税范围	10		
2	关税纳税人的界定	20		
3	关税的税率形式	10		
4	关税完税价格的确定	30		
5	关税应纳税额的计算及会计处理*	30		

请学生完成学习任务考核单并上交。标有“*”的请结合实训操作结果填写。

学习指南

一、认识关税

关税是海关依法对进出境货物、物品征收的一种税。所谓“境”是指关境，又称“海关境域”或“关税境域”，是《中华人民共和国海关法》全面实施的领域。

小贴士

国境是一个主权国家的领土范围。与关境的关系有以下三种：

(1) 国境=关境——通常情况下二者是一致的，包括国家全部的领土、领海、领空。

(2) 国境<关境——几个国家组成关税同盟，形成共同的边境，实施统一的关税法令和对外税则，成员国之间不征关税，只对非成员国征税，比如欧盟。

(3) 国境>关境——一国在国境设立了自由港、自由贸易区等，这些区域就关税而言处在关境之外，如我国香港、澳门是我国的单独关境区。

(一) 征税范围

关税的征税范围是准许进出境的货物和物品。货物是指贸易性商品；物品是指非贸易性商品，包括入境旅客随身携带的行李物品、个人邮递物品、各种运输工具上的服务人员携带进口的自用物品、馈赠物品以及其他方式进境的个人物品。

(二) 纳税人

贸易性商品的纳税人为进出口货物的收、发货人和他们的代理人；非贸易性物品的纳税人为物品的持有人、所有人或收件人。

知识链接

进出口货物的收、发货人是指依法取得对外贸易经营权，并进口或者出口货物的法人或者其他社会团体。

进出境物品的所有人包括该物品的所有人和推定为所有人的人。一般情况下，对于携带进境的物品，推定其携带人为所有人；对分离运输的行李，推定相应的进出境旅客为所有人；对以邮递方式进境的物品，推定其收件人为所有人；以邮递或其他运输方式出境的物品，推定其寄件人或托运人为所有人。

(三) 税率

关税的税率分为进口税率和出口税率两部分。

1. 进口税率

进口关税规定了最惠国税率、协定税率、特惠税率、普通税率和关税配额五种税率形式。对进口货物在一定时期内可以实行暂定税率。不同税率的运用是以进口货物的原产地为标准的。

（1）最惠国税率。该税率适用原产于与我国共同适用最惠国待遇条款的 WTO 成员国或地区的进口货物，或原产于与我国签订有相互给予最惠国待遇条款的双边贸易协定的国家或地区进口的货物，以及原产于我国境内的进口货物。

（2）协定税率。该税率适用原产于我国参加的含有关税优惠条款的区域性贸易协定有关缔约方的进口货物。

（3）特惠税率。该税率适用原产于与我国签订有特殊优惠关税协定的国家或地区的进口货物。

（4）普通税率。该税率适用于原产于上述国家或地区以外的其他国家或地区的进口货物。

（5）关税配额。实行关税配额管理的进口货物，在关税配额内的，适用关税配额税率；关税配额外的，其税率的适用按上述税率形式的规定执行。目前，我国对部分进口农产品（如小麦和豆油等）和化肥产品（如尿素等）实行关税配额，即一定数量内的上述进口商品适用税率较低的配额内税率，超出该数量的进口商品适用税率较高的配额外税率。

知识链接

我国原产地规定基本上采用了“全部产地生产标准”、“实质性加工标准”两种国际上通用的原产地标准。

(1)“全部产地生产标准”是指进口货物完全在一个国家内生产或制造，生产或制造国即为该货物的原产国，此标准主要涉及矿产品和动物。

(2)“实质性加工标准”是指适用于确定有两个或两个以上国家参与生产的产品的原产国的标准，即经过几个国家加工、制造的进口货物，以最后一个对货物进行经济上可视为实质性加工的国家作为有关货物的原产国。

“实质性加工”是指产品加工后，在进出口税则中四位数税号一级的税则归类已经有了改变，或者加工增值部分所占新产品总值的比例已超过30%及以上。

2. 出口税率

我国出口关税实行一栏税率。目前，国家仅对少数资源性产品及易于竞相杀价、盲目进口、需要规范出口秩序的半制成品征收出口关税。目前，我国真正征收出口关税的商品只有20种，税率也较低，实行比例税率。

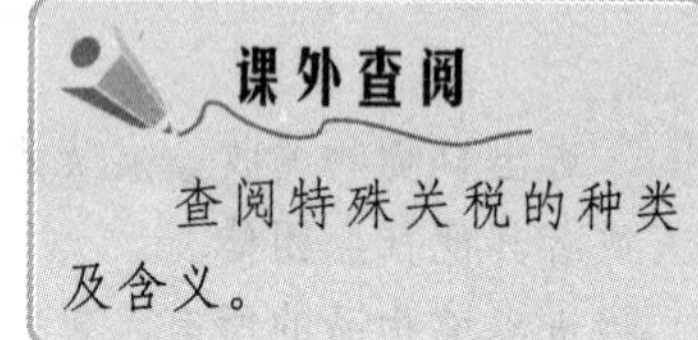

课外查阅

查阅特殊关税的种类及含义。

二、核算应纳税额

（一）关税应纳税额的计算

我国对进出口货物征收关税主要采取从价计征的办法，按照进出口货物的完税价格和规定的税率计算应纳税额。计算公式为：

应纳税额＝应税进出口货物完税价格×关税适用税率

因此，正确确定进出口货物的完税价格是计算关税的关键。

1. 进口货物完税价格

（1）进口货物完税价格的一般确定方法。进口货物的完税价格以海关审定的成交价格为基础的到岸价格确定。包括货物的货价和货物运抵我国境内输入地点起卸前的运输及其相关费用、保险费。

成交价格是指买方为购买货物向卖方直接或间接支付的实际支付或应当支付的价格。如果买方支付的价格中没有包括下列费用，海关应将其计入成交价格：由买方负担的向自己的采购代理人支付的购货佣金以外的佣金和经纪费；由买方负担的在审查确定完税价格时与该货物视为一体的容器的费用；由买方负担的包装材料和包装劳务费用；与该货物的生产和向我国境内销售有关的，由买方以免费或者以低于成本的方式提供并可以按适当比例分摊的料件、工具、模具、消耗材料及类似货物的价款，以及在境外开发、设计等相关服务的费用；作为卖方向我国境内销售该货物的一项条件，应当由买方直接或间接支付的、与该货物有关的特许权使用费；卖方直接或间接从买方获得的该货物进口后转售、处置或者使用的收益。

知识链接

购货佣金是指买方为购买进口货物向自己的采购代理人支付的劳务费用；经纪费是指买方为购买进口货物向代表买卖双方利益的经纪人支付的劳务费用。

进口时在货物的价款中列明的下列费用，不计入该货物的完税价格：厂房、机械、设备等货物进口后进行建设、安装、装配、维修和技术服务的费用；进口货物运抵境内输入地点起卸后的运输及其相关费用、保险费；进口关税、进口环节海关代征税及其他国内税收。

【例 5—1】 某市大型商贸公司进口化妆品一批，支付国外的买价 220 万元，购货佣金 6 万元，国外的经纪费 4 万元；支付运抵我国海关地前的运输费用 20 万元，装卸费用和保险费用 11 万元；支付海关地再运往商贸公司的运输费用 8 万元，装卸费用和保险费用 3 万元。试计算进口该批化妆品的完税价格。

解：购货佣金及运抵境内输入地点之后的运输费用、装卸费用和保险费用不应计入完税价格之中。

进口货物的完税价格＝220＋4＋20＋11＝255（万元）

(2) 进口货物完税价格的特殊确定方法。具体包括：

第一，进口货物运费与保险费的确定。分别为：

进口货物的运费应当按照实际支付的费用计算。如果进口货物的运费无法确定，海关应当按照该货物的实际运输成本或者该货物进口同期运输行业公布的运费率（额）计算运费。

进口货物的保险费应当按照实际支付的费用计算。如果进口货物的保险费无法确定或者未实际发生，海关应当按照“货价加运费”两者总额的 3‰计算保险费，其计算公式如下：

保险费＝(货价＋运费)×3‰

课外查阅

加工贸易进口料件、运往境外修理的货物、予以补税的减免税货物等特殊进口的货物，其完税价格如何确定？

【例 5—2】 某公司 2011 年 2 月从德国进口一套生产设备，货价为 450 万元，运抵我国海关前发生的运输费用、保险费用无法确定，经海关查实其他运输公司相同业务的运输费用占货价比例的 2%。该公司向海关缴纳了相关税款，并取得了完税凭证。已知关税税率为 60%。计算该生产设备的完税价格。

解： 运输费＝450×2%＝9（万元）

保险费＝(450＋9)×3‰＝1.38（万元）

关税的完税价格＝450＋9＋1.38＝460.38（万元）

第二，进口货物海关估价的确定。进口货物的成交价格不能确定或申报的价格经海关审查后不能接受的，海关依次以下列价格估定该货物的完税价格：相同货物成交价格；类似货物成交价格；国际市场价格；国内市场倒扣价格；其他合理方法估定的价格。

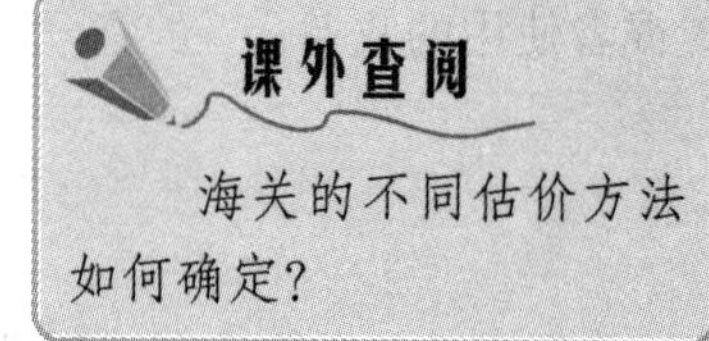

海关的不同估价方法如何确定？

2. 出口货物完税价格

(1) 出口货物成交价格能够确定。出口货物的完税价格，由海关以出口货物的成交价格以及该货物运至中国境内输出地点装载前的运输及其相关费用、保险费为基础审查确定。

出口货物的成交价格，是指该货物出口时卖方为出口该货物应当向买方直接收取和间接收取的价款总额。出口关税、价款中单独列明的运输及相关费用、价款中单独列明由卖方承担的佣金，不计入完税价格。

如果出口货物以离岸价格成交，则：

出口货物完税价格＝离岸价格÷(1＋关税出口税率)

(2) 出口货物的成交价格不能确定。当出口货物的成交价格不能确定，海关依次以下列价格审查确定该货物的完税价格：同时或大约同时向同一国家或地区出口的相同货物的成交价格；同时或大约同时向同一国家或地区出口的类似货物的成交价格；根据境内生产相同或类似货物的成本、利润和一般费用、境内发生的运输费及其相关费用、保险费计算所得的价格；按合理方法估定的价格。

思考与分析

出口货物以海关审定的离岸价格作为出口关税的完税价格。

请问：这一说法是否正确？

3. 进出口关税的计算

关税应纳税额按计算方法不同可分为从价计税、从量计税、复合计税和滑准计税四类。

(1) 从价计税。从价计税，是以进（出）口货物的完税价格为计税依据的一种关税计征方法。我国对进口商品基本上都实行从价计税。计算公式为：

关税税额＝应税进（出）口货物数量×单位完税价格×适用税率

（2）从量计税。从量计税，是指以进（出）口货物的计量单位（数量、重量、长度、容量等）为计税依据的一种关税计征方法。目前，我国仅对啤酒、胶卷等少数商品采用此类方法。计算公式为：

关税税额＝应税进（出）口货物数量×关税单位税额

（3）复合计税。复合计税，是指对某种进（出）口货物同时使用从价计征和从量计征的一种关税计征方法。目前，我国对录像机、放像机、摄像机和摄录一体机实行复合征税。计算公式为：

关税税额＝应税进（出）口货物数量×单位税额＋应税进（出）口货物数量×单位完税价格×税率

（4）滑准计税。滑准税，是一种随进口货物价格的变动而反方向变动的一种税率形式，即价格越高，关税税率越低，关税税率为比例税率。目前，我国对新闻纸实行滑准计税。计算公式为：

关税税额＝应税进（出）口的货物数量×单位完税价格×滑准税税率

【例 5—3】 某公司进口一台机器设备，成交价格为 508 万元人民币，运费和保险费共计为 1.5 万元，成交价格中包含有该公司向境外采购代理人支付的购货佣金 8 万元，进口关税税率为 15%，试计算该公司应纳进口关税。

解： 关税完税价格＝508－8＋1.5＝501.5（万元）

关税税额＝501.5×15%＝75.225（万元）

【例 5—4】 上海某进出口公司从美国进口货物一批，货物以离岸价格成交，成交价折合人民币为 1 410 万元（包括单独计价并经海关审查属实的向境外采购代理人支付的买方佣金 10 万元，但不包括使用该货物而向境外支付的软件费 50 万元、向卖方支付的佣金 15 万元），另支付货物运抵我国上海港的运费、保险费等 35 万元。假设该货物适用的关税税率为 20%，增值税税率为 17%，消费税税率为 10%。

要求：请分别计算该公司应缴纳的关税、消费税及增值税。

解： 关税完税价格＝1 410＋50＋15－10＋35＝1 500（万元）

进口关税税额＝1 500×20%＝300（万元）

组成计税价格＝(1 500＋300)÷(1－10%)＝2 000（万元）

进口环节海关代征消费税＝2 000×10%＝200（万元）

进口环节海关代征增值税＝2 000×17%＝340（万元）

（二）关税的会计核算

1. 进口业务关税的会计核算

（1）自营进口商品关税的会计核算。自营进口商品所缴纳的关税是购进商品成本的组成部分。应缴纳的进口关税，借记“材料采购”、“固定资产”等科目，贷记“应交税费——应交进口关税”。在实际工作中，也可不通过“应交税费——应交进口关税”科目，直接借记“材料采购”等科目，贷记“银行存款”等科目。

【例 5—5】 某企业属增值税一般纳税人，有进出口经营权，现进口某商品一批，完税价格折合人民币 40 万元，款项尚未支付。进口关税税率为 40%，代征增值税税率为 17%，根据海关开出的专用缴款书，以银行转账支票付讫税款。计算该企业应缴纳的关税、代征增值税并进行相应会计处理。

解： 应交关税＝40×40%＝16（万元）

材料采购成本＝40＋16＝56（万元）

代征增值税＝56×17%＝9.52（万元）

会计处理如下：

（1）计提关税时：

	借方	贷方
借：材料采购	160 000	
贷：应交税费——进口关税		160 000

（2）支付进口关税和增值税时：

	借方	贷方
借：应交税费——进口关税	160 000	
应交税费——应交增值税（进项税额）	95 200	
贷：银行存款		255 200

（2）代理进口业务关税的会计核算。代理进口业务，受托方一般不垫付货款，大多数以收取手续费形式为委托方提供代理服务。进口关税由委托单位负担，受托单位即使向海关缴纳了关税，也只是代垫或代付，日后仍要从委托方收回。代理进口业务所计缴的关税，在会计核算上也是通过设置“应交税费”账户来反映，对方科目为“应收账款”、“银行存款”等。

2. 出口业务关税的会计核算

（1）自营出口业务关税的会计核算。我国对大多数出口商品不征出口关税，只对极个别的商品征收出口关税。自营出口产品需要缴纳的关税，属于进出口企业出口销售业务中的费用，应借记“营业税金及附加”科目，贷记“应交税费——应交出口关税”科目。

【例 5—6】 某企业向美洲出口一批商品，出口离岸价折合人民币 520 000 元。已知适用的关税税率为 30%。关税以支票转账支付。计算该企业应缴纳的出口关税并进行相应会计处理。

解： 出口关税税额＝520 000÷(1＋30%)×30%＝120 000（元）

	借方	贷方
借：营业税金及附加	120 000	
贷：应交税费——应交出口关税		120 000

（2）代理出口业务关税的会计核算。外贸企业代收出口关税时，借记“应收账款”科目，贷记“应交税费——应交出口关税”科目。实际缴纳时，借记“应交税费——应交出口关税”科目，贷记“银行存款”科目。

实训操作

根据任务导入中东盛贸易公司 2011 年 2 月的进口业务，为东盛贸易公司计算确定该批商品应纳关税税额，并进行相应的账务处理。

任务二　关税申报与缴纳

在任务一中，东盛贸易公司 2011 年 2 月份的一批关税涉税业务的日常核算工作已经完成，办税员着手办理该批商品关税的纳税申报业务。

任务目标：

在规定期限内完成东盛贸易公司 2011 年 2 月该批商品关税纳税申报工作。

学习任务考核单

姓名：　　　　　　　　　　　　　学号：　　　　　　　　　　　　　编号 5—2

序号	内容	分值	总结与归纳	成绩
1	关税纳税时间的规定	20		
2	关税纳税地点的界定	20		
3	关税滞纳的规定	20		
4	关税的退还	20		
5	关税的补征和追征	20		

请学生完成学习任务考核单并上交。

学习指南

一、关税纳税时间

（一）申报时间

进口货物自运输工具申报进境之日起 14 日内，出口货物在货物运抵海关监管区后装货的 24 小时以前，应由进出口货物的纳税人向货物进（出）境地海关申报。

（二）纳税期限

纳税人应当自海关填发税款缴款书之日起 15 日内，向指定银行缴纳税款。如关税缴纳期限的最后 1 日是周末或法定节假日，则关税缴纳期限顺延至周末或法定节假日过后的第 1 个工作日。

逾期缴纳税款的，由海关自缴款期限届满之日起至缴清税款之日止，按日加收滞纳税款万分之五的滞纳金。

【例 5—7】　某进出口公司进口货物一批，完税价格为人民币 500 万元，该货物进口关税税率为 10%，海关填发税款缴款书日期为 2011 年 1 月 10 日，该公司于 1 月 30 日缴纳税款。计算应纳关税及滞纳金。

解： 关税税额＝500×10%＝50（万元）

纳税人应于1月24日前缴纳税款，从25日计收滞纳税款，到30日共计6天。则：

滞纳金＝50×0.5‰×6＝0.15（万元）

小贴士

关税纳税人因不可抗力或者在国家税收政策调整的情形下，不能按期缴纳税款的，经海关总署批准，可以延期缴纳税款，但最长不得超过六个月。

二、关税纳税地点

关税的纳税地点可以在关境地，也可以在主管地。

（一）关境地纳税

关境地纳税亦称口岸纳税，是指不管纳税人的住址在哪里，根据进出口货物的进（出）境地确定缴纳关税的地点。

（二）主管地纳税

主管地纳税亦称集中纳税，是指纳税人经申请办理有关手续后，由纳税人住址所在地海关监管通关，关税也在纳税人住址所在地缴纳。

三、关税的申报、缴纳与退补

（一）关税的申报、缴纳

关税纳税人应在规定的期限内按要求进行纳税申报，在向海关申报时，应如实填写《中华人民共和国海关进出口货物报关单》，并提交相关单证。海关根据税则归类和完税价格计算应缴纳的关税和进口环节代征税，并填发“关税专用缴款书”。

（二）关税的退还

关税的退还是关税纳税人按海关核定的税额缴纳关税后，因某种原因的出现，海关将实际征收多于应当征收的税额（称为溢征关税）退还给原纳税人的一种行政行为。

有下列情形之一的，进出口货物的纳税人可以自缴纳税款之日起1年内，书面声明理由，连同原纳税收据向海关申请退税并加算银行同期活期存款利息，逾期不予受理：

（1）因海关误征，多纳税款的。

（2）海关核准免验进口的货物，在完税后，发现有短卸情形，经海关审查认可的。

（3）已征出口关税的货物，因故未将其运出口，申报退关，经海关查验属实的。

（三）关税的补征和追征

1. 关税补征

非因纳税人违反海关规定造成的少征或漏征关税，海关应予以补征；补征期限为缴纳税款或货物、物品放行之日起1年内。

2. 关税追征

由于纳税人违反海关规定而少征或漏征的关税，自纳税人缴纳税款之日起，海关在3年内可以追征，并从缴纳税款之日起按日加收少征或漏征税款万分之五的滞纳金。因特殊情况，追征期可延长至10年。骗取退税款的，无限期追征。

知识考验

一、单项选择题

1. 以下计入进口货物关税完税价格的项目有（　　）。

A. 货物运抵境内输入地点之后的运输费

B. 进口关税

C. 卖方间接从买方对该货物进口后使用所得中获得的收益

D. 国内保险费

2. 依据关税的有关规定，下列费用中不得计入完税价格的是（　　）。

A. 买价　　B. 境外运费

C. 由买方负担的包装费　　D. 由买方负担的购货佣金

3. 出口货物的完税价格应该包括（　　）。

A. 离境口岸至境外口岸之间的运输、保险费

B. 支付给境外的佣金

C. 工厂至离境口岸之间的运输、保险费

D. 出口关税

4. 纳税人应当自海关填发税款缴款书之日起（　　）日内，向指定银行缴纳税款。

A. 5　　B. 10　　C. 15　　D. 30

5. 按中国海关现行规定，进出口货物完税后，如发现少征或者漏征税款，海关应当自缴纳税款或者货物放行之日起（　　）内，向收发货人或者他们的代理人补征。

A. 半年　　B. 1年　　C. 2年　　D. 3年

二、多项选择题

1. 我国目前原产地规定采用（　　）。

A. 全部产地生产标准　　B. 参与性加工标准

C. 实质性加工标准　　D. 挂靠性加工标准

2. 实质性加工是指（　　）。

A. 加工后税则4位归类发生改变

B. 加工后税则6位归类发生改变

C. 加工增值占新产品总值超过30%及以上的

D. 加工增值占原产品总值超过30%及以上的

3. 以下计入进口货物的到岸价格作为完税价格的费用有（　　）。

A. 境外考察费　　B. 境外运输费　　C. 保险　　D. 其他劳务费

4. 下列能独立区分的不计入进口货物关税完税价格的有（　　）。

A. 进口后的安装费　　B. 货物运抵输入点前的运输费

C. 进口关税　　　　　　　　　　D. 进口消费税

5. 关税的计征办法包括（　　）。

A. 从价计征　　B. 从量计征　　　C. 复合计征　　　D. 滑准计征

三、计算题

1. 有进出口经营权的某外贸公司，2011 年 2 月发生以下经营业务：

(1) 经有关部门批准从境外进口小轿车 30 辆，每辆小轿车货价 15 万元，运抵我国海关前发生的运输费用、保险费用无法确定，经海关查实其他运输公司相关业务的运输费用占货价的比例为 2%。向海关缴纳了相关税款，并取得完税凭证。

公司委托运输公司将小轿车从海关运回本单位，支付运输公司运输费用 9 万元，取得了运输公司开具的普通发票。当月售出 24 辆，每辆取得含税销售额 40.95 万元，公司自用 2 辆并作为本企业固定资产。

(2) 月初将上月购进的库存材料价款 40 万元，经海关核准委托境外公司加工一批货物，月末该批加工货物在海关规定的期限内复运进境供销售，支付给境外公司的加工费 20 万元、进境前的运输费和保险费共 3 万元。向海关缴纳了相关税款，并取得了完税凭证。

已知：小轿车关税税率为 60%、货物关税税率为 20%、增值税税率为 17%、消费税税率为 8%。

要求：(1) 计算小轿车在进口环节应缴纳的关税、消费税和增值税。

(2) 计算加工货物在进口环节应缴纳的关税、增值税。

(3) 对上述业务作相应的会计处理。

2. 某公司进口货物一批，成交价格为人民币 300 万元，含单独计价并经海关审核属实的进口后装配调试费用 20 万元，该货物进口关税税率为 10%，海关填发税款缴款书日期为 2011 年 3 月 5 日，该公司 3 月 28 日缴纳税款。试计算该公司应纳关税及滞纳金并进行纳税申报。

模块六

财产行为税纳税实务

学习目标

知识目标

- 熟悉财产行为税各税种的法律知识
- 掌握财产行为税各税种的核算
- 掌握财产行为税各税种纳税申报要求

技能目标

- 能正确核算财产行为税纳税人的应纳税额
- 会填制财产行为税各税种纳税申报表
- 能办理财产行为税各税种的纳税申报

工作一　房产税纳税实务

任务一　核算房产税应纳税额

任务导入

万隆酒业有限责任公司2010年初拥有厂房2 000平方米，办公用房1 000平方米，仓库1 000平方米，房产的原值为3 000万元。2010年1月1日起，将原值为400万元的一栋仓库出租给某企业存放货物，租期1年，每月收取租金20 000元，全年租金收入240 000元。公司所在地确定的房产原值减除比例为30%。

任务目标：

完成万隆酒业有限责任公司房产税涉税业务核算。

学习任务考核单

姓名：　　　　　　学号：　　　　　　编号6—1

序号	内容	分值	总结与归纳	成绩
1	房产税的征税范围	20		

2	房产税纳税人的界定	20		
3	房产税的税率	10		
4	房产税计征方式及适用范围	10		
5	房产税应纳税额的计算及会计处理*	40		

请学生完成学习任务考核单并上交。标注“*”的请结合实训操作结果填写。

学习指南

一、认识房产税

房产税，是以房产为征税对象，按照房产的计税价值或房产租金收入向房产所有人或经营管理人等征收的一种税，房产税属于财产税。

知识链接

所谓房产，是指有屋面和围护结构（有墙或两边有柱），能够遮风避雨，可供人们在其中生产、学习、工作、娱乐、居住或贮藏物资的场所。

独立于房屋之外的建筑物（如围墙、烟囱、水塔、油池油柜、酒窖菜窖、酒精池、糖蜜池、室外游泳池、玻璃暖房、砖瓦石灰窑以及各种油气罐等）不属于房产，不是房产税的征税对象。只有与房屋不可分离的附属设施才属于房产。

（一）征税范围

房产税的征税范围是城市、县城、建制镇和工矿区内的房屋。

城市是指国务院批准设立的市，其征税范围为市区、郊区和市辖县县城，不包括农村；县城是指县人民政府所在地的地区；建制镇是指经省、自治区、直辖市人民政府批准设立的建制镇，征税范围为镇政府所在地，不包括所辖的行政村；工矿区是指工商业比较发达、人口比较集中、符合国务院规定的建制镇标准但尚未设立建制镇的大中型工矿企业所在地。开征房产税的工矿区须经省、自治区、直辖市人民政府批准。

小贴士

房地产开发企业建造的商品房，在出售前，不征收房产税，但对出售前房地产开发企业已使用或出租、出借的商品房应按规定征收房产税。

（二）纳税人

房产税的纳税人是指在我国城市、县城、建制镇和工矿区（不包括农村）内拥有房屋产权的单位和个人。具体包括产权所有人、承典人、房产代管人或者使用人。

（1）产权属于国家的，其经营管理的单位为纳税人。

（2）产权属于集体和个人的，集体单位和个人为纳税人。

（3）产权出典的，承典人为纳税人。

（4）产权所有人、承典人均不在房产所在地的，房产代管人或者使用人为纳税人。

（5）产权未确定以及租典（租赁、出典）纠纷未解决的，房产代管人或者使用人为纳税人。

知识链接

产权出典是指产权所有人为了某种需要，将自己的房屋产权，在一定的期限内转让（出典）给他人使用而取得出典价款的一种融资行为。产权所有人（房主）称为房屋的"出典人"，支付现金或实物取得房屋支配权的人称为房屋的"承典人"。

(6) 纳税单位和个人无租使用房产管理部门、免税单位及纳税单位的房产，由使用人代为缴纳房产税。

(三) 税率

我国现行房产税采用的税率是比例税率。房产税的税率包括：

(1) 依据房产计税余值计税的，税率为1.2%。

(2) 依据房产租金收入计税的，税率为12%。

小贴士

从2001年1月1日起，对个人按市场价格出租的居民住房，用于居住的，可暂减按4%的税率征收房产税。

二、核算房产税应纳税额

(一) 房产税应纳税额的计算

房产税以纳税人房产余值或房产租金收入为计税依据，按照适用税率计算确定应纳税额。按房产余值计征的，称为从价计征，按照房产租金收入计征的，称为从租计征。

1. 从价计征

房产余值是指依照房产原值减除10%～30%后的余额。具体扣减比例由省、自治区、直辖市人民政府确定。从价计征的房产税，其计算公式为：

应纳税额＝房产原值×(1－扣除比例)×1.2%

房产原值是指纳税人按照会计制度规定，在账簿"固定资产"科目中记载的房屋原价。对依照房产原值计税的房产，不论是否记载在会计账簿"固定资产"科目中，均应按照房屋原价计算缴纳房产税。

房产原值应包括与房屋不可分割的各种附属设备或一般不单独计算价值的配套设施。主要有：暖气、卫生、通风、照明、煤气等设备；各种管线，如蒸汽、压缩空气、石油、给水排水等管道及电力、电信、电缆导线；电梯、升降机、过道、晒台等。

小贴士

凡以房屋为载体，不可随意移动的附属设备和配套设施，如给排水、采暖、消防、中央空调、电气及智能化楼宇设备等，无论在会计核算中是否单独记账与核算，都应计入房产原值，计征房产税。

纳税人对原有房屋进行改建、扩建的，要相应增加房屋的原值；更换房屋附属设备和配套设施的，可扣减被更换设备和设施的价值；易损件的经常更换不计入房产原值。

【例6—1】 某企业的经营用房原值为5 000万元，按照当地规定允许减除30%后余值计税，适用税率为1.2%。计算该企业应纳房产税税额。

解： 应纳房产税税额＝5 000×(1－30%)×1.2%＝42（万元）

2. 从租计征

从租计征的房产税，其计算公式为：

应纳税额＝租金收入×12%（或4%）

所谓房产的租金收入，是房屋产权所有人出租房产使用权所得的报酬，包括货币收入和实物收入。

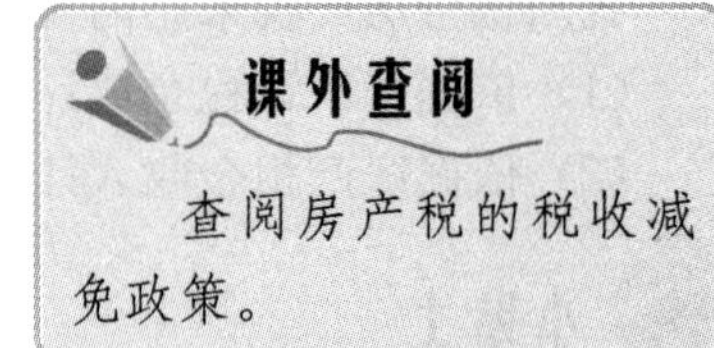

【例6—2】 某公司出租房屋3间，年租金收入为30 000元，适用税率为12%。计算该公司应纳房产税税额。

解： 应纳房产税税额＝30 000×12%＝3 600（元）

知识链接

以房产投资联营，投资者参与投资利润分红、共担风险的，以“房产余值”作为计税依据；如只收取固定收入、不承担经营风险的，以“租金收入”为计税依据。

对于融资租赁的房屋，以“房产余值”作为计税依据。

自2007年1月1日起，对居民住宅内业主共有的经营性房产，由实际经营（包括自营和出租）的代管人或使用人缴纳房产税。其中，自营的，以“房产余值”作为计税依据；出租房产的，以“租金收入”作为计税依据。

【例6—3】 王某自有一处平房，共16间，其中包括用于个人开餐馆的7间（房屋原值为20万元）。2010年1月1日，王某将4间出典给李某，取得出典价款收入12万元，将剩余的5间出租给某公司，每月收取租金1万元。已知该地区规定按照房产原值一次扣除20%后的余值计税。计算王某2010年应纳房产税税额。

解：（1）开餐馆的房产应纳房产税税额＝20×(1－20%)×1.2%＝0.192（万元）。

（2）房屋产权出典的，承典人为纳税人，王某作为出典人无须缴纳房产税。

（3）出租房屋应纳房产税税额＝12×12%＝1.44（万元）。

（4）三项合计，应纳房产税税额＝0.192＋1.44＝1.632（万元）。

（二）房产税的会计处理

纳税人应当缴纳的房产税，需设置“应交税费——应交房产税”科目核算，经营用房产应缴纳的房产税在“管理费用”中列支，出租的房产应缴纳的房产税在“其他业务成本”中列支。企业按规定计算应缴纳的房产税时，借记“管理费用”科目，贷记“应交税费——应交房产税”科目；缴纳时，借记“应交税费——应交房产税”科目，贷记“银行存款”科目。

【例 6—4】 某企业 2010 年 9 月，拥有自用房屋 10 栋，原值 6 000 000 元，当地规定的减除比例为 20%，适用税率为 1.2%。该企业按季度缴纳房产税。计算该企业应缴纳的房产税税额并进行会计处理。

解： (1) 计算应纳的房产税税额：

应纳房产税税额＝6 000 000×(1－20%)×1.2%＝57 600（元）

每季度应纳房产税税额＝57 600÷4＝14 400（元）

(2) 会计处理如下：

每月计提房产税时：

借：管理费用	4 800	
贷：应交税费——应交房产税		4 800

按季度缴纳房产税时：

借：应交税费——应交房产税	14 400	
贷：银行存款		14 400

实训操作

根据“任务导入”中万隆酒业有限责任公司的房产信息，为万隆酒业有限责任公司计算确定 2010 年应纳房产税税额，并进行相应的会计处理。

任务二　房产税纳税申报

任务导入

在任务一中，万隆酒业有限责任公司 2010 年房产税涉税业务的日常核算工作已经完成，办税员着手办理 2010 年房产税的纳税申报业务。

已知万隆酒业有限责任公司按季度缴纳房产税。

任务目标：

完成万隆酒业有限责任公司 2010 年房产税的纳税申报。

学习任务考核单

姓名：　　　　　　　　　　　　　　学号：　　　　　　　　　　　　　　编号 6—2

序号	内容	分值	总结与归纳	成绩
1	房产税纳税义务发生时间	40		
2	房产税的纳税地点	10		
3	房产税的纳税期限	10		
4	房产税纳税申报*	40		

请学生完成学习任务考核单并上交。标注“*”的请结合实训操作结果填写。

学习指南

一、纳税时间

(一) 纳税义务发生时间

房产税纳税人纳税义务发生时间如表 6—1 所示。

表 6—1 房产税纳税人纳税义务发生时间

纳税人房产用途	纳税义务发生时间
将原有房产用于生产经营	从生产经营之月起
将自建房屋用于生产经营	从建成之次月起
纳税人委托施工企业建设的房屋	从办理验收手续之次月起
纳税人购置新建商品房	自房屋交付使用之次月起
纳税人购置存量房	自房屋权属转移、变更登记手续，房地产权属登记机关签发房屋权属证书之次月起
出租、出借房产	自交付出租、出借房产之次月起
房地产开发企业自用、出租、出借本企业建造的商品房	自房屋使用或交付之次月起

小贴士

自 2009 年 1 月 1 日起，纳税人因房产的实物或权利状态发生变化而依法终止房产税纳税义务的，其应纳税款的计算应截止到房产的实物或权利状态发生变化的当月末。

(二) 纳税期限

房产税实行按年计算、分期缴纳的征收方法，具体纳税期限由省、自治区、直辖市人民政府确定。如大连市规定除金融保险业纳税人每季度第一个月 1 日至 15 日申报缴纳当季度房产税外，其他纳税人每月 1 日至 15 日申报缴纳当月房产税。

二、纳税地点

房产税在房产所在地缴纳。房产不在同一地方的纳税人，应按房产的坐落地点分别向房产所在地的税务机关纳税。

三、纳税申报

房产税的纳税人应按照相关条例的有关规定，及时办理纳税申报，如实填写《房产税纳税申报表》（见表 6—2），并按规定报送相关资料。

表 6—2

房产税纳税申报表

填表日期：　　年　月　日

纳税人识别号：　　　　　　　　　　　　　　　　　　　　　　　　金额单位：元（列至角分）

<table>
<tr><td colspan="3">纳税人名称</td><td colspan="7"></td><td colspan="3">税款所属时间</td><td colspan="5"></td></tr>
<tr><td colspan="3">房产坐落地点</td><td colspan="3"></td><td colspan="4">建筑面积（平方米）</td><td colspan="5"></td><td>房屋结构</td><td colspan="2"></td></tr>
<tr><td rowspan="2">上期申报房产原值（评估值）</td><td rowspan="2">本期增减</td><td rowspan="2">本期实际房产原值</td><td colspan="3">其中</td><td rowspan="2">扣除率%</td><td colspan="3">以房产余值计征房产税</td><td colspan="3">以租金收入计征房产税</td><td rowspan="2">全年应纳税额</td><td rowspan="2">缴纳次数</td><td colspan="3">本期</td></tr>
<tr><td>从价计税的房产原值</td><td>从租计税的房产原值</td><td>规定的免税房产原值</td><td>房产余值</td><td>适用税率1.2%</td><td>应纳税额</td><td>租金收入</td><td>适用税率12%</td><td>应纳税额</td><td>应纳税额</td><td>已纳税额</td><td>应补（退）税额</td></tr>
<tr><td>1</td><td>2</td><td>3=1+2</td><td>4=3-5-6</td><td>5=3-4-6</td><td>6</td><td>7</td><td>8=4-4×7</td><td>9</td><td>10=8×9</td><td>11</td><td>12</td><td>13=11×12</td><td>14=10+13</td><td>15</td><td>16=14÷15</td><td>17</td><td>18=16-17</td></tr>
<tr><td></td><td></td><td></td><td></td><td></td><td></td><td></td><td></td><td></td><td></td><td></td><td></td><td></td><td></td><td></td><td></td><td></td><td></td></tr>
<tr><td></td><td></td><td></td><td></td><td></td><td></td><td></td><td></td><td></td><td></td><td></td><td></td><td></td><td></td><td></td><td></td><td></td><td></td></tr>
<tr><td></td><td></td><td></td><td></td><td></td><td></td><td></td><td></td><td></td><td></td><td></td><td></td><td></td><td></td><td></td><td></td><td></td><td></td></tr>
<tr><td>合计</td><td></td><td></td><td></td><td></td><td></td><td></td><td></td><td></td><td></td><td></td><td></td><td></td><td></td><td></td><td></td><td></td><td></td></tr>
<tr><td colspan="6">如纳税人填报，由纳税人填写以下各栏</td><td colspan="9">如委托代理人填报，由代理人填写以下各栏</td><td colspan="3">备注</td></tr>
<tr><td colspan="3" rowspan="3">会计主管
（签章）</td><td colspan="3" rowspan="3">纳税人
（公章）</td><td colspan="2">代理人名称</td><td colspan="2"></td><td colspan="5" rowspan="2">代理人
（公章）</td><td colspan="3" rowspan="3"></td></tr>
<tr><td colspan="2">代理人地址</td><td colspan="2"></td></tr>
<tr><td colspan="2">经办人</td><td colspan="2"></td><td>电话</td><td colspan="4"></td></tr>
<tr><td colspan="18">以下由税务机关填写</td></tr>
<tr><td colspan="3">收到申报表日期</td><td colspan="5"></td><td colspan="2">接收人</td><td colspan="8"></td></tr>
</table>

实训操作

根据任务一“任务导入”的资料及任务一“实训操作”的核算结果，完成万隆酒业有限责任公司2010年的《房产税纳税申报表》的填写。

工作二　契税纳税实务

任务一　核算契税应纳税额

任务导入

万隆酒业有限责任公司（位于营口市站前区辽河路15号，纳税人识别号为210301720312056，联系电话为0417-2838698）于2011年2月20日从汇华食品加工有限公司取得一项土地使用权（位于营口市站前区滨海路88号，纳税人识别号为210461920311050，联系电话为0417-2838768），该土地面积为1 000平方米，支付土地使用权转让费1200 000元，已办理了相关手续。当地政府规定的契税税率为3%。

任务目标：

完成万隆酒业有限责任公司契税业务的核算。

学习任务考核单

姓名：　　　　　　　　　　学号：　　　　　　　　　　编号6—3

序号	内容	分值	总结与归纳	成绩
1	契税的征税范围	20		
2	契税纳税人的界定	10		
3	契税的计税依据	30		
4	契税应纳税额的计算及会计处理*	40		

请学生完成学习任务考核单并上交。标注“*”的请结合实训操作结果填写。

学习指南

一、认识契税

契税，是指国家在土地、房屋权属转移时，按照当事人双方签订的合同（契约），以及所确定价格的一定比例，向权属承受人征收的一种税。

知识链接

我国目前房地产税类税收主要包括耕地占用税、契税、房地产税、城镇土地使用税和土地增值税，契税是唯一从需求方进行调节的税种，即“谁买房，谁缴纳契税”。

(一) 征税范围

契税以在我国境内转移土地、房屋权属的行为作为征税对象。土地、房屋权属未发生转移的，不征收契税。

小贴士

土地、房屋权属，是指土地使用权、房屋所有权。

契税的征税范围具体包括以下几方面。

1. 国有土地使用权出让

国有土地使用权出让，是指土地使用者向国家交付土地使用权出让费用，国家将国有土地使用权在一定年限内让予土地使用者的行为。出让费包括出让金、土地收益等。

2. 土地使用权转让

土地使用权转让，是指土地使用者以出售、赠与、交换或者其他方式将土地使用权转移给其他单位和个人的行为。其中，不包括农村集体土地承营权的转移。

3. 房屋买卖

房屋买卖，是指房屋所有者将其房屋出售，由承受人交付货币、实物、无形资产或者其他经济利益的行为。

4. 房屋赠与

房屋赠与，是指房屋所有者将其房屋无偿转让给受赠者的行为。

5. 房屋交换

房屋交换，是指房屋所有者之间相互交换房屋的行为。

知识链接

土地、房屋权属以下列方式转移的，视同土地使用权转让、房屋买卖或者房屋赠与：以土地、房屋权属作价投资、入股；以土地、房屋权属抵债；以获奖方式承受土地、房屋权属；以预购方式或者预付集资建房方式承受土地、房屋权属。

思考与分析

以典当、继承、分拆（割）、出租或抵押等形式而发生的土地、房屋权属变动的，是否属于契税的征税范围?

(二) 纳税人

契税的纳税人是指在我国境内承受土地、房屋权属转移的单位和个人。

契税由权属的承受人缴纳。"承受"是指以受让、购买、受赠和交换等方式取得土地、房屋权属的行为。

(三) 税率

契税实行3%~5%的幅度税率。具体税率由各省、自治区、直辖市人民政府在幅度税率规定范围内，按照本地区的实际情况确定。

二、核算契税应纳税额

(一) 契税应纳税额的计算

契税的应纳税额依照省、自治区、直辖市人民政府确定的适用税率和税法规定的计税依据计算征收。其计算公式为：

应纳税额=计税依据×税率

由于土地、房屋权属转移方式不同，定价方法不同，因而具体计税依据视不同情况而定。

1. 依据成交价格计算

成交价格经双方敲定，形成合同，税务机关以此为据，直接计税。这种定价方式，主要适用于国有土地使用权出让、土地使用权出售、房屋买卖。

2. 依据市场价格计算

土地使用权赠与、房屋赠与，由征税机关参照土地使用权出售、房屋买卖的市场价格核定确定计税价格。

3. 依据土地、房屋交换差价计算

土地使用权交换、房屋交换及土地使用权与房屋所有权之间的交换，以所交换土地使用权、房屋的价格差额为计税依据。交换价格不相等的，由多交付货币、实物、无形资产或其他经济利益的一方缴纳契税；交换价格相等的，免征契税。

4. 依据补交的土地使用权出让费或土地收益计算

以划拨方式取得的土地使用权，在未转让前免交契税，如经批准转让房地产时，应补交契税，以补交的土地使用权出让费或土地收益作为计税依据。

思考与分析

甲企业以价值300万元的办公用房与乙企业互换一处厂房，乙企业向甲企业支付差价款100万元。

请问：此项交易中是否需要缴纳契税？纳税人是甲企业还是乙企业？计税依据是多少？

【例6—5】 居民甲有两套住房，将一套出售给居民乙，成交价格为200 000元；将另一套两室住房与居民丙交换成两处一室住房，并支付给居民丙换房差价款60 000元。

要求：计算甲、乙、丙相关行为应缴纳的契税（假定契税税率为4%）。

解：（1）甲应缴纳契税=60 000×4%=2 400（元）。

（2）乙应缴纳契税=200 000×4%=8 000（元）。

（3）丙不缴纳契税。

> **课外查阅**
> 查阅契税的税收减免政策。

（二）契税的会计处理

契税由承受土地、房屋权属的单位缴纳，对其而言，契税是取得不动产产权的一种必然支出，所以，应计入所取得土地使用权和房屋的成本。纳税人办理完纳税事宜后，才能到土地管理部门、房产管理部门办理有关土地、房屋的权属变更登记手续，所以，一般无须设置“应交税费”科目。

企业取得土地使用权或房屋所有权按规定缴纳的契税，应借记“无形资产”、“在建工程”、“固定资产”等科目，贷记“银行存款”等科目。

【例6—6】 某企业承受国有土地使用权出让，支付出让费600 000元，与另一企业交换一处仓库，支付差价120 000元，该地区契税适用税率为5%。

要求：计算该企业应缴纳的契税税额并进行会计处理。

解：（1）计算应纳的契税税额：

取得土地使用权应缴纳的契税税额=600 000×5%=30 000（元）

取得房屋所有权应缴纳的契税税额=120 000×5%=6 000（元）

（2）缴纳契税时，会计处理如下：

借：无形资产　　30 000

　贷：银行存款　　30 000

借：固定资产　　6 000

　贷：银行存款　　6 000

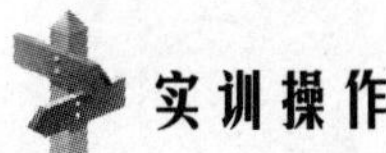

实训操作

根据“任务导入”中万隆酒业有限公司的相关信息，为该公司计算确定应纳契税税额，并进行相应的会计处理。

任务二　契税纳税申报

任务导入

在任务一中，万隆酒业有限责任公司2011年2月20日取得土地使用权须缴纳的契税业务的日常核算工作已经完成，办税员着手办理该契税的纳税申报业务。

任务目标：

完成万隆酒业有限责任公司 2011 年 2 月 20 日取得土地使用权应纳契税的纳税申报。

学习任务考核单

姓名：　　　　　　　　　　　　　　学号：　　　　　　　　　　　　　　编号 6—4

序号	内容	分值	总结与归纳	成绩
1	契税的纳税时间	30		
2	契税的纳税地点	20		
3	契税的纳税申报*	50		

请学生完成学习任务考核单并上交。标注“*”的请结合实训操作结果填写。

学习指南

一、纳税时间

（一）纳税义务发生时间

契税的纳税义务发生时间是纳税人签订土地、房屋权属转移合同的当天，或者纳税人取得其他具有土地、房屋权属转移合同性质凭证的当天。

（二）纳税期限

纳税人应当自纳税义务发生之日起 10 日内，向土地、房屋所在地的契税征收机关办理纳税申报，并在契税征收机关核定的期限内缴纳税款。

二、纳税地点

契税的纳税地点为土地、房屋所在地的征收机关。

思考与分析

甲市 A 企业将位于乙市的一处办公楼卖给丙市的 B 企业。

请问：谁是契税的纳税人？缴纳契税的地点是哪？

三、纳税申报

纳税人应当自纳税义务发生之日起 10 日内，填写《契税纳税申报表》（见表 6—3），向土地、房屋所在地契税征收机关办理纳税申报，并在契税征收机关核定的期限内缴纳税款，索取完税凭证。

表 6—3　　　　　　　　　　**契税纳税申报表**

填表日期：　　年　月　日　　　　　　　　　　　　　　　　单位：元、平方米

<table>
<tr><td rowspan="2">承受方</td><td>名　称</td><td colspan="2"></td><td>识 别 号</td><td></td></tr>
<tr><td>地　址</td><td colspan="2"></td><td>联系电话</td><td></td></tr>
<tr><td rowspan="2">转让方</td><td>名　称</td><td colspan="2"></td><td>识 别 号</td><td></td></tr>
<tr><td>地　址</td><td colspan="2"></td><td>联系电话</td><td></td></tr>
<tr><td rowspan="5">土地、房屋
权属转移</td><td>合同签订时间</td><td colspan="4"></td></tr>
<tr><td>土地、房屋地址</td><td colspan="4"></td></tr>
<tr><td>权属转移类别</td><td colspan="4"></td></tr>
<tr><td>权属转移面积</td><td colspan="4"></td></tr>
<tr><td>成交价格</td><td colspan="4"></td></tr>
<tr><td>适用税率</td><td colspan="5"></td></tr>
<tr><td>计征税额</td><td colspan="5"></td></tr>
<tr><td>减免税额</td><td colspan="5"></td></tr>
<tr><td>应纳税额</td><td colspan="5"></td></tr>
<tr><td>纳税人员签章</td><td colspan="2"></td><td>经办人员签章</td><td colspan="2"></td></tr>
<tr><td colspan="6">以下部分由征收机关负责填写：</td></tr>
<tr><td>征收机关收到日期</td><td></td><td>接收人</td><td></td><td>审核日期</td><td></td></tr>
<tr><td>审核记录</td><td colspan="5"></td></tr>
<tr><td>审核人员签章</td><td colspan="2"></td><td>征收机关签章</td><td colspan="2"></td></tr>
</table>

根据任务任务一“任务导入”的资料及任务一“实训操作”的核算结果，完成万隆酒业有限责任公司 2011 年 2 月 20 日所购土地使用权的《契税纳税申报表》的填写。

工作三　车船税纳税实务

任务一　核算车船税应纳税额

万隆酒业有限责任公司自有车辆包括货车 5 辆（整备质量每辆 11 吨）、小轿车 2 辆（1.6 升）、客车 5 辆（30 人座）。

当地政府规定货车整备质量每吨年基准税额 60 元，排气量 1.0 升～1.6 升（含）的，年基准税额每辆 480 元，客车每辆年基准税额 800 元。

任务目标：

完成万隆酒业有限责任公司车船税涉税业务核算。

学习任务考核单

姓名：　　　　　　　　　　　　　　学号：　　　　　　　　　　　　编号 6—5

序号	内容	分值	总结与归纳	成绩
1	车船税的征税范围	20		
2	车船税纳税人的界定	20		
3	车船税税率形式及计税依据	20		
4	车船税应纳税额计算及会计处理*	40		

请学生完成学习任务考核单并上交。标注“*”的请结合实训操作结果填写。

学习指南

一、认识车船税

知识链接

1951 年，我国颁布了《车船使用牌照税暂行条例》，对车船征收车船使用牌照税。1986 年国务院在实施工商税制改革时，发布了《中华人民共和国车船使用税暂行条例》，适用于除外商投资企业和外国企业以外的，在中国境内拥有并且使用车船的单位和个人。2006 年 12 月 29 日，国务院颁布的《中华人民共和国车船税暂行条例》就是在《车船使用牌照税暂行条例》和《中华人民共和国车船使用税暂行条例》基础上合并修订而成的，并于 2007 年 1 月 1 日起施行。2011 年 2 月 25 日，全国人民代表大会常务委员会颁布《中华人民共和国车船税法》(以下简称《车船税法》)，自 2012 年 1 月 1 日起施行。

备注：以下内容以《车船税法》为依据。

车船税，是指对在中华人民共和国境内属于《车船税法》所附《车船税税目税额表》规定的车辆、船舶（以下简称车船）征收的一种税。

(一) 征税范围

车船税的征税范围，包括依法到公安、交通、农业、渔业、军事等车船管理部门登记的车船。具体分为车辆和船舶两大类。

1. 车辆

车辆，包括乘用车、商用车（包括客车、货车）、挂车、其他车辆（包括专用作业车，不包括拖拉机；轮式专用机械车）、摩托车。

2. 船舶

船舶，包括机动船舶和游艇。机动船舶，是指依靠燃料等能源作为动力运行的船舶，如客轮、货船、气垫船等；拖船和非机动船舶也属于征税范围。

知识链接

下列车船免征车船税：捕捞、养殖渔船；军队、武警专用的车船；警用车船；应当予以免税的外国驻华使领馆、国际组织驻华代表机构及其有关人员的车船。

（二）纳税人和扣缴义务人

车船税的纳税人，是指在中国境内“拥有或者管理”《车船税税目税额表》规定的车船的单位和个人，即车船的所有人或者管理人。车船的所有人或者管理人未缴纳车船税的，使用人应当代为缴纳车船税。

从事机动车第三者责任强制保险业务的保险机构为机动车车船税的扣缴义务人，应当在收取保险费时依法代收车船税，并出具代收税款凭证。

小贴士

由于租赁关系，致使拥有人与使用人不一致时，如车辆拥有人未缴纳车船税，使用人应当代为缴纳车船税。

外商投资企业、外国企业、华侨、外籍人员和港、澳、台同胞，属于车船税的纳税人。

（三）税目与税率

车船税采用定额税率，也称固定税额。根据《车船税法》的规定，对应税车船实行有幅度的定额税率。车辆的具体适用税额由省、自治区、直辖市人民政府依照《车船税法》所附《车船税税目税额表》规定的税额幅度和国务院的规定确定。船舶的具体适用税额由国务院在《车船税法》所附《车船税税目税额表》规定的税额幅度内确定，具体如表6—4所示。

表6—4　　车船税税目税额表

税目		计税单位	年基准税额	备注
乘用车[按发动机汽缸容量（排气量）分档]	1.0升（含）以下的	每辆	60元～360元	核定载客人数9人（含）以下
	1.0升以上至1.6升（含）的		300元～540元	
	1.6升以上至2.0升（含）的		360元～660元	
	2.0升以上至2.5升（含）的		660元～1 200元	
	2.5升以上至3.0升（含）的		1 200元～2 400元	
	3.0升以上至4.0升（含）的		2 400元～3 600元	
	4.0升以上的		3 600元～5 400元	
商用车	客车	每辆	480元～1 440元	核定载客人数9人以上，包括电车
	货车	整备质量每吨	16元～120元	包括半挂牵引车、三轮汽车和低速载货汽车等

续前表

税目		计税单位	年基准税额	备注
挂车		整备质量每吨	按照货车税额的50%计算	
其他车辆	专用作业车	整备质量每吨	16 元～120 元	不包括拖拉机
	轮式专用机械车		16 元～120 元	
摩托车		每辆	36 元～180 元	
船舶	机动船舶	净吨位每吨	3 元～6 元	拖船、非机动驳船按机动船舶税额的50%计算
	游艇	艇身长度每米	600 元～2 000 元	

知识链接

汽车的整备质量也就是人们常说的一辆汽车的自重，是指汽车按出厂技术条件装备完整（如备胎、工具等安装齐备），各种油水添满后的重量。

二、核算车船税应纳税额

（一）车船税应纳税额的计算

车船税按车的种类和性能，分别确定每辆、整备质量每吨、净吨位每吨和艇身长度每米为计税依据，按照各自适用的定额税率计算确定应纳税额。车船税各税目应纳税额的计算公式为：

乘用车、商用车（客车）、摩托车的应纳税额＝辆数×年基准税额

商用车（货车）、其他车辆的应纳税额＝整备质量每吨×年基准税额

挂车的应纳税额＝整备质量每吨×商用车（货车）年基准税额×50%

机动船舶的应纳税额＝净吨位每吨×年基准税额

游艇的应纳税额＝艇身长度每米×年基准税额

【例 6—7】 某运输公司拥有并使用以下车辆：乘用车 2 辆，每辆年基准税额 400 元，商用客车 10 辆，每辆年基准税额 880 元，商用货车 5 辆，每辆车整备质量为 12 吨，整备质量每吨 100 元。

要求：计算该公司应缴纳车船税税额。

解： 乘用车的应纳车船税税额＝2×400＝800（元）

商用客车应纳车船税税额＝10×880＝8 800（元）

商用货车应纳车船税税额＝5×12×100＝6 000（元）

合计应纳车船税税额＝800＋8 800＋6 000＝15 600（元）

（二）车船税的会计处理

企业缴纳的车船税应计入“管理费用”科目，并通过“应交税费——应交车船税”科目进行核算。分期计提车船税时，借记“管理费用”科目，贷记“应交税费——应交车船税”科目；实际缴纳时，借记“应交税费——应交车船税”科目，贷记“银行存款”科目。

【例 6—8】 承**【例 6—7】**，作出企业月份预提车船税及缴纳的会计处理。

解：（1）按月预提应缴纳的车船税：

每月应纳车船税税额＝15 600÷12＝1 300（元）

借：管理费用　　1 300

　贷：应交税费——应交车船税　　1 300

（2）缴纳税金时：

借：应交税费——应交车船税　　1 300

　贷：银行存款　　1 300

实训操作

根据“任务导入”中万隆酒业有限责任公司的车船信息，为万隆酒业有限责任公司计算确定 2010 年应纳车船税税额，并进行相应的会计处理。

任务二　车船税纳税申报

任务导入

在任务一中，万隆酒业有限责任公司 2010 年车船税涉税业务的日常核算工作已经完成，办税员着手办理 2010 年车船税的纳税申报业务。

任务目标：

完成万隆酒业有限责任公司 2010 年车船税的纳税申报。

学习任务考核单

姓名：　　　　学号：　　　　编号 6—6

序号	内容	分值	总结与归纳	成绩
1	车船税纳税义务发生时间	20		
2	车船税的纳税地点	20		
3	车船税纳税期限	10		
4	车船税的纳税申报*	50		

请学生完成学习任务考核单并上交。标注“＊”的请结合实训操作结果填写。

学习指南

一、纳税时间

（一）纳税义务发生时间

车船税纳税义务发生时间为取得车船所有权或者管理权的当月。

其中，办理车船登记的，“当月”是指车船管理部门核发的车船登记证书或者行驶证中记载日期的当月。如依法不需要办理登记的，以车船购置发票所载开具时间的当月作为车船税的纳税义务发生时间。

对未办理车船登记手续且无法提供车船购置发票的，由主管地方税务机关核定纳税义务发生时间。

（二）纳税期限

车船税按年申报缴纳。具体申报纳税期限由省、自治区、直辖市人民政府规定。

二、纳税地点

车船税的纳税地点为车船的登记地或者车船税扣缴义务人所在地。依法不需要办理登记的车船，车船税的纳税地点为车船的所有人或者管理人所在地。

思考与分析

如果万隆酒业有限公司在2010年4月新购入货车5辆，分析其2010年应缴纳的车船税在哪缴纳，应缴纳多长时间。

三、纳税申报

车船税的纳税人应按规定及时办理纳税申报，并如实填写《车船税纳税申报表》（见表6—5）。

表6—5　　**车船税纳税申报表**

填表日期：　　年　月　日

纳税人识别号：□□□□□□□□□□□□□□□□□□□□□□□□　　金额单位：元（列至角分）

纳税人名称						税款所属时期		
车船类别	计税标准	数量	单位税额	全年应纳税额	年缴纳次数	本期应纳税额	本期已纳税额	本期应补（退）税额
1	2	3	4	5=3×4	6	7=5÷6	8	9=7−8

合计								
如纳税人填报，由纳税人填写以下各栏			如委托代理人填报，由代理人填写以下各栏					备注
会计主管（签章）		纳税人（签章）	代理人名称			代理人（公章）		备注
			代理人地址					
			经办人姓名			电话		
以下由税务机关填写								
收到申报表日期					接收人			

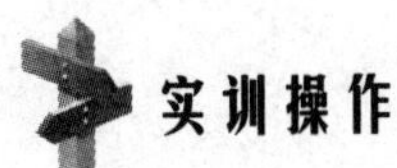

根据任务一“任务导入”的资料及任务一“实训操作”的核算结果，完成万隆酒业有限责任公司 2010 年的《车船税纳税申报表》的填写。

工作四　车辆购置税纳税实务

任务一　核算车辆购置税应纳税额

万隆酒业有限责任公司因规模扩大，销售量增加，在现有车辆基础上，在 2011 年 4 月，从上海通用（沈阳）北盛汽车有限公司购买科鲁兹小轿车 1 辆，机动车销售统一发票上标明价税合计 163 800 元，车牌型号为 SGN189ATA，车辆识别号为 LSGP24U2AF1825525，发动机号码为 106510172。购买二手运输车一辆，支付转让价 220 000元，原价 250 000 元（原车主已纳车辆购置税）。

任务目标：

完成万隆酒业有限责任公司车辆购置税涉税业务核算。

学习任务考核单

姓名：　　　　　　　　　　　　学号：　　　　　　　　　　　　编号 6—7

序号	内容	分值	总结与归纳	成绩
1	车辆购置税的征税范围	10		
2	车辆购置税纳税人的界定	20		
3	车辆购置税的计税依据	30		
4	车辆购置税应纳税额的计算及会计处理*	40		

请学生完成学习任务考核单并上交。标注“*”的请结合实训操作结果填写。

学习指南

一、认识车辆购置税

车辆购置税，是对在中华人民共和国境内购置应税车辆的单位和个人征收的一种财产税。

小贴士

购置，包括购买、进口、自产、受赠、获奖或者以其他方式取得并自用应税车辆的行为。

(一) 征税范围

车辆购置税以列举的车辆作为征税对象，未列举的车辆不纳税。具体征税范围如表 6—6 所示。

表 6—6　　车辆购置税征收范围表

应税车辆	具体范围	注释
汽车	各类汽车	
摩托车	轻便摩托车	最高设计车速不大于 50km/h，或者发动机汽缸总排量不大于 $50cm^3$ 的两个或者三个车轮的机动车
	二轮摩托车	最高设计车速大于 50km/h，或者发动机汽缸总排量大于 $50cm^3$ 的两个车轮的机动车
	三轮摩托车	最高设计车速大于 50km/h，或者发动机汽缸总排量大于 $50cm^3$，空车重量不大于 400kg 的三个车轮的机动车
电车	无轨电车	以电能为动力，由专用输电电缆线供电的轮式公共车辆
	有轨电车	以电能为动力，在轨道上行驶的公共车辆
挂车	挂车	无动力设备，独立承载，由牵引车辆牵引行驶的车辆
	半挂车	无动力设备，与牵引车辆共同承载，由牵引车辆牵引行驶的车辆
农用运输车	三轮农用运输车	柴油发动机，功率不大于 7.4kw，载重量不大于 500kg，最高车速不大于 40km/h 的三个车轮的机动车
	四轮农用运输车	柴油发动机，功率不大于 28kw，载重量不大于 1 500kg，最高车速不大于 50km/h 的四个车轮的机动车

注：表中 $50cm^3$＝50 立方厘米。

车辆购置税实行一次征收制度。购置已征车辆购置税的车辆，不再征收车辆购置税。

课外查阅

哪些车辆可以减免车辆购置税？

(二) 纳税人

车辆购置税的纳税人是指在我国境内购置应税车辆的单位和个人。

思考与分析

某汽车经销商，从汽车生产企业购进 10 辆某型号小轿车以备出售。

请问：该汽车经销商是否是车辆购置税的纳税人？

(三) 税率

车辆购置税实行单一比例税率，税率为 10%。车辆购置税税率的调整，由国务院决定并公布。

二、核算车辆购置税应纳税额

(一) 车辆购置税应纳税额的计算

车辆购置税以车辆计税价格为依据，实行从价定率、价外征收的方法计算应纳税额。计算公式为：

应纳税额＝计税价格×适用税率

由于车辆取得途径不同，计税价格的组成也就不一样。其计税依据确定有以下几种情况：

(1) 购买自用的应税车辆。纳税人购买自用应税车辆计税价格，为购买应税车辆而支付给销售者的全部价款和价外费用，但不包括增值税税款。

(2) 进口自用的应税车辆。纳税人进口自用车辆以组成计税价格为计税依据，其计算公式如下：

计税价格＝关税完税价格＋关税＋消费税

或　计税价格＝(关税完税价格＋关税)÷(1－消费税税率)

(3) 其他自用的应税车辆。纳税人自产、受赠、获奖或者以其他方式取得并自用车辆的计税价格，凡不能或不能准确提供车辆价格的，由主管税务机关依国家税务总局核定的、相应类型的应税车辆的最低计税价格确定。

最低计税价格由国家税务总局依据全国市场的平均销售价格制定。根据纳税人购置应税车辆的不同情况，国家税务总局对以下几种特殊情形应税车辆的最低计税价格规定如下：

第一，对已缴纳并办理了登记注册手续的车辆，其底盘和发动机同时发生更换，其最低计税价格按同类型新车最低计税价格的70%计算。

第二，免税、减税条件消失的车辆，其最低计税价格按以下公式计算确定：

$$\text{最低计税价格}=\text{同类型新车最低计税价格}\times\left[1-\left(\text{已使用年限}\div\text{规定使用年限}\right)\right]\times100\%$$

其中，“规定使用年限”为：国产车辆按10年计算；进口车辆按15年计算。超过使用年限的车辆，不再征收车辆购置税。

第三，非贸易渠道进口车辆的最低计税价格，为同类型新车最低计税价格。

小贴士

纳税人购买自用或者进口自用应税车辆，申报的计税价格低于同类型应税车辆的最低计税价格，又无正当理由的，按照最低计税价格征收车辆购置税。

纳税人以外汇结算应税车辆价款的，按申报纳税之日中国人民银行公布的人民币基准汇价，折合成人民计算应纳税额。

【例6—9】 王某2011年1月份从某汽车有限责任公司购买一辆小汽车供自己使用，支付了含增值税税款在内的款项234 000元，支付购买工具件和零配件价款3 012元，车辆装饰费1 200元，所支付的款项均由该汽车有限公司开具“机动车销售统一发票”和有关票据。

要求：计算王某应纳车辆购置税税额。

解：（1）计税价格=(234 000+3 012+1 200)÷(1+17%)=203 600（元）。

（2）应纳税额=203 600×10%=20 360（元）。

【例6—10】 某有限责任公司2011年3月从国外进口一小轿车自用。该小轿车的关税完税价格为25万元，适用的关税税率为52%、消费税税率为5%，同时，该公司还在国内某汽车厂购24座大客车一辆，支付的全部价款为12万元（不含税），另支付价外费用0.585万元。

要求：计算该公司应纳车辆购置税税额。

解：（1）小轿车的计税价格=(25+25×52%)÷(1−5%)=40（万元）；

小轿车应纳车辆购置税税额=40×10%=4（万元）。

（2）大客车的计税价格=12+0.585÷(1+17%)=12.5（元）；

大客车应纳车辆购置税税额=12.5×10%=1.25（万元）；

该公司应缴纳车辆购置税总额=4+1.25=5.25（万元）。

（二）车辆购置税的会计处理

按规定计算缴纳的车辆购置税，应当作为所购置车辆的成本，借记“固定资产”科目，贷记“银行存款”科目（也可通过“应交税费”账户核算）。

【例6—11】 某股份公司2011年1月12日从国外进口一辆型号为BMW3181现代小轿车，气缸容量为1 800毫升。该公司进口报关时经海关对有关资料审查，确定关税完税价格为198 000元，海关规定课征的关税为217 800元，海关代征进口增值税为74 406元，消费税为21 880元。小轿车为该公司自用。

要求：计算该公司应纳车辆购置税税额，并作出会计处理。

解：(1) 计算应纳的车辆购置税税额：

组成计税价格＝198 000＋217 800＋21 880＝437 680（元）

应纳税额＝437 680×10%＝43 768（元）

(2) 缴纳车辆购置税时，会计处理如下：

借：固定资产　　43 768

　贷：银行存款　　43 768

实训操作

根据“任务导入”中万隆酒业有限责任公司的2011年4月购置车辆的信息，为万隆酒业有限责任公司计算确定应纳车辆购置税税额，并进行相应的会计处理。

任务二　车辆购置税纳税申报

任务导入

在任务一中，万隆酒业有限责任公司2011年4月车辆购置税涉税业务的日常核算工作已经完成，办税员着手办理车辆购置税的纳税申报业务。

任务目标：

完成万隆酒业有限责任公司2011年4月所购置车辆的车辆购置税纳税申报。

学习任务考核单

姓名：　　学号：　　编号6—8

序号	任务	分值	总结与归纳	成绩
1	车辆购置税纳税时间和纳税环节	30		
2	车辆购置税的纳税地点	20		
3	车辆购置税的纳税申报*	50		

请学生完成学习任务考核单并上交。标注“*”的请结合实训操作结果填写。

学习指南

一、纳税时间

纳税人购买自用的应税车辆，自购买之日起60日内申报纳税；进口自用的应税车辆，应当自进口之日起60日内申报纳税；自产、受赠、获奖和以其他方式取得并自用的应税车辆，应当自取得之日起60日内申报纳税。

车辆购置税的征税环节为使用环节，即最终消费环节。具体而言，纳税人应当在向公安机关等车辆管理机构办理车辆登记注册手续前，缴纳车辆购置税。

小贴士

这里的“购买之日”是指纳税人购车发票上注明的销售日期；“进口之日”是指纳税人报关进口的当天。

二、纳税地点

纳税人购置应税车辆，应当向车辆登记注册地的主管税务机关申报纳税；购置不需办理车辆登记注册手续的应税车辆，应当向纳税人所在地主管税务机关申报纳税。

车辆登记注册地是指车辆的上牌落籍地或落户地。

三、纳税申报

车辆购置税实行一车一申报制度。纳税人在办理纳税申报时应如实填写《车辆购置税纳税申报表》(见表6—7)，同时提供以下资料的原件和复印件：

(1) 车主身份证明。具体分为：内地居民，提供内地居民身份证（含居住、暂住证明）或居民户口簿或军人（含武警）身份证明；香港、澳门特别行政区、台湾地区居民，提供入境的身份证明和居留证明；外国人，提供入境的身份证明和居留证明；组织机构，提供《组织机构代码证书》。

(2) 车辆价格证明。具体分为：境内购置车辆，提供统一发票（发票联和报税联）或有效凭证；进口自用车辆，提供《海关关税专用缴款书》、《海关代征消费税专用缴款书》或海关《征免税证明》。

(3) 车辆合格证明。具体分为：国产车辆，提供整车出厂合格证明（以下简称合格证)；进口车辆，提供《中华人民共和国海关货物进口证明书》或《中华人民共和国海关监管车辆进（出）境领（销）牌照通知书》或《没收走私汽车、摩托车证明书》。

(4) 税务机关要求提供的其他资料。

复印件和机动车销售统一发票报税联由主管税务机关留存，其他原件经主管税务机关审核后退还纳税人。

表6—7　车辆购置税纳税申报表

填表日期：

注册类型代码：　　　　行业代码：

纳税人名称：　　　　金额单位：元（列至角分）

<table>
<tr><td>纳税人证件名称</td><td colspan="2"></td><td>证件号码</td><td colspan="2"></td></tr>
<tr><td>联系电话</td><td></td><td>邮政编码</td><td></td><td>地址</td><td></td></tr>
<tr><td colspan="6">车辆基本情况</td></tr>
</table>

<table>
<tr><td>车辆类别</td><td colspan="4">1. 汽车　2. 摩托车　3. 电车　4. 挂车　5. 农用运输车</td></tr>
<tr><td>生产企业名称</td><td colspan="2"></td><td>机动车销售统一发票（或有效凭证）价格</td><td></td></tr>
<tr><td>厂牌型号</td><td colspan="2"></td><td>关税完税价格</td><td></td></tr>
<tr><td>发动机号码</td><td colspan="2"></td><td>关税</td><td></td></tr>
<tr><td>车辆识别代号（车架号码）</td><td colspan="2"></td><td>消费税</td><td></td></tr>
<tr><td>购置日期</td><td colspan="2"></td><td>免（减）税条件</td><td></td></tr>
<tr><td>申报计税价格</td><td>计税价格</td><td>税率</td><td>免税、减税额</td><td>应纳税额</td></tr>
<tr><td></td><td></td><td></td><td></td><td></td></tr>
<tr><td></td><td></td><td></td><td></td><td></td></tr>
<tr><td colspan="2">申报人声明</td><td colspan="3">授权声明</td></tr>
<tr><td colspan="2">此纳税申报表是根据《中华人民共和国车辆购置税暂行条例》的规定填报的，我相信它是真实的、可靠的和完整的。
声明人签字：</td><td colspan="3">如果你已委托代理人申报，请填写以下资料：
为代理一切税务事宜，现授权____，地址__________为本纳税人的代理申报人，任何与本申报表有关的往来文件，都可寄予此人。
授权人签字：</td></tr>
</table>

<table>
<tr><td rowspan="5">纳税人签名或盖章</td><td colspan="3">如委托代理人的，代理人应填写以下各栏</td></tr>
<tr><td>代理人名称</td><td></td><td rowspan="4">代理人（签章）</td></tr>
<tr><td>地址</td><td></td></tr>
<tr><td>经办人</td><td></td></tr>
<tr><td>电话</td><td></td></tr>
<tr><td colspan="2">接收人：
接收日期：</td><td colspan="2">主管税务机关（签章）：</td></tr>
</table>

实训操作

根据任务一“任务导入”的资料及任务一“实训操作”的核算结果，完成万隆酒业有限责任公司 2011 年 4 月所购置车辆《车辆购置税纳税申报表》的填写。

工作五　印花税纳税实务

任务一　核算印花税应纳税额

任务导入

万隆酒业有限责任公司 2011 年 1 月有关资料如下：

(1) 除资金账簿外，新建账簿 8 册。

(2) 资本公积比上一年增加 50 万元。

(3) 签订购销合同 6 份，合同总金额为 180 万元。

(4) 签订借款合同 1 份，借款金额 200 万元，年利率为 6%。

(5) 与广告公司签订 1 份广告制作合同，记载加工费 2 万元。

(6) 领受土地使用证 1 份。

任务目标：

完成万隆酒业有限责任公司 2011 年 1 月份印花税涉税业务核算。

学习任务考核单

姓名：　　　　　　　　　　学号：　　　　　　　　　　编号 6—9

序号	内容	分值	总结与归纳	成绩
1	印花税的征税范围	20		
2	印花税纳税人的界定	20		
3	印花税的计税依据	30		
4	印花税应纳税额的计算及会计处理*	30		

请学生完成学习任务考核单并上交。标注“*”的请结合实训操作结果填写。

学习指南

一、认识印花税

印花税，是对经济活动和经济交往中书立、领受、使用的应税凭证征收的一种税。

印花税是一种具有行为税性质的凭证税，凡发生书立、使用、领受应税凭证的行为，都必须按照有关规定缴纳印花税。

(一) 征税范围

现行印花税采取列举形式，只对《中华人民共和国印花税暂行条例》(以下简称《印花税暂行条例》) 列举的凭证征收印花税，没有列举的凭证不征税。列举的凭证共 13 个税目，分为五类，具体征税范围如下。

1. 经济合同

(1) 购销合同。包括供应、预购、采购、购销结合及协作、调剂、补偿、易货等合同；还包括各出版单位与发行单位（不包括订阅单位和个人）之间订立的图书、报刊、音像制品的征订凭证。

思考与分析

某公司通过电子邮件形式与客商签订了一份销售合同。

请问：通过网络签订的电子合同是否要缴纳印花税？

(2) 加工承揽合同。包括加工、定做、修缮、修理、印刷、广告、测绘、测试等合同。

(3) 建设工程勘察设计合同。包括勘察、设计合同的总包合同、分包合同和转包合同。

(4) 建筑安装工程承包合同。包括建筑、安装工程承包合同的总包合同、分包合同和转包合同。

(5) 财产租赁合同。包括租赁房屋、船舶、飞机、机动车辆、机械、器具、设备等合同；还包括企业、个人出租门店、柜台等所签订的合同，但不包括企业与主管部门签订的租赁承包合同。

(6) 货物运输合同。包括民用航空运输、铁路运输、海上运输、内河运输、公路运输和联运合同。

(7) 仓储保管合同。包括仓储、保管合同或作为合同使用的仓单、栈单（或称入库单）。对某些使用不规范的凭证不便计税的，可就其结算单据作为计税贴花的凭证。

(8) 借款合同。包括银行及其他金融组织和借款人（不包括银行同业拆借）所签订的借款合同。

(9) 财产保险合同。包括财产、责任、保证、信用等保险合同。

(10) 技术合同。包括技术开发、转让、咨询、服务等合同。技术转让合同包括专利申请转让、非专利技术转让所书立的合同，但不包括专利权转让、专利实施许可所书立的合同，后者适用于“产权转移书据”合同；技术咨询是合同当事人就有关项目的分析、论证、评价、预测和调查订立的技术合同，而一般法律、会计、审计等方面的咨询不属于技术咨询，其所立合同不贴印花；技术服务合同的征税范围包括技术服务合同、技术培训合同、技术中介合同。

小贴士

在确定应税经济合同的范围时，应注意以下三个问题：

(1) 具有合同性质的凭证应视同合同征税。如具有合同效力的协议、契约、合约、单据、确认书及其他各种名称的凭证。

(2) 未按期兑现合同亦应贴花。

(3) 在办理一项业务（如货物运输、仓储保管等）时，同时书立合同和开立单据的，只就合同贴花。

2. 产权转移书据

产权转移书据，是在产权的买卖、交换、继承、赠与、分割等产权主体变更过程中，由产权出让人与受让人之间所订立的民事法律文书。

产权转移书据包括财产所有权、版权、商标专用权、专利权、专有技术使用权共五项产权转移书据。另外，土地使用权出让合同、土地使用权转让合同、商品房销售合同按照产权转移书据征收印花税。

3. 营业账簿

印花税税目中的“营业账簿”归属于财务会计账簿，是按照财务会计制度的要求设置的，反映生产经营活动的账册。按营业账簿反映的内容不同，在税目中分为记载资金的账簿和其他营业账簿两类。

资金账簿是反映生产经营单位“实收资本”和“资本公积”金额增减变化的账簿；其他营业账簿是除资金账簿以外的，归属于财务会计体系的其他生产经营用账册。

思考与分析

某研究所（事业单位）属财政全额拨付事业经费，其设立的账簿是否要贴花？

4. 权利、许可证照

权利、许可证照是政府授予单位、个人某种法定权利和准予从事特定经济活动的各种证照的统称。具体包括：政府部门发给的房屋产权证、工商营业执照、商标注册证、专利证、土地使用证等。

5. 经财政部门确定征税的其他凭证

除上述税目外，经财政部门确定征税的其他凭证也须按规定缴纳印花税。

（二）纳税人

印花税的纳税人，是指在中国境内书立、领受、使用税法所列举凭证的单位和个人。主要包括：立合同人、立账簿人、立据人、领受人、使用人和各类电子应税凭证的签订人等。

1. 立合同人

立合同人是指合同的当事人，即对凭证有直接权利义务关系的单位和个人，但不包括合同的担保人、证人、鉴定人。当事人的代理人有代理纳税义务。

2. 立账簿人

立账簿人是指开立并使用营业账簿的单位和个人。

3. 立据人

立据人是指书立产权转移书据的单位和个人。

4. 领受人

领受人是指领取并持有权利、许可证照的单位和个人。

5. 使用人

使用人是指在国外书立、领受，但在国内使用应税凭证的单位和个人。

6. 各类电子应税凭证的签订人

各类电子应税凭证的签订人是指以电子形式签订各类应税凭证的当事人。

小贴士

如果一份合同或应税凭证由两方或两方以上的当事人共同签订，签订合同或应税凭证的各方都是纳税人。

（三）税率

印花税的税率有比例税率和定额税率两种形式。在印花税 13 个税目中，各类合同以及具有合同性质的凭证、产权转移数据、营业账簿中记载资金的账簿适用比例税率。权利、许可证照和营业账簿中的其他账簿采用定额税率，按件贴花，单位税额为每件 5 元。

印花税税目税率表如表 6—8 所示。

表 6—8　　印花税税目税率表

税　目	范　围	税　率	纳税人	说　明
1. 购销合同	包括供应、预购、采购、购销结合及协作、调剂、补偿、易货等合同	按购销金额 0.3‰贴花	立合同人	
2. 加工承揽合同	包括加工、定做、修缮、修理、印刷、广告、测绘、测试等合同	按加工或承揽收入 0.5‰贴花	立合同人	
3. 建设工程勘察设计合同	包括勘察、设计合同	按收取费用 0.5‰贴花	立合同人	
4. 建筑安装工程承包合同	包括建筑、安装工程承包合同	按承包金额 0.3‰贴花	立合同人	
5. 财产租赁合同	包括租赁房屋、船舶、飞机、机动车辆、机械、器具、设备等合同	按租赁金额 1‰贴花。税额不足 1 元，按 1 元贴花	立合同人	
6. 货物运输合同	包括民用航空运输、铁路运输、海上运输、内河运输、公路运输和联运合同	按运输收取的费用 0.5‰贴花	立合同人	单据作为合同使用的，按合同贴花
7. 仓储保管合同	包括仓储、保管合同	按仓储收取的保管费用 1‰贴花	立合同人	仓单或栈单作为合同使用的，按合同贴花
8. 借款合同	银行及其他金融组织和借款人（不包括银行同业拆借）所签订的借款合同	按借款金额 0.05‰贴花	立合同人	单据作为合同使用的，按合同贴花
9. 财产保险合同	包括财产、责任、保证、信用等保险合同	按支付（收取）的保险费 1‰贴花	立合同人	单据作为合同使用的，按合同贴花
10. 技术合同	包括技术开发、转让、咨询、服务等合同	按所记载金额 0.3‰贴花	立合同人	
11. 产权转移书据	包括财产所有权和版权、商标专用权、专利权、专有技术使用权等转移书据	按所记载金额 0.5‰贴花	立据人	
12. 营业账簿	生产、经营用账册	记载资金的账簿，按实收资本和资本公积的合计金额 0.5‰贴花，其他账簿按件贴花 5 元	立账簿人	
13. 权利、许可证照	包括政府部门发给的房屋产权证、工商营业执照、商标注册证、专利证、土地使用证	按件贴花 5 元	领受人	

注：适用 1‰税率的还有“股权转让书据”。自 2005 年 1 月 24 日起，“股权转让书据”（包括 A 股和 B 股）从 2‰调整为 1‰。

二、核算印花税应纳税额

(一) 印花税应纳税额的计算

1. 按比例税率计算

实行比例计征的，根据确定的各种凭证的计税金额，按相应的税率计算应纳印花税税额。其计算公式为：

应纳税额＝应税凭证计税金额×适用税率

课外查阅

查阅印花税的税收减免政策。

计税金额以凭证上的“金额”、“收入”、“费用”为依据，应当以“全额”计税，不得作任何扣除。

(1) 购销合同的计税依据为合同记载的购销金额。

(2) 加工承揽合同的计税依据为加工或承揽收入的金额。

(3) 建筑工程勘察设计合同的计税依据为收取的费用。

(4) 建筑安装工程承包合同的计税依据为承包金额。

(5) 财产租赁合同的计税依据为租赁金额；税额不足 1 元的，按 1 元贴花。

(6) 货物运输合同的计税依据为取得的运费收入，不包括所运货物的金额、装卸费和保险费等。

(7) 仓储保管合同的计税依据为收取的仓储保管费用。

(8) 借款合同的计税依据为借款金额；融资租赁合同按借款合同计税。

(9) 财产保险合同的计税依据为支付（收取）的保险费，不包括所保财产的金额。

(10) 技术合同的计税依据为合同所载的价款、报酬或使用费；技术开发合同只就合同所载的报酬金额计税，研究开发费不作为计税依据。

(11) 产权转移书据的计税依据为所载金额。

(12) 营业账簿中记载资金的账簿的计税依据为“实收资本”与“资本公积”两项的合计金额。对于记载资金的账簿，按实收资本和资本公积总额的万分之五计税贴花后，以后每年变换新账时，应按账面结转资金总额比已贴花资金总额增加的部分计税贴花。

知识链接

载有两个或两个以上应适用不同税率经济事项的同一凭证，如分别记载金额的，应分别计算应纳税额，相加后按合计税额贴花；如未分别记载金额的，按税率高的计算贴花。

2. 按定额税率计算

实行定额计征的，根据确定的各种凭证的件数，按每件 5 元计算应纳印花税税额。其计算公式为：

应纳税额＝应税凭证件数×定额税率

【例 6—12】 某电缆厂与某运输公司签订了两份运输保管合同：第一份合同载明的金额

合计 50 万元（运费和保管费并未分别记载）；第二份合同中注明运费 30 万元、保管费 10 万元。

要求：分别计算电缆厂第一份、第二份合同应缴纳的印花税税额。

解：（1）第一份合同应缴纳的印花税税额＝500 000×1‰＝500（元）。

（2）第二份合同应缴纳的印花税税额＝300 000×0.5‰＋100 000×1‰＝250（元）。

【例 6—13】 境内 A 企业与 B 运输公司签订一份货物运输合同，目的地为境外某市，合同注明所运货物价值 300 万元，运费 60 万元，装卸费、保险费 50 万元，出口换装费 2 万元。B 企业将境外运程部分转给境外 C 企业承运，B 企业支付给境外 C 企业运费 40 万元。

要求：计算上述各企业运输合同应纳印花税税额。

解：（1）A 企业应纳印花税税额＝600 000×0.5‰＝300（元）。

（2）B 企业应纳印花税税额＝200 000×0.5‰＝100（元）。

（3）C 企业所持运输合同不纳印花税。

【例 6—14】 某公司本年度新启用非资金账簿 15 本，除此之外，还签订了如下经济合同：与购货方签订了购销合同，规定用 40 万元的产品换取 40 万元的原材料，合同已履行；与某运输公司签订一项货物运输合同，注明运输费和装卸费金额为 10 万元（其中 1 万元装卸费）；以本公司财产 50 万元作抵押，取得某银行抵押贷款 100 万元，合同规定年底归还，但年底该公司因资金周转困难，无力偿还，按照合同规定将抵押财产产权转移给该银行，并依法签订了产权转移书据。

要求：计算该公司应纳印花税税额。

解：（1）新启用账簿应缴纳印花税税额＝15×5＝75（元）。

（2）易货购销合同应缴纳印花税税额＝(400 000＋400 000)×0.3‰＝240（元）。

（3）运输合同应缴纳印花税税额＝(100 000－10 000)×0.5‰＝45（元）。

（4）借款合同应缴纳印花税税额＝1 000 000×0.05‰＋500 000×0.05‰＝75（元）。

（二）印花税的会计处理

企业缴纳的印花税，是由纳税人自行计算应纳税额，自行购买并一次贴足印花税票的方法缴纳税款，因此，不会发生应付未付税款情况，不需要预计应纳税额，同时也不存在与税务机关结算或清算的问题，一般不需要通过“应交税费”科目进行核算。企业在购买印花税票时，直接借记“管理费用”科目，贷记“银行存款”科目。

【例 6—15】 2011 年 4 月，荣盛公司与某公司签订建筑劳务合同一份，合同价款 800 000 元。

要求：计算荣盛公司应纳的印花税税额并进行会计处理。

解：（1）应纳印花税税额＝800 000×0.3‰＝240（元）。

（2）会计处理如下：

借：管理费用——印花税 240

　贷：银行存款 240

实训操作

根据“任务导入”中万隆酒业有限责任公司的业务信息，为万隆酒业有限责任公司计算确定 2011 年 1 月份应纳的印花税税额，并进行相应的会计处理。

任务二　印花税纳税申报

在任务一中，万隆酒业有限责任公司2011年1月份印花税涉税业务的日常核算及自行完税工作已经完成，办税员着手办理印花税的纳税申报业务。

任务目标：

完成万隆酒业有限责任公司2011年1月份《印花税纳税申报表》的填制。

学习任务考核单

姓名：　　　　　　　　　　　　学号：　　　　　　　　　　　　编号6—10

序号	内容	分值	总结与归纳	成绩
1	印花税的纳税时间	20		
2	印花税的纳税地点	20		
3	印花税的缴纳方法	20		
4	印花税纳税申报*	40		

请学生完成学习任务考核单并上交。标注“*”的请结合实训操作结果填写。

学习指南

一、纳税时间

（一）纳税义务发生时间

印花税应当在书立或领受时贴花，具体是指在合同签订时、账簿启用时和证照领受时贴花。如果合同是在国外签订，并且不便在国外贴花的，应在将合同带入境时办理贴花纳税手续。

小贴士

已贴花的凭证，修改后所载金额增加的，其增加部分应当补贴印花税票。

（二）纳税期限

《税法》规定，印花税应税凭证应在书立、领受时“即行”贴花完税，由纳税人自行计算应纳税额，自行购买印花税票，自行完成纳税义务，不得延至凭证生效日期贴花。同一种类应纳印花税凭证若需要频繁贴花的，纳税人可向当地税务机关申请近期汇总缴纳印花税，经税务机关核准发给许可证后，按税务机关确定的期限（最长不超过1个月）汇总计算纳税。

（三）纳税申报期限

印花税属于地方税，具体的纳税申报期限各地有所不同，如北京市规定印花税纳税申报期限为按年申报，申报时间为次年1月10日前，也有按月或季申报，于每月或季度终了后10日内上报各主管税务机关。

二、纳税地点

印花税一般实行就地纳税。

知识链接

对于全国性商品物资订货会（包括展销会、交易会等）上所签订合同应纳的印花税，由纳税人回其所在地后及时办理贴花完税手续；对地方主办，不涉及省际间关系的订货会、展销会上所签合同的印花税，其纳税地点由各省、自治区、直辖市人民政府自行确定。

三、缴纳方法

印花税根据税额大小、应税项目纳税次数多少以及税源控管的需要，分别采用自行贴花、汇贴汇缴和委托代征三种缴纳方法。

（一）自行贴花

自行贴花，即实行“三自”纳税，纳税人在书立、领受应税凭证时，自行计算应纳印花税税额，向当地纳税机关或印花税票代售点购买印花税票，自行在应税凭证上一次贴足印花并自行注销。自行贴花是缴纳印花税的基本方法。

小贴士

纳税人购买了印花税票并不等于已履行了纳税义务，纳税人还必须自行贴花并注销。纳税人有印章的，加盖印章注销；纳税人没有印章的，可用钢笔（圆珠笔）画几条横线注销。注销标记应与骑缝处相交。骑缝处是指粘贴的印花税票与凭证之间的交接处。

（二）汇贴汇缴

汇贴汇缴一般适用于因纳税额较大或贴花次数频繁的纳税人。

当一份凭证应纳税额超过500元时，纳税人应当向当地税务机关申请填写缴款书或完税证，将其中一联粘贴在凭证上或者税务机关在凭证上加注完税标记贴花。

同一类应纳税凭证需要频繁贴花的，纳税人可向当地税务机关申请按期汇总缴纳印花税。汇总缴纳期限最长不能超过1个月。

（三）委托代征

对通过国家有关部门发放、鉴证、公证或仲裁的应税凭证，税务部门可以委托这些部门代征印花税，发给代征单位代征委托书，明确双方的权利和义务。

知识链接

印花税票为有价证券，其票面金额以人民币为单位，分为1角、2角、5角、1元、2元、5元、10元、50元、100元共9种。

四、纳税申报

印花税的纳税人在发生应税行为、自行完税后，应按照有关规定及时办理纳税申报，并如实填写《印花税纳税申报表》（见表6—9）。

表6—9　　印花税纳税申报表

纳税人识别号：

税款所属日期：　　　　金额单位：元（列至角分）

<table>
<tr><th>税目</th><th>份数</th><th>计税金额</th><th>税率</th><th>已纳税额</th></tr>
<tr><td></td><td></td><td></td><td></td><td></td></tr>
<tr><td></td><td></td><td></td><td></td><td></td></tr>
<tr><td></td><td></td><td></td><td></td><td></td></tr>
<tr><td></td><td></td><td></td><td></td><td></td></tr>
<tr><td></td><td></td><td></td><td></td><td></td></tr>
<tr><td></td><td></td><td></td><td></td><td></td></tr>
<tr><td></td><td></td><td></td><td></td><td></td></tr>
<tr><td>合计</td><td>—</td><td>—</td><td>—</td><td></td></tr>
<tr><td colspan="5">根据《印花税暂行条例》规定应缴纳印花税的凭证在书立和领受时贴花完税，我单位应纳税凭证均已按规定缴纳，本报表中已纳税额栏填写数字与应纳税额是一致的。

经办人（章）：</td></tr>
<tr><td colspan="2">登记申报单位
（盖章）</td><td colspan="2">企业财务负责人
（盖章）</td><td>税务机关受理申报日期：
受理人（章）：
年　月　日</td></tr>
</table>

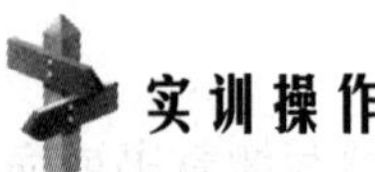

实训操作

根据任务一“任务导入”的资料及任务一“实训操作”的核算结果，完成万隆酒业有限责任公司2011年1月《印花税纳税申报表》的填写。

工作六　城市维护建设税和教育费附加纳税实务

任务一　核算城市维护建设税和教育费附加

万隆酒业有限责任公司 2011 年 4 月实际应缴纳增值税 90 万元，消费税 40 万元，营业税 16 万元，取得出口退还增值税 20 万元，缴纳进口环节增值税 30 万元，消费税 20 万元，关税 6 万元。

任务目标：

完成万隆酒业有限公司 2011 年 4 月份城市维护建设税和教育费附加的核算。

学习任务考核单

姓名：　　　　　　　　　　　　学号：　　　　　　编号 6—11

序号	内容	分值	总结与归纳	成绩
1	城市维护建设税和教育费附加纳税人的界定	10		
2	城市维护建设税和教育费附加的税率形式	10		
3	城市维护建设税和教育费附加的减免规定	10		
4	城市维护建设税和教育费附加的计税依据	20		
5	城市维护建设税和教育费附加的计算及会计处理*	50		

请学生完成学习任务考核单并上交。标注“*”的请结合实训操作结果填写。

一、认识城市维护建设税和教育费附加

（一）认识城市维护建设税

城市维护建设税（以下简称城建税）是对从事工商经营，并实际缴纳增值税、消费税、营业税的单位和个人征收的一种税。

小贴士

城建税本质上是一种附加税，本身没有独立的征税对象，是以纳税人实际缴纳增值税、消费税、营业税（以下简称“三税”）之和为计税依据，随“三税”同时征收。征收目的是为加强城市维护建设、扩大和稳定城市维护建设资金的来源而采取的一项税收措施。

1. 纳税人

城建税的纳税人，是指实际缴纳“三税”的单位和个人。

小贴士

缴纳“三税”，不是指同时缴纳增值税、消费税、营业税，而是除特殊企业（外商投资企业和外国企业）和特殊环节（进口）外，只要缴纳“三税”中的任何一个税种，都会涉及城建税。

2. 征税范围

城建税的征收范围从地域上看分布很广，具体包括城市、县城、建制镇，以及税法规定征收“三税”的其他地区。

3. 税率

城建税实行差别比例税率。按纳税人所在地区的不同，设置了三档比例税率，即：

(1) 纳税人所在地为市区的，税率为7%。

(2) 纳税人所在地为县城、建制镇的，税率为5%。

(3) 纳税人所在地不在市区、县城或者建制镇的，税率为1%。

城建税的适用税率，应当按纳税人所在地的规定税率执行。

小贴士

对下列两种情况，可按缴纳“三税”所在地的规定税率就地缴纳城建税：

(1) 由受托方代扣代缴、代收代缴“三税”的单位和个人，其代扣代缴、代收代缴的城建税按“受托方所在地”适用税率执行。

(2) 流动经营等无固定纳税地点的单位和个人，在经营地缴纳“三税”的，其城建税的缴纳按“经营地”适用税率执行。

（二）认识教育费附加

教育费附加是对缴纳增值税、消费税、营业税的单位和个人，就其实际缴纳的税额为计算依据征收的一种附加费。

小贴士

教育费附加本质上不是一种税，是以纳税人实际缴纳的“三税”之和为计税依据，随

“三税”同时征收的一种附加费。征收目的是为加快地方教育事业的发展，扩大地方教育经费资金而征收的一项专用基金。

1. 征税范围

教育费附加的征税范围为税法规定征收增值税、消费税、营业税的单位和个人。对外商投资企业和外国企业暂不征收教育费附加。

2. 计征比率

现行教育费附加征收的比率为3%。

二、核算城市维护建设税和教育费附加

（一）城市维护建设税和教育费附加的计算

1. 城建税的计算

城建税是以纳税人实际缴纳的“三税”税额为计税依据，根据适用税率计算应纳税额。计算公式为：

应纳税额＝纳税人实际缴纳的增值税、消费税、营业税税额×适用税率

【例6—16】 某市区一家企业2011年3月份实际缴纳增值税300 000元，缴纳消费税400 000元，缴纳营业税200 000元。

要求：计算该企业应纳的城建税税额。

解： 应纳的城建税税额＝(300 000＋400 000＋200 000)×7%＝63 000（元）

2. 教育费附加的计算

教育费附加以纳税人实际缴纳的“三税”之和为计税依据，根据计征比率确定应纳的教育费附加。计算公式为：

应纳教育费附加＝实际缴纳的增值税、消费税、营业税税额×适用税率

【例6—17】 某市区一家企业5月份实际缴纳增值税200 000元，缴纳消费税300 000元，缴纳营业税100 000元。

要求：计算该企业应纳的教育费附加。

解： 应纳教育费附加＝(200 000＋300 000＋100 000)×3%＝18 000（元）

知识链接

城建税和教育费附加具有附加性质，当主税发生减免时，城建税和教育费附加相应发生减免。但对“三税”实行先征后返、先征后退、即征即退办法的，除另有规定外，对随“三税”附征的城建税和教育费附加，一律不予退（返）还。

纳税人违反“三税”有关税法而加收的滞纳金和罚款，不作为城建税和教育费附加的计税依据，但纳税人在被查补“三税”和被处以罚款时，应同时对其偷漏的城建税进行补税、征收滞纳金和罚款。

（二）城市维护建设税与教育费附加的会计处理

企业应当在“应交税费”账户下设置“应交城市维护建设税”和“应交教育费附加”明细账户，分别核算企业应交城建税和教育费附加的发生和缴纳情况。按规定计算应缴的城建税和教育费附加时，借记“营业税金及附加”、“其他业务成本”、“固定资产清理”等科目，贷记“应交税费——应交城市维护建设税”、“应交税费——应交教育费附加”；实际缴纳时，借记“应交税费——应交城市维护建设税”、“应交税费——应交教育费附加”科目，贷记“银行存款”科目。

【例 6—18】 某市区企业 2011 年 4 月 30 日计算出企业当月应交的增值税、消费税、营业税合计为 68 000 元。

要求：计算该企业当月应纳的城建税税额和教育费附加，并进行会计处理。

解：（1）应纳的城建税税额＝68 000×7%＝4 760（元）；

应缴纳教育费附加＝68 000×3%＝2 040（元）。

（2）会计处理如下：

计提应交的城建税和教育费附加时：

借：营业税金及附加　　6 800

　贷：应交税费——应交城市维护建设税　　4 760

　　　应交税费——应交教育费附加　　2 040

缴纳城建税和教育费附加时：

借：应交税费——应交城市维护建设税　　4 760

　　应交税费——应交教育费附加　　2 040

　贷：银行存款　　6 800

实训操作

根据“任务导入”中万隆酒业有限责任公司的 2011 年 4 月份的涉税信息，为万隆酒业有限责任公司计算确定 2011 年 4 月份应缴纳的城建税税额和教育费附加，并进行相应的会计处理。

任务二　城市维护建设税和教育费附加的申报

任务导入

在任务一中，万隆酒业有限责任公司 2011 年 4 月份城建税和教育费附加的日常核算工作已经完成，办税员着手办理 4 月份的城建税和教育费附加的申报业务。

任务目标：

完成万隆酒业有限责任公司 2011 年 4 月份《城市维护建设税纳税申报表》和《教育费附加申报表》的填制。

学习任务考核单

姓名：　　　　　　　　　　　　　学号：　　　　　　　　　　　　编号 6—12

序号	内容	分值	总结与归纳	成绩
1	城建税和教育费附加的纳税时间	20		
2	城建税和教育费附加的纳税地点	20		
3	城建税和教育费附加申报表的填写*	60		

请学生完成学习任务考核单并上交。标注“＊”的请结合实训操作结果填写。

一、纳税时间

城建税和教育费附加的缴纳环节，实际就是纳税人缴纳“三税”的环节。纳税人只要发生“三税”的纳税义务，就要在同样的环节，分别计算缴纳城建税和教育费附加。因此，城建税和教育费附加的纳税义务发生时间、纳税期限及纳税申报的时间与“三税”基本一致。

但由于增值税和消费税由国家税务机关征收管理，而城建税和教育费附加由地方税务机关征收管理，所以在税款入库的时间上不一定完全一致。

二、纳税地点

城建税的纳税地点，就是纳税人缴纳“三税”的地点。

小贴士

下列情况，对纳税地点的规定为：

(1) 代扣代缴，代收代缴“三税”的单位和个人，同时也是城建税的代扣代缴、代收代缴义务人，其城建税的纳税地点在“代扣代收地”。

(2) 对流动经营等无固定纳税地点的单位和个人，应随同“三税”在“经营地”按适用税率缴纳。

三、纳税申报

纳税人应按照规定的期限，及时办理纳税申报，并填写《城市维护建设税纳税申报表》（见表 6—10）和《教育费附加申报表》（见表 6—11）。

表 6—10　　城市维护建设税纳税申报表

填表日期：　　年　月　日

纳税人识别号：　　　　金额单位：元（列至角分）

<table>
<tr><td>纳税人名称</td><td colspan="3"></td><td>税款所属时期</td><td></td></tr>
<tr><td>计税依据</td><td>计税金额</td><td>税率</td><td>应纳税额</td><td>已纳税额</td><td>应补（退）税额</td></tr>
<tr><td>1</td><td>2</td><td>3</td><td>4=2×3</td><td>5</td><td>6=4−5</td></tr>
<tr><td></td><td></td><td></td><td></td><td></td><td></td></tr>
<tr><td></td><td></td><td></td><td></td><td></td><td></td></tr>
<tr><td></td><td></td><td></td><td></td><td></td><td></td></tr>
<tr><td></td><td></td><td></td><td></td><td></td><td></td></tr>
<tr><td></td><td></td><td></td><td></td><td></td><td></td></tr>
</table>

<table>
<tr><td colspan="3">如纳税人填报，由纳税人填写以下各栏</td><td colspan="4">如委托代理人填报，由代理人填写以下各栏</td><td>备注</td></tr>
<tr><td rowspan="3">会计主管
（签章）</td><td rowspan="3" colspan="2">纳税人
（公章）</td><td>代理人名称</td><td></td><td rowspan="2" colspan="2">代理人
（公章）</td><td rowspan="3"></td></tr>
<tr><td>代理人地址</td><td></td></tr>
<tr><td>经办人姓名</td><td></td><td>电话</td><td></td></tr>
<tr><td colspan="8">以下由税务机关填写</td></tr>
<tr><td colspan="2">收到申报表日期</td><td colspan="3"></td><td>接收人</td><td colspan="2"></td></tr>
</table>

表 6—11　　教育费附加申报表

填表日期：　　年　月　日

纳税人识别号：　　　　金额单位：元（列至角分）

<table>
<tr><td>纳税人名称</td><td colspan="3"></td><td>税款所属时期</td><td></td></tr>
<tr><td>计税依据</td><td>计税金额</td><td>税率</td><td>应纳税额</td><td>已纳税额</td><td>应补（退）税额</td></tr>
<tr><td>1</td><td>2</td><td>3</td><td>4=2×3</td><td>5</td><td>6=4−5</td></tr>
<tr><td></td><td></td><td></td><td></td><td></td><td></td></tr>
<tr><td></td><td></td><td></td><td></td><td></td><td></td></tr>
<tr><td></td><td></td><td></td><td></td><td></td><td></td></tr>
<tr><td></td><td></td><td></td><td></td><td></td><td></td></tr>
<tr><td></td><td></td><td></td><td></td><td></td><td></td></tr>
</table>

<table>
<tr><td colspan="3">如纳税人填报，由纳税人填写以下各栏</td><td colspan="4">如委托代理人填报，由代理人填写以下各栏</td><td>备注</td></tr>
<tr><td rowspan="3">会计主管
（签章）</td><td rowspan="3" colspan="2">纳税人
（公章）</td><td>代理人名称</td><td></td><td rowspan="2" colspan="2">代理人
（公章）</td><td rowspan="3"></td></tr>
<tr><td>代理人地址</td><td></td></tr>
<tr><td>经办人姓名</td><td></td><td>电话</td><td></td></tr>
<tr><td colspan="8">以下由税务机关填写：</td></tr>
<tr><td colspan="2">收到申报表日期</td><td colspan="3"></td><td>接收人</td><td colspan="2"></td></tr>
</table>

实训操作

根据任务一“任务导入”的资料及任务一“实训操作”的核算结果，完成万隆酒业有限责任公司 2011 年 4 月份《城市维护建设税纳税申报表》及《教育费附加申报表》的填写。

知识考验

一、单项选择题

1. 我国房产税的征收范围不包括（　　）。

A. 城市　　B. 县城　　C. 农村　　D. 建制镇

2. 下列各项符合房产税纳税人规定的是（　　）。

A. 产权属于集体的，由集体单位缴纳房产税

B. 房屋产权出典的，由出典人缴纳房产税

C. 产权属于国家的，不缴纳房产税

D. 产权纠纷未解决的，暂不缴纳房产税

3. 某企业以房产投资联营，投资者参与利润分红，共担风险，以（　　）为房产税的计税依据。

A. 取得的分红　　B. 房产市值　　C. 房产余值　　D. 房产净值

4. 甲公司有一房屋系融资租赁方式购入，该房屋应按（　　）计征房产税。

A. 租金支出　　B. 房产余值　　C. 房产净值　　D. 房产原值

5. 纳税人自行新建的房屋用于生产的，应从（　　）起缴纳房产税。

A. 验收完成之次月　　B. 生产经营之次月

C. 建成之次月　　D. 交付使用之次月

6. 根据车船税法律制度的规定，下列各项中，属于载货汽车计税依据的是（　　）。

A. 辆　　B. 整备质量　　C. 净吨位　　D. 购置价格

7. 根据契税法律制度的规定，下列各项中，应缴纳契税的是（　　）。

A. 企业受让土地使用权　　B. 承包者获得农村集体土地承包经营权

C. 企业将厂房抵押给银行　　D. 个人承租居民住宅

8. 纳税人新购置车辆使用的，其车船税的纳税义务发生时间为取得车船所有权或者管理权的（　　）。

A. 当月　　B. 次月　　C. 当年　　D. 次年

9. 依据车辆购置税的有关规定，不缴纳车辆购置税的是（　　）。

A. 某人购买的家庭用小轿车　　B. 汽车经销商购入的销售小轿车

C. 某企业购买的企业用小轿车　　C. 某人购买的一辆二手小轿车

10. 甲企业从某拍卖公司通过拍卖购进两辆轿车，其中一辆是未上牌照的新车，不含税成交价为 60 000 元，国家税务总局核定同类型车辆的最低计税价格为 120 000 元；另一辆是已使用 6 年的轿车，不含税成交价为 5 000 元。甲企业应纳车辆购置税税额是（　　）元。

A. 6 000　　B. 6 500　　C. 12 000　　D. 24 000

11. 甲、乙双方交换房屋权属，甲的房屋价值 12.5 万元，乙的房屋价值 20.5 万元，已知契税的税率为 3%，下列说法正确的是（　　）。

A. 甲是纳税人，应纳契税 0.615 万元

B. 甲是纳税人，应纳契税 0.24 万元

C. 乙是纳税人，应纳契税 0.375 万元

C. 乙是纳税人，应纳契税 0.99 万元

12. 以划拨方式取得土地使用权，后经批准改为出让方式取得土地使用权的，由房地产转让者以（　　）为计税依据补缴契税。

A. 补交的土地使用权出让费用或土地收益

B. 转让房地产的评估价格

C. 双方协议的价格

D. 土地市场价格

13. 纳税人应当自纳税义务发生之日起（　　），向土地、房屋所在地的契税征收机关办理纳税申报，并在契税征收机关核定的期限内缴纳税款。

A. 5 日内　　B. 10 日内　　C. 15 日内　　D. 30 日内

14. 根据印花税法律制度的规定，下列各项中，属于印花税纳税人的是（　　）。

A. 合同的双方当事人　　B. 合同的担保人

C. 合同的证人　　D. 合同的鉴定人

15. 2011 年 3 月，甲企业与乙企业签订了一份合同，由甲向乙提供货物并运输到乙指定的地点，合同标的金额为 300 万元，其中包括货款和货物运输费用。货物买卖合同适用的印花税税率为 0.3‰，货物运输合同适用的印花税税率为 0.5‰。根据印花税法律制度的规定，甲企业应纳印花税税额是（　　）万元。

A. 0.24　　B. 0.15　　C. 0.09　　D. 0.06

16. 甲公司 2011 年 3 月开业，领受房产证、工商营业执照、商标注册证、土地使用证各一件；甲公司签订加工承揽合同一份，合同载明由甲公司提供原材料金额为 300 万元，需支付的加工费为 20 万元；另订立财产保险合同一份，保险金额为 1 000 万元，支付保险费 10 万元。则甲公司应纳的印花税税额为（　　）元。

A. 200　　B. 220　　C. 240　　D. 600

17. 城建税的计税依据是（　　）。

A. 应缴纳的“三税”税额　　B. 实际缴纳的“三税”税额

C. 实际缴纳的“三税”及滞纳金　　D. 应缴纳的“三税”及罚款

18. 城建税的适用税率，一般按（　　）的适用税率执行。

A. 纳税人所在地　　B. 纳税人缴纳“三税”所在地

C. 纳税人的生产经营地　　D. 纳税人总机构所在地

19. 某企业 2011 年 3 月销售应税货物实际缴纳的增值税 34 万元、消费税 12 万元，出售房产缴纳营业税 10 万元、土地增值税 4 万元。该企业 3 月份应缴纳的教育费附加为（　　）万元。

A. 1.68　　B. 3.92　　C. 3.22　　D. 2.38

20. 根据城建税和教育费附加的规定，下列说法正确的是（　　）。

A. 只要缴纳增值税就会缴纳城建税和教育费附加

B. 同时缴纳增值税、消费税和营业税的纳税人才能成为城建税的纳税人

C. 只要退还“三税”就退还城建税

D. 城建税的纳税人是缴纳增值税、消费税或营业税的单位和个人

二、多项选择题

1. 下列各项中，符合房产税纳税人规定的是（　　）。

A. 将房屋产权出典的，承典人为纳税人

B. 将房屋产权出典的，产权所有人为纳税人

C. 房屋产权未确定的，房产代管人或使用人为纳税人

D. 产权所有人不在房产所在地的，房产代管人或使用人为纳税人

2. 下列各项应缴纳房产税的有（　　）。

A. 某宾馆的围墙　　B. 某宾馆的室外游泳池

C. 某企业的办公楼　　D. 某房地产公司出租的写字楼

3. 根据房产税法律制度的规定，下列各项中，应当征收房产税的有（　　）。

A. 城市居民出租的房产　　B. 城市居民投资联营的房产

C. 城市居民所有的自住用房　　D. 城市居民拥有的营业用房

4. 下列各项中，符合房产税纳税义务发生时间规定的是（　　）。

A. 纳税人将原有房产用于生产经营，从生产经营之次月起，缴纳房产税

B. 纳税人自行新建房屋用于生产经营，从建成之次月起，缴纳房产税

C. 纳税人委托施工企业建设的房屋，从办理验收手续之次月起，缴纳房产税

D. 纳税人购置新建商品房，自房屋交付使用之次月起，缴纳房产税

5. 下列使用的交通工具中，属于车船税征收范围的有（　　）。

A. 小轿车　　B. 货船　　C. 摩托车　　D. 三轮汽车

6. 下列各项中，符合车船税有关纳税申报规定的有（　　）。

A. 跨省使用的车船，纳税地点为车船的登记地

B. 车船的所有人或管理人未缴纳车船税的，使用人应当代为缴纳车船税

C. 纳税人在购买机动车交强险时缴纳车船税的，不再向地方税务机关申报纳税

D. 已办理退税的被盗车船失而复得的，纳税人应当从公安机关出具相关证明的当月起计算缴纳车船税

7. 根据现行车辆购置税规定，下列说法中正确的有（　　）。

A. 购买自用摩托车的计税依据是支付的全部价款和价外费用（不含增值税）

B. 进口自用轿车的计税依据不含关税

C. 受赠大客车的计税依据是最高的计税价格

D. 车辆购置税的最低价格由国家税务总局制定

8. 下列各项中，属于车辆购置税行为的有（　　）。

A. 购买使用行为　B. 进口使用行为　C. 受赠使用行为　D. 获奖使用行为

9. 下列各项中，应征收契税的有（　　）。

A. 某人将其拥有产权的一幢楼抵押　　B. 某人在抽奖活动中获得一套住房

C. 某人将其拥有产权的房屋出租　　D. 某人购置一套住房

10. 下列各项中，不征收契税的有（　　）。

A. 接受作价房产入股　　B. 承受抵债房产

C. 承租房产　　D. 继承房产

11. 下列各项中，按照“产权转移书据”税目征收印花税的有（　　）。

A. 土地使用权出让合同　　B. 土地使用权转让合同
C. 商品房销售合同　　D. 融资租赁合同

12. 下列税率形式中，适用于印花税的有（　）。

A. 定额税率　　B. 超额累进税率　　C. 比例税率　　D. 全额累进税率

13. 下列属于印花税纳税人的有（　）。

A. 购销合同的保证人　　B. 在国外签订合同，在境内生产的企业
C. 购销合同的当事人　　D. 借款合同的双方当事人

14. 下列各项中，能作为城建税和教育费附加计税依据的是（　）。

A. 纳税人拖欠的营业税　　B. 纳税人少缴消费税被行政处罚的罚款
C. 纳税人补缴的营业税　　D. 纳税人缴纳的增值税滞纳金

15. 根据印花税法律制度的规定，下列各项中，以所载金额作为计税依据缴纳印花税的有（　）。

A. 产权转移书据　B. 借款合同　　C. 财产租赁合同　D. 工商营业执照

技能训练

1. 某企业拥有一处房产，其原值为 1 200 万元，2010 年 9 月 1 日将其中的 40%用于对外投资，不承担投资风险，投资期限为 3 年，当年取得固定利润分红 24 万元。已知当地政府规定的扣除比例为 20%。另外，该企业拥有 5 辆大客车，整备质量 12 吨的货车 5 辆，4 吨的挂车 5 辆，该企业所在地客车的税额为每辆 800 元，货车税额为整备质量每吨 80 元。

要求：计算该企业应缴纳的房产税税额和车船税税额，并填写《房产税纳税申报表》和《车船税纳税申报表》。

2. 张某 2010 年拥有和使用的房产情况如下：

（1）将 2009 年 2 月购入并居住的一套房产（购入价格为 40 万元）以 48 万元的价格转让给他人。

（2）将一套三居室的住房出租，月租金 2 000 元，2009 年共取得租金 2.4 万元。

（3）将一套已居住两年的二居室的住房（市场价格为 20 万元）与他人交换一套四居室住房（市场价格为 45 万元），支付差价 25 万元。

（4）参加一项有奖竞赛活动，获得奖励商品房一套（市场价格为 15 万元）。

要求：计算张某在 2010 年应缴纳的契税税额，并填写《契税纳税申报表》。

3. 某企业 2010 年度有关资料如下：

（1）实收资本比上年增加 100 万元。

（2）与银行签订一年借款合同，借款金额 300 万元，年利率 5%。

（3）与乙公司签订受托加工合同，乙公司提供价值 80 万元的原材料，本企业提供价值 15 万元的辅助材料并收加工费 20 万元。

（4）与运输公司签订运输合同 1 份，合同金额为 8 万元（含装卸费 0.5 万元）。

（5）与某公司签订租赁合同 1 份，将企业闲置的价值 30 万元的设备出租，租期 1 年，租金合计 6 万元。

要求：计算该企业 2010 年度应缴纳印花税税额，并填写《印花税纳税申报表》。

4. 某企业纳税人识别号为 286003410025698，2010 年 9 月份实际应缴纳增值税 10 万元，消费税 15 万元，营业税 6 万元，被税务机关查补增值税 2 万元和消费税 1 万元，并被处以 9 万元的罚款。

要求：计算该企业 9 月份应纳城建税和教育费附加，并填写《城市维护建设税纳税申报表》和《教育费附加申报表》。

模块七

资源税类纳税实务

学习目标

知识目标

- 熟悉资源税类相关法律知识
- 掌握资源税类各税种的核算
- 掌握资源税类各税种纳税申报要求

技能目标

- 能正确核算资源税类纳税人的应纳税额
- 会填制资源税类各税种纳税申报表
- 能办理资源税类各税种的纳税申报

工作一　资源税纳税实务

任务一　核算资源税应纳税额

任务导入

富源煤矿有限责任公司为增值税一般纳税人，2011年2月生产经营情况如下：

(1) 开采原煤200万吨，在采煤过程中生产天然气25 000千立方米。

(2) 销售原煤180万吨，取得不含税销售额8 500万元。

(3) 销售天然气2 000千立方米，取得含税销售额1 200万元。

(4) 本矿职工食堂、浴室领用本矿开采的原煤5 000吨。

(5) 购进采煤机械2台，取得增值税专用发票上注明的增值税税额为89万元，该采煤机械已投入使用。

(6) 购进原材料，取得增值税专用发票上注明的增值税税额为860万元；该批原材料委托运输公司运输，支付运费80万元，取得运输公司开具的发票。该原材料已验收入库。

已知富源煤矿资源税单位税额：原煤 3 元/吨；天然气 12 元/千立方米。

任务目标：

完成富源煤矿有限责任公司 2011 年 2 月资源税涉税业务核算。

学习任务考核单

姓名：　　　　　　　　　　　　　　学号：　　　　　　　　　　　　　　编号 7—1

序号	内容	分值	总结与归纳	成绩
1	资源税的征税范围	20		
2	资源税纳税人的界定	20		
3	资源税税率形式及课税数量的确定	30		
4	资源税应纳税额的计算及账务处理*	30		

请学生完成学习任务考核单并上交。标注“*”的请结合实训操作结果填写。

学习指南

一、认识资源税

资源税是对在我国境内从事应税矿产品开采或生产盐的单位和个人征收的一种税。

我国资源税的发展

我国的资源税开征于 1984 年。1984 年 9 月 28 日，财政部发布的《资源税若干问题的规定》指出，从 1984 年 10 月 1 日起，对原油、天然气、煤炭等先行开征资源税，对金属矿产品和其他非金属矿产品暂缓征收。我国现行的资源税基本规范是 1993 年 12 月 25 日国务院公布的《中华人民共和国资源税暂行条例》。从 1994 年 1 月 1 日起，资源税开始实行从量定额征收的办法。对开采应税矿产品和生产盐的单位，开始实行“普遍征收、级差调节”的新资源税制，征收范围扩大到所有矿种的所有矿山，不管企业是否盈利，普遍征收。

（一）征税范围

现行资源税按照资源税应税产品和纳税人开采资源的行业特点设置了七个税目，在七个税目下面又设有若干子目。具体包括以下内容。

1. 原油

原油是指开采的天然原油，不包括人造石油。

2. 天然气

天然气是指专门开采的天然气或与原油同时开采的天然气，煤矿生产的天然气暂不征税。

3. 煤炭

煤炭是指原煤，不包括洗煤、选煤及其他煤炭制品。

4. 其他非金属矿原矿

其他非金属矿原矿是指原油、天然气、煤炭和井矿盐以外的非金属矿原矿。

5. 黑色金属矿原矿

黑色金属矿原矿是指纳税人开采后自用、销售的，用于直接入炉冶炼或作为主产品先入选精矿，制造人工矿，再最终入炉冶炼的黑色金属矿石原矿，包括铁矿石、锰矿石、铬矿石。

6. 有色金属矿原矿

有色金属矿原矿包括铜矿石、铅锌矿石、铝土矿石、钨矿石、锡矿石、锑矿石、铝矿石、镍矿石、黄金矿石、钒矿石（含石煤钒）等。

7. 盐

盐包括两类：一是固体盐，包括海盐原盐、湖盐原盐和井矿盐；二是液体盐（卤水），是指氯化钠含量达到一定浓度的溶液，是用于生产碱和其他产品的原料。

小贴士

开采原油过程中，用于加热、修井的原油免税。

课外查阅

查阅资源税的税收减免政策。

（二）纳税人和扣缴义务人

1. 纳税人

资源税的纳税人，是指在我国境内开采应税矿产品或生产盐的单位和个人。

小贴士

中外合作开采陆上石油资源，征收矿区使用费，暂不征收资源税。

2. 扣缴义务人

收购未税矿产品的单位为资源税的扣缴义务人，具体包括独立矿山、联合企业及其他收购未税矿产品的单位。

知识链接

规定扣缴义务人主要适应于税源小、零散、不定期开采、易漏税等情况，税务机关认为不易控管，规定由扣缴义务人在收购时代扣代缴未税矿产品的应纳资源税。

独立矿山是指只有采矿或只有采矿和选矿并实行独立核算、自负盈亏的单位；作为独立矿山可以对外直接销售原矿和精矿。联合企业是指采、选、冶（或加工）连续生产的企业或采、冶（或加工）连续生产的企业；其采矿单位一般是该企业的二级或二级以下的核算单位。其他单位也包括收购未税矿产品的个体户。

思考与分析

万宝资源开发有限公司主要从事煤炭制品的加工销售。

请问：该公司销售煤炭制品需要缴纳何种税？

（三）税目与税率

资源税分产品类别从量定额征收，实行等级幅度税额标准，如表 7—1 所示。

表 7—1　资源税税目、税额幅度表

税　目	税额幅度
一、原油	8～30 元/吨
二、天然气	2～15 元/千立方米
三、煤炭	0.3～5 元/吨
四、其他非金属矿原矿	0.5～20 元/吨或者立方米
五、黑色金属矿原矿	2～30 元/吨
六、有色金属矿原矿	0.4～30 元/吨
七、盐 固体盐 液体盐	 10～60 元/吨 2～10 元/吨

小贴士

资源税的其他规定：

（1）纳税人在开采主矿产品的过程中伴采的其他应税矿产品，凡未单独规定适用税额的，一律按主矿产品或视同主矿产品税目征收资源税。

（2）纳税人开采或者生产不同税目应税产品的，应当分别核算；不能准确提供不同税目应税产品的课税数量的，从高适用税额。

（3）独立矿山、联合企业收购未税矿产品的单位，按照本单位应税产品税额标准，依据收购数量代扣代缴资源税。

（4）其他收购单位收购未税矿产品，按税务机关核定的应税产品税额标准，依据收购数量代扣代缴资源税。

二、核算资源税应纳税额

（一）资源税应纳税额的计算

资源税实现从量定额办法计征，以应税矿产品的课税数量为计征依据，依据规定的单位税额，计算确定应纳税额。计算公式为：

应纳税额＝课税数量×单位税额

代扣代缴应纳税额＝收购未税矿产品的数量×适用的单位税额

根据不同情况，课税数量的确定有以下规定。

1. 课税数量确定的一般规定

（1）纳税人开采或者生产应税产品销售的，以销售数量为课税数量。

（2）纳税人开采或者生产应税产品自用的，以自用（非生产用）数量为课税数量。

2. 课税数量确定的特殊规定

（1）纳税人不能准确提供应税产品销售数量或移送使用数量的，以应税产品的产量或按主管税务机关确定的折算比，换算成的数量为课税数量。

（2）原油中的稠油、高凝油与稀油划分不清或不易划分的，一律按原油的数量课税。

（3）对于连续加工前无法正确计算原煤移送使用量的煤炭，可按加工产品的综合回收率，将加工产品实际销量和自用量折算成原煤数量，以此作为课税数量。计算公式为：

综合回收率＝加工产品实际销量和自用量÷耗用原煤数量

原煤课税数量＝加工产品实际销量和自用量÷综合回收率

（4）金属和非金属矿产品原矿，因无法准确掌握纳税人移送使用原矿数量的，可将其精矿按选矿比折算成原矿数量，以此作为课税数量。计算公式为：

选矿比＝精矿数量÷耗用原矿数量

原矿课税数量＝精矿数量÷选矿比

（5）纳税人以自产的液体盐加工固体盐，按固体盐税额征税，以加工的固体盐数量为课税数量。纳税人以外购的液体盐加工成固体盐，其加工固体盐所耗用液体盐的已纳税额准予抵扣。

小贴士

资源税采用一次课征制，以后应税资源在流转环节中不再征税。以外购的液体盐加工成固体盐对外销售，准予扣除所耗用液体盐的已纳税额，目的是为了避免重复征税。

（6）纳税人的减税、免税项目，应当单独核算课税数量；未单独核算或者不能准确提供课税数量的，不予减税或者免税。

【例 7—1】 某油田 2011 年 2 月份生产原油 10 万吨（单位税额为 8 元/吨），其中销售了 7 万吨，用于加热、修井的原油 1 万吨，待销售 2 万吨，当月在采油过程中回收并销售伴生天然气 2 000 万立方米（单位税额为 8 元/千立方米）。计算该油田 2 月份应纳的资源税税额。

解：（1）原油课税数量为 7 万吨（加热、修井的原油免税，待销售的在销售时纳税）。

原油应纳资源税税额＝7×8＝56（万元）

（2）采油过程中回收并销售伴生天然气 2 000 万立方米（20 000 千立方米）应纳资源税。

天然气应纳资源税税额＝2×8＝16（万元）

（3）该油田 2 月份实际应纳资源税税额总额＝56＋16＝72（万元）。

【例 7—2】 某铁矿山 2011 年 2 月份开采铁矿石 15 万吨，其中销售铁矿石原矿 10 万吨，自用入选铁精矿的铁矿石原矿 3 万吨，库存 2 万吨。已知：铁矿石单位税额为 15 元/吨。计算该铁矿山本月份应纳资源税税额（注：对冶金矿山铁矿石资源税暂按规定税额标准的 60%征收）。

解：销售和自用铁矿石应纳资源税。

应纳资源税税额＝(10＋3)×15×60%＝117（万元）

【例 7—3】 某铜矿 2011 年 2 月份销售铜矿石原矿 4 万吨，移送使用入选精矿 1 万吨，选矿比为 20%。已知：该矿山铜矿石适用的单位税额为 1.2 元/吨。计算该铜矿 2 月份应纳资源税税额。

解：销售铜矿石原矿应纳资源税税额＝4×1.2＝4.8（万元）

入选精矿的铜矿石原矿应纳资源税税额＝1÷20%×1.2＝6（万元）

该铜矿 2 月份应纳资源税税额＝4.8＋6＝10.8（万元）

【例 7—4】 某煤矿 2011 年 2 月份生产销售原煤 15 万吨，生产天然气 500 万立方米，自用原煤加工洗煤 3 万吨，综合回收率为 60%。已知：该煤矿煤炭适用的单位税额为 1.5 元/吨，天然气适用的单位税额为 10 元/千立方米。计算该煤矿 2 月份应纳资源税税额。

解：煤矿生产的天然气暂不征税。

销售原煤应纳资源税税额＝15×1.5＝22.5（万元）

自用原煤应纳资源税税额＝3÷60%×1.5＝7.5（万元）

该煤矿 2 月份应纳资源税税额＝22.5＋7.5＝30（万元）

【例 7—5】 某盐场 2011 年 2 月份以自产液体盐 3.6 万吨和外购液体盐 2 万吨（已按 5 元/吨缴纳了资源税）加工固体盐 1.8 万吨对外销售，取得销售收入 1 080 万元。已知：固体盐税额为 30 元/吨。计算该盐场 2 月份应纳资源税税额。

解：纳税人以自产的液体盐加工固体盐，按加工后销售或自用的固体盐数量为课税数量。纳税人以外购的液体盐加工成固体盐，其加工固体盐所耗用液体盐的已纳税额准予抵扣。

应纳资源税税额＝1.8×30－2×5＝44（万元）

（二）资源税的会计处理

企业应通过“应交税费——应交资源税”反映资源税的应纳税额及缴纳情况，同时根据不同的情况计入相应的成本费用中。

1. 销售应税矿产品的会计处理

对外销售的应税矿产品，按规定计算的应缴纳的资源税税额，借记“营业税金及附加”科目，贷记“应交税费——应交资源税”科目；上缴资源税时，借记“应交税费——应交资源税”科目，贷记“银行存款”科目。

2. 企业自产自用应税矿产品的会计处理

对自产自用应税产品，按规定计算的应缴纳的资源税税额，借记“生产成本”、“制造费用”等科目，贷记“应交税费——应交资源税”科目；上缴资源税时，借记“应交税费——应交资源税”科目，贷记“银行存款”科目。

3. 收购未税矿产品的会计处理

收购未税矿产品的代扣代缴义务人，按实际支付的收购款，借记“材料采购”等科目，贷记“银行存款”等科目；同时，按代扣代缴的资源税税额，借记“材料采购”等科目，贷记“应交税费——应交资源税”科目；上缴资源税时，借记“应交税费——应交资源税”科目，贷记“银行存款”科目。

4. 外购液体盐加工固体盐的会计处理

外购用于加工固体盐的液体盐时，按允许抵扣的资源税，借记“应交税费——应交资源税”科目，按外购价款扣除允许抵扣资源税税额后的余额，借记“材料采购”等科目，按应付的全部价款，贷记“银行存款”等科目。

企业将液体盐加工成固体盐出售时，按计算出固体盐应缴纳的资源税，借记“营业税金及附加”科目，贷记“应交税费——应交资源税”科目；企业按规定缴纳税金时，应按销售固体盐应纳资源税税额抵扣液体盐已纳资源税税额后的余额，借记“应交税费——应交资源税”科目，贷记“银行存款”科目。

思考与分析

根据资源税应纳税额的会计处理原则，分析【例 7—1】～【例 7—5】应纳的资源税如何进行会计处理。

实训操作

根据“任务导入”中的资料，为富源煤矿有限责任公司计算确定 2011 年 2 月应纳资源税税额，并进行相应的会计处理。

任务二　资源税纳税申报

任务导入

在任务一中，富源煤矿有限责任公司 2011 年 2 月资源税涉税业务的日常核算工作已经完成，办税员着手办理 2011 年 2 月资源税的纳税申报业务。

已知富源煤矿有限责任公司以 1 个月为纳税申报期。

任务目标：

完成富源煤矿有限责任公司 2011 年 2 月资源税的纳税申报。

学习任务考核单

姓名：　　　　　　　　　　　　　　学号：　　　　　　　　　　　　　　编号 7—2

序号	内容	分值	总结与归纳	成绩
1	资源税纳税义务发生时间	20		
2	资源税纳税期限及纳税申报期限	20		
3	资源税纳税地点	10		
4	资源税的纳税申报*	50		

请学生完成学习任务考核单并上交。标注“*”的请结合实训操作结果填写。

学习指南

一、纳税时间

（一）纳税义务发生时间

资源税纳税义务发生时间的具体确定，视结算方式等不同而有所不同，具体规定如表7—2所示。

表 7—2　　　　资源税纳税义务发生时间

情　况	纳税义务发生时间
销售应税产品采取分期收款结算方式	销售合同规定的收款日期的当天
销售应税产品采取预收货款结算方式	发出应税产品的当天
销售应税产品采取其他结算方式	收讫销售款或者取得索取销售款凭据的当天
自产自用应税产品	移送使用应税产品的当天
扣缴义务人代扣代缴税款	支付首笔货款或者开具应支付货款凭据的当天

（二）纳税期限

资源税的纳税期限为1日、3日、5日、10日、15日或者1个月，纳税人的纳税期限由主管税务机关根据实际情况具体核定。不能按规定期限计算纳税的，可以按次计算纳税。

（三）纳税申报期限

纳税人以1个月为一期纳税的，自期满之日起10日内申报纳税；以1日、3日、5日、10日或者15日为一期纳税的，自期满之日起5日内预缴税款，于次月1日起10日内申报纳税并结清上月税款。

思考与分析

资源税的纳税义务发生时间、纳税期限和纳税申报期限与增值税有何异同？

二、纳税地点

纳税人缴纳资源税，应当向应税产品的开采或者生产所在地主管税务机关缴纳税款。特殊规定如下：

（1）纳税人在本省、自治区、直辖市范围内开采或者生产应税产品，其纳税地点需要调整的，由所在地省、自治区、直辖市税务机关决定。

（2）纳税人跨省开采资源税应税产品，其下属生产单位与核算单位不在同一省、自治区、直辖市的，其开采的矿产品一律在开采地纳税，其应纳税款由独立核算、自负盈亏的单位，按照开采地的实际销售量（或者自用量）及适用的单位税额计算划拨。

（3）扣缴义务人代扣代缴的资源税，也应当向收购地主管税务机关申报缴纳。

三、纳税申报

纳税人应如实填写《资源税纳税申报表》（见表7—3），连同其他相关资料向主管税务机关进行纳税申报。扣缴义务人应在支付款项前扣缴税款，并按照主管税务机关规定的期限填报扣缴税款报告。

表7—3　　资源税纳税申报表

纳税人识别号：□□□□□□□□□□□□□□□□□□□□

纳税人名称：（公章）

税款所属期限：自　　年　　月　　日至　　年　　月　　日

填表日期：　　年　　月　　日　　　　金额单位：元（列至角分）

<table>
<tr><th colspan="2">产品名称</th><th>课税单位</th><th>课税数量</th><th>单位税额</th><th>本期应纳税额</th><th>本期已纳税额</th><th>本期应补（退）税额</th><th rowspan="2">备注</th></tr>
<tr><td colspan="2">1</td><td>2</td><td>3</td><td>4</td><td>5=3×4</td><td>6</td><td>7=5−6</td></tr>
<tr><td rowspan="5">应纳税项目</td><td></td><td></td><td></td><td></td><td></td><td></td><td></td><td></td></tr>
<tr><td></td><td></td><td></td><td></td><td></td><td></td><td></td><td></td></tr>
<tr><td></td><td></td><td></td><td></td><td></td><td></td><td></td><td></td></tr>
<tr><td></td><td></td><td></td><td></td><td></td><td></td><td></td><td></td></tr>
<tr><td></td><td></td><td></td><td></td><td></td><td></td><td></td><td></td></tr>
<tr><td rowspan="5">减免税项目</td><td></td><td></td><td></td><td></td><td></td><td></td><td></td><td></td></tr>
<tr><td></td><td></td><td></td><td></td><td></td><td></td><td></td><td></td></tr>
<tr><td></td><td></td><td></td><td></td><td></td><td></td><td></td><td></td></tr>
<tr><td></td><td></td><td></td><td></td><td></td><td></td><td></td><td></td></tr>
<tr><td></td><td></td><td></td><td></td><td></td><td></td><td></td><td></td></tr>
</table>

<table>
<tr><td rowspan="6">纳税人或代理人声明：
此纳税申报表是根据国家税收法律的规定填报的，我确信它是真实的、可靠的、完整的。</td><td colspan="6">如纳税人填报，由纳税人填写以下各栏</td></tr>
<tr><td>经办人（签章）</td><td></td><td>会计主管</td><td></td><td>法定代表人（签章）</td><td></td></tr>
<tr><td colspan="4" rowspan="3">代理人（公章）</td><td>代理人名称</td><td></td></tr>
<tr><td>经办人（签章）</td><td></td></tr>
<tr><td>联系电话</td><td></td></tr>
<tr><td colspan="6"></td></tr>
<tr><td colspan="7">以下由税务机关填写：</td></tr>
<tr><td>受理人</td><td></td><td>受理日期</td><td></td><td>受理税务机关（签章）</td><td colspan="2"></td></tr>
</table>

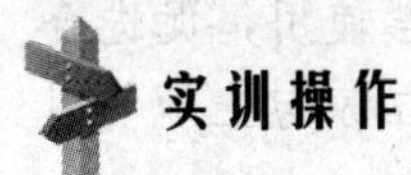

实训操作

根据任务一“任务导入”的资料及任务一“实训操作”的核算结果，完成富源煤矿有限责任公司2011年2月的《资源税纳税申报表》的填写。

工作二　城镇土地使用税纳税实务

任务一　核算城镇土地使用税应纳税额

任务导入

2011年4月，富源煤矿有限责任公司实际占地面积为160 000平方米，经税务机关核定，该企业所处地段适用工矿区土地使用税税率，每平方米年税额为2元。

任务目标：

完成富源煤矿有限责任公司2011年应纳城镇土地使用税涉税业务的核算。

学习任务考核单

姓名：　　　　　　　　　　　　　学号：　　　　　　　　　　　　　编号7—3

序号	内容	分值	总结与归纳	成绩
1	土地使用税征税范围	20		
2	土地使用税纳税人的界定	20		
3	土地使用税的税率形式及计税依据的确定	20		
4	土地使用税应纳税额的计算及会计处理*	40		

请学生完成学习任务考核单并上交。标注“*”的请结合实训操作结果填写。

学习指南

一、认识城镇土地使用税

城镇土地使用税是国家在城市、县城、建制镇和工矿区范围内，对使用土地的单位和个人，以其实际占用的土地面积为计税依据，按照规定的税额计算征收的一种税。

设立登记范围

城镇土地的所有权归国家所有，单位和个人对占用的土地只有使用权而无所有权。开征城镇土地使用税，是为了加强对土地的管理，变土地的无偿使用为有偿使用，促进合理、节约使用土地，适当调节不同地区和地段之间的土地级差收入，理顺国家与土地使用者之间的分配关系。

现行的《中华人民共和国城镇土地使用税暂行条例》，是国务院2006年12月颁布的《国务院关于修改〈中华人民共和国城镇土地使用税暂行条例〉的规定》，自2007年1月1日起施行。

(一) 征税范围

城镇土地使用税的征税范围包括城市、县城、建制镇、工矿区范围内国家所有和集体所有的土地。

(二) 纳税人

城镇土地使用税的纳税人，是指在税法规定的征税范围内使用土地的单位和个人。

城镇土地使用税的纳税人主要有以下几类：

(1) 拥有土地使用权的单位或个人。

(2) 拥有土地使用权的纳税人不在土地所在地的，由代管人或实际使用人为纳税人。

(3) 土地使用权未确定或权属纠纷未解决的，由实际使用人为纳税人。

(4) 土地使用权共有的，共有各方都是纳税人，由共有各方分别纳税。

思考与分析

甲公司与乙公司签订了一份土地使用权租赁合同，甲公司将其拥有土地使用权的一块土地（位于市区）1 000平方米租给乙公司用于兴建厂房，租期15年。

请问：土地使用税的纳税人是哪方公司？

(三) 税率

城镇土地使用税采用定额税率，即采取有幅度的差别税额。按大、中、小城市和县城、建制镇、工矿区分别规定每平方米城镇土地使用税年应纳税额，具体标准如表7—4所示。

表7—4　城镇土地使用税税率表

级　别	人　口（人）	每平方米税额（元）
大城市	50万以上	1.5～30
中等城市	20万～50万	1.2～24
小城市	20万以下	0.9～18
县城、建制镇、工矿区		0.6～12

二、核算土地使用税应纳税额

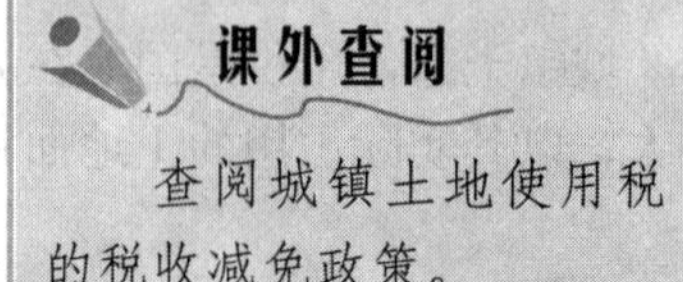

课外查阅

查阅城镇土地使用税的税收减免政策。

(一) 城镇土地使用税应纳税额的计算

城镇土地使用税是以纳税人实际占用的土地面积为计税依据，按照规定的适用税额计算征收。计算公式为：

年应纳税额＝实际占用应税土地面积（平方米）× 适用税额

土地面积以平方米为计量标准，具体按以下办法确定：

（1）凡由省级人民政府确定的单位组织测定土地面积的，以测定的土地面积为准。

（2）尚未组织测定，但纳税人持有政府部门核发的土地使用证书的，以证书确定的土地面积为准。

（3）尚未核发土地使用证书的，应由纳税人据实申报土地面积，待核发土地使用证书后再作调整。

【例 7—6】 某企业实际占地面积为 50 000 平方米，经税务机关核定，该企业所处地段适用城镇土地使用税税额为每平方米年税额 2 元。计算该企业年应缴纳的城镇土地使用税税额。

解： 应纳城镇土地使用税税额＝50 000×2＝100 000（元）

（二）城镇土地使用税的会计处理

企业应设置“应交税费——应交城镇土地使用税”科目，核算城镇土地使用税的计提和缴纳情况。按规定计算应缴纳的城镇土地使用税，借记“管理费用”科目，贷记“应交税费——应交城镇土地使用税”科目；实际缴纳时，借记“应交税费——应交城镇土地使用税”科目，贷记“银行存款”科目。

思考与分析

【例 7—6】中企业对应缴纳的城镇土地使用税应如何进行会计处理？

根据“任务导入”中的资料，为富源煤矿有限责任公司计算确定 2011 年应纳城镇土地使用税税额，并进行相应的会计处理。

任务二 城镇土地使用税纳税申报

在任务一中，富源煤矿有限责任公司 2011 年应缴纳的城镇土地使用税的日常核算工作已经完成，办税员着手办理 2011 年城镇土地使用税的纳税申报业务。

已知富源煤矿有限责任公司所在地规定以 1 个月为纳税申报期。

任务目标：

完成富源煤矿有限责任公司 2011 年 4 月城镇土地使用税的纳税申报。

学习任务考核单

姓名：　　　　　　　　　　　　　　学号：　　　　　　　　　　　　编号 7—4

序号	任务	分值	总结与归纳	成绩
1	土地使用税纳税义务发生时间	20		
2	土地使用税的纳税期限	20		
3	土地使用税的纳税申报*	60		

请学生完成学习任务考核单并上交。标注“*”的请结合实训操作结果填写。

学习指南

一、纳税时间

（一）纳税义务发生时间

使用城镇土地，一般是从次月起发生纳税义务，只有新征用耕地是在批准使用之日起满一年时开始纳税。城镇土地使用税纳税人纳税义务发生时间如表 7—5 所示。

表 7—5　　城镇土地使用税纳税人纳税义务发生时间

情　况	纳税义务发生时间
购置新建商品房	房屋交付使用之次月起
购置存量房	房地产权属登记机关签发房屋权属证书之次月起
出租、出借房产	交付出租、出借房产之次月起
以出让或转让方式有偿取得土地使用权的	应由受让方从合同约定交付土地时间的次月起缴纳城镇土地使用税；合同未约定交付土地时间的，由受让方从合同签订的次月起缴纳城镇土地使用税
新征用的耕地	批准征用之日起满一年时
新征用的非耕地	批准征用次月起

小贴士

纳税人因土地权利状态发生变化而依法终止土地使用税纳税义务的，其应纳税款的计算应截止到房产的实物或权利状态发生变化的当月末（即次月免除纳税义务）。

（二）纳税期限

城镇土地使用税实行按年计算、分期缴纳的征收方法，具体纳税期限由省、自治区、直辖市人民政府确定。如大连市规定除金融保险业纳税人每季度第一个月 1 至 15 日申报缴纳当季度城镇土地使用税外，其他纳税人每月 1 至 15 日申报缴纳当月城镇土地使用税。

二、纳税地点

城镇土地使用税在土地所在地缴纳。

纳税人使用的土地不属于同一省、自治区、直辖市管辖的，由纳税人分别向土地所在地税务机关缴纳城镇土地使用税；在同一省、自治区、直辖市管辖范围内，纳税人跨地区使用的土地，其纳税地点由各省、自治区、直辖市地方税务局确定。

三、纳税申报

纳税人应按照有关规定及时办理纳税申报，如实填写《城镇土地使用税纳税申报表》（见表 7—6），并按规定报送其他相关资料。

表 7—6　　城镇土地使用税纳税申报表

填表日期：　　年　月　日

纳税人识别号：　　金额单位　　元（列至角分）　　土地面积：平方米

<table>
<tr><td colspan="3">纳税人名称</td><td colspan="4"></td><td colspan="4">税款所属时期</td><td colspan="4"></td></tr>
<tr><td rowspan="2">坐落地点</td><td rowspan="2">上期占地面积</td><td rowspan="2">本期增减</td><td rowspan="2">本期实际占地面积</td><td rowspan="2">法定免税面积</td><td rowspan="2">应税面积</td><td colspan="2">土地等级</td><td colspan="2">适用税额</td><td rowspan="2">全年应缴税额</td><td rowspan="2">缴纳次数</td><td colspan="3">本期</td></tr>
<tr><td>Ⅰ</td><td>Ⅱ</td><td>Ⅰ</td><td>Ⅱ</td><td>应纳税额</td><td>已纳税额</td><td>应补（退）税额</td></tr>
<tr><td>1</td><td>2</td><td>3</td><td>4=2+3</td><td>5</td><td>6=4−5</td><td>7</td><td>8</td><td>9</td><td>10</td><td>11=7×9+8×10</td><td>12</td><td>13=11÷12</td><td>14</td><td>15=13−14</td></tr>
<tr><td></td><td></td><td></td><td></td><td></td><td></td><td></td><td></td><td></td><td></td><td></td><td></td><td></td><td></td><td></td></tr>
<tr><td></td><td></td><td></td><td></td><td></td><td></td><td></td><td></td><td></td><td></td><td></td><td></td><td></td><td></td><td></td></tr>
<tr><td></td><td></td><td></td><td></td><td></td><td></td><td></td><td></td><td></td><td></td><td></td><td></td><td></td><td></td><td></td></tr>
<tr><td>合计</td><td></td><td></td><td></td><td></td><td></td><td>—</td><td>—</td><td>—</td><td>—</td><td></td><td></td><td></td><td></td><td></td></tr>
<tr><td colspan="6">如纳税人填报，由纳税人填写以下各栏</td><td colspan="8">如委托代理人填报，由代理人填写以下各栏</td><td>备注</td></tr>
<tr><td rowspan="3" colspan="2">会计主管
（签章）</td><td rowspan="3" colspan="2">经办人
（签章）</td><td rowspan="3" colspan="2">纳税人
（签章）</td><td colspan="3">代理人名称</td><td colspan="3"></td><td rowspan="3" colspan="2">代理人

（签章）</td><td rowspan="3"></td></tr>
<tr><td colspan="3">代理人地址</td><td colspan="3"></td></tr>
<tr><td>经办人</td><td colspan="2"></td><td colspan="2">电话</td><td></td></tr>
<tr><td colspan="15">以下由税务机关填写</td></tr>
<tr><td colspan="4">收到申报日期</td><td colspan="5"></td><td colspan="3">接收人</td><td colspan="3"></td></tr>
</table>

实训操作

根据任务一“任务导入”的资料及任务一“实训操作”的核算结果，完成富源煤矿有限责任公司 2011 年 4 月《城镇土地使用税纳税申报表》的填写。

工作三　土地增值税纳税实务

任务一　核算土地增值税应纳税额

任务导入

富源煤矿有限责任公司在 2011 年 4 月转让一栋旧写字楼，取得收入 2 000 万元，该楼账面原值1 200万元，已计提折旧700万元，经评估机构确认：该写字楼重置成本价为2 000万元，成新度折扣率为50%。该企业于4月15日签订了房地产转让合同，并办理了相关手续（注：转让房地产时，应按5%缴纳营业税、7%缴纳城建税、3%缴纳教育费附加、5‰缴纳印花税）。

任务目标：

完成富源煤矿有限责任公司2011年4月土地增值税涉税业务核算。

学习任务考核单

姓名： 学号： 编号7—5

序号	任务	分值	总结与归纳	成绩
1	土地增值税征税范围	20		
2	土地增值税纳税人的界定	10		
3	土地增值税税率形式及计算步骤	30		
4	土地增值税应纳税额的计算及会计处理*	40		

请学生完成学习任务考核单并上交。标注“*”的请结合实训操作结果填写。

学习指南

一、认识土地增值税

土地增值税是对转让国有土地使用权、地上建筑物及其附着物（以下简称转让房地产）并取得收入的单位和个人，就其转让房地产所取得的增值额征收的一种税。

（一）征税范围

1. 征税范围的一般规定

《中华人民共和国土地增值税暂行条例》（以下简称《土地增值税暂行条例》）及其实施细则规定，土地增值税的征税范围包括：

（1）转让国有土地使用权。

（2）地上的建筑物及其附着物连同国有土地使用权一并转让。

小贴士

判定是否征收土地增值税的标准为：

（1）转让的土地使用权必须是国家所有。

（2）土地使用权、地上的建筑物及其附着物的产权必须发生转让。

（3）必须有偿转让。

2. 征税范围的特殊规定

（1）以房地产进行投资、联营。以房地产进行投资、联营，暂免征收土地增值税。对投资、联营企业将上述房地产再转让的，应征收土地增值税。

知识链接

若所投资、联营的企业从事房地产开发的，或者房地产开发企业以其建造的商品房进行投资和联营的，不适用暂免征收土地增值税的规定。

(2) 房地产开发企业将开发的部分房地产转为企业自用或者用于出租等商业用途时，如果产权未发生转移，不征收土地增值税。

思考与分析

房地产开发企业将开发的部分房地产转为企业自用或者用于出租等商业用途时，是否应缴纳房产税？

(3) 房地产的交换。房地产的交换，既发生了房产产权、土地使用权的转移，交换双方又取得了实物形态的收入，属于土地增值税的征税范围。但对“个人之间”互换“自有居住用”房地产的，经当地税务机关核实，可以免征土地增值税。

思考与分析

交换房屋时，是否要缴纳契税？应由哪一方缴纳？

(4) 合作建房。对于一方出地，一方出资金，双方合作建房，建成后按比例分房自用的，暂免征收土地增值税；建成后转让的，应征收土地增值税。

(5) 房地产的出租。房地产的出租，虽然出租人取得了收入，但没有发生房产产权、土地使用权的转让，不属于土地增值税的征税范围。

(6) 房地产的抵押。对房地产的抵押，在抵押期间内，因房地产的权属没有发生变更，不征收土地增值税。抵押期满后，视该房地产是否转移占有而确定是否征收土地增值税。对于以房地产抵债而发生房地产权属转让的，应列入土地增值税的征税范围。

(7) 企业兼并转让房地产。在企业兼并中，对被兼并企业将房地产转让到兼并企业中的，暂免征收土地增值税。

(8) 房地产的代建行为。房地产代建行为是指房地产开发公司代客户进行房地产的开发，开发完成后向客户收取代建收入的行为。对于房地产开发公司而言，虽然取得了收入，但没有发生房地产权属的转移，其收入属于劳务收入性质，不属于土地增值税的征税范围。

(9) 房地产的重新评估。国有企业在清产核资时对房地产进行重新评估而产生的评估增值，因其既没有发生房地产权属的转移，房产产权、土地使用权人也未取得收入，所以不属于土地增值税的征税范围。

(10) 土地使用者处置土地使用权。土地使用者转让、抵押或置换土地，无论其是否取得了该土地的使用权权属证书，无论其在转让、抵押或置换土地的过程中是否与对方当事人办理了土地使用权权属证书变更登记手续，只要土地使用者享有占用、使用、收益或处分该土地的权利，且有合同等证据表明其实质转让、抵押或置换了土地并取得了相应的经济利益，土地使用者及对方当事人就应当依照税法规定缴纳营业税、土地增值税和契税等。

查阅土地增值税的税收减免政策。

(二) 纳税人

土地增值税的纳税人，是指转让国有土地使用权、地上建筑物及其附着物并取得收入的单位和个人。即不论什么性质的单位、部门或个人，只要是有偿转让，转让的是国有土地使用权及其地上附着物的，就属于土地增值税的纳税人。

(三) 税率

我国的土地增值税实行四级超率累进税率，具体税率如表 7—7 所示。

表 7—7 土地增值税税率表

级数	增值额与扣除项目金额的比率	税率（%）	速算扣除系数（%）
1	不超过 50%的部分	30	0
2	超过 50%至 100%的部分	40	5
3	超过 100%至 200%的部分	50	15
4	超过 200%的部分	60	35

二、核算土地增值税应纳税额

(一) 土地增值税应纳税额的计算

土地增值税按照纳税人转让房地产取得的增值额和规定的累进税率计算征收。计算公式为：

$$应纳税额=\sum(每级距的增值额\times 该级距适用税率)$$

或 $$应纳税额=增值额\times 适用税率-扣除项目金额\times 速算扣除系数$$

其中：

$$增值额=转让房地产取得的收入-扣除项目金额$$

“适用税率”是通过计算增值率后，从土地增值税税率表中确定。增值率的计算公式为：

$$增值率=增值额\div 扣除项目金额\times 100\%$$

从上述公式可以看出，确定土地增值税应纳税额需要确定应税收入和扣除项目金额，进而求出增值率，确定税率。

1. 转让房地产取得的收入

根据《土地增值税暂行条例》及其实施细则的规定，纳税人转让房地产取得的收入，包括转让房地产的全部价款及有关的经济收益。从收入的形式来看，包括货币收入、实物收入和其他收入。

2. 扣除项目

扣除的项目根据转让房地产项目的不同有所不同，具体规定如下：

(1) 新建房地产扣除项目金额。具体包括：

第一，取得土地使用权所支付的金额。包括纳税人为取得土地使用权所支付的地价款和纳税人在取得土地使用权时按国家统一规定缴纳的有关税费（如过户手续费、契税等）。

第二，开发土地和新建房及配套设施的成本（以下简称房地产开发成本）。房地产开发成本是指纳税人房地产开发项目实际发生的成本，包括土地征用及拆迁补偿费、前期工程费、建筑安装工程费、基础设施费、公共配套设施费、开发间接费用等。

第三，开发土地和新建房及配套设施的费用（以下简称房地产开发费用）。房地产开发费用是指与房地产开发项目有关的销售费用、管理费用和财务费用。在计算土地增值税时，这三项费用并不是按照纳税人实际发生额进行扣除，应分别按以下两种情况扣除：

财务费用中的利息支出，凡能够按转让房地产项目计算分摊并提供金融机构证明的，允许据实扣除，但最高不能超过按商业银行同类同期贷款利率计算的金额。其他房地产开发费用，按“取得土地使用权所支付的金额和房地产开发成本”之和的5%以内计算扣除。计算公式为：

$$\begin{matrix}\text{允许扣除的房}\\\text{地产开发费用}\end{matrix}=\text{利息}+\left(\begin{matrix}\text{取得土地使用}\\\text{权所支付的金额}\end{matrix}+\begin{matrix}\text{房地产}\\\text{开发成本}\end{matrix}\right)\times 5\%$$

财务费用中的利息支出，凡不能按转让房地产项目计算分摊利息支出或者不能提供金融机构证明的，房地产开发费用按“取得土地使用权所支付的金额和房地产开发成本”之和的10%以内计算扣除。计算扣除的具体比例，由各省、自治区、直辖市人民政府规定。计算公式为：

$$\begin{matrix}\text{允许扣除的房}\\\text{地产开发费用}\end{matrix}=\left(\begin{matrix}\text{取得土地使用权}\\\text{所支付的金额}\end{matrix}+\begin{matrix}\text{房地产}\\\text{开发成本}\end{matrix}\right)\times 10\%$$

【例 7—7】 某企业开发新建房地产，取得土地使用权所支付的金额为 1 000 万元，房地产开发成本为 5 000 万元，向金融机构借入资金利息支出 400 万元（能提供贷款证明），其中超过按同类同期商业银行贷款利率计算的利息为 100 万元。计算该企业在计算土地增值税时，可扣除的房地产开发费用。

解： 可扣除的房地产开发费用＝(400－100)＋(1 000＋5 000)×5%＝600（万元）

第四，与转让房地产有关的税金。与转让房地产有关的税金是指在转让房地产时缴纳的营业税、城建税、印花税。因转让房地产缴纳的教育费附加，也可视同税金予以扣除。

外商投资房地产开发企业因不缴纳城建税和教育费附加，在计算与转让房地产有关的税金时不含城建税和教育费附加。房地产开发企业转让时缴纳的印花税已列入管理费用中，故不允许单独再扣除，非房地产开发企业缴纳的印花税允许作为税金扣除。

第五，财政部规定的其他扣除项目。对从事房地产开发的纳税人可按“取得土地使用权所支付的金额和房地产开发成本”之和，加计20%扣除。

（2）旧房及建筑物的扣除金额。具体分为两种情况：

第一，按评估价格扣除。包括旧房及建筑物的评估价格（重置成本价×成新度折扣率）、取得土地使用权所支付的地价款和按国家统一规定缴纳的有关费用、转让环节缴纳的税金。

第二，按购房发票金额计算扣除。纳税人转让旧房及建筑物，凡不能取得评估价格，但能提供购房发票的，经当地税务部门确认，其取得土地使用权所支付的金额、房地产开发成本及费用，可按发票所载金额并从购买年度起至转让年度止每年加计5%计算，对于纳税人购房时缴纳的契税，凡能够提供契税完税凭证的，准予作为“与转让房地产有关的税金”予以扣除，但不作为加计5%的基数。

知识链接

纳税人有下列情形之一的，土地增值税按照房地产评估价格计算征收：

（1）隐瞒、虚报房地产成交价格的。

（2）提供扣除项目金额不实的。

（3）转让房地产的成交价格低于房地产评估价格，又无正当理由的。

（4）非直接销售和自用房地产。

【例7—8】 某公司2011年2月转让一处旧房地产取得收入1 600万元，该公司取得土地使用权所支付的金额为300万元，当地税务机关确认的房屋的评估价格为700万元，该公司支付给房地产评估机构评估费15万元，支付给中介人卖房中介费8万元，缴纳的与转让该房地产有关的税金15万元。计算该公司转让该房地产应缴纳的土地增值税税额。

解： 方法一：

（1）计算扣除项目金额：

支付给中介人卖房中介费8万元不属于国家统一规定缴纳的费用，不允许扣除。

扣除项目金额＝300＋700＋15＋15＝1 030（万元）

（2）计算增值额：

增值额＝1 600－1 030＝570（万元）

(3) 计算增值额占扣除项目金额的百分比即：570÷1 030=55.3%，说明增值额超过了扣除项目金额的50%，但未超过100%。

(4) 分别计算各级次土地增值税税额：

增值额未超过扣除项目金额50%的部分，适用30%的税率。则：

这部分的增值额=1 030×50%×30%=154.5（万元）

增值额超过扣除项目金额50%、未超过100%的部分，适用40%的税率。则：

这部分的增值额=(570−1 030×50%)×40%=22（万元）

(5) 计算应纳土地增值税总额：

应纳土地增值税总额=154.5+22=176.5（万元）

方法二：

(1)、(2)、(3) 计算步骤及方法同方法一中的 (1)、(2)、(3)。

根据速算扣除法，增值额超过扣除项目金额50%未超过100%的，适用的土地增值税税率为40%，速算扣除系数为5%。则：

$$\text{该公司应纳土地增值税税额}=\text{增值额}\times 40\%-\text{扣除项目金额}\times 5\%=570\times 40\%-1\,030\times 5\%=176.5\text{（万元）}$$

【例7—9】 某房地产公司2011年2月发生如下经济业务：签订一份写字楼销售合同，价款共计18 000万元。取得土地使用权时支付转让费2 000万元；房地产开发成本6 000万元；利息支出160万元（能提供金融机构证明）；销售过程支付相关税金980万元，其他费用700万元。

要求：计算该房地产公司销售该写字楼应缴纳的土地增值税税额。

解： (1) 计算扣除项目金额：

$$\text{扣除项目金额合计}=2\,000+6\,000+160+980+700+(2\,000+6\,000)\times 20\%=11\,440\text{（万元）}$$

(2) 计算增值额：

销售写字楼增值额=18 000−11 440=6 560（万元）

(3) 计算增值额占扣除项目金额的百分比，即：6 560÷11 440=57.34%，说明增值额超过了扣除项目金额的50%，但未超过100%。适用的土地增值税税率为40%，速算扣除系数为5%。

(4) 计算应纳土地增值税税额：

应缴纳的土地增值税税额=6 560×40%−11 440×5%=2 052（万元）

(二) 土地增值税的会计处理

企业应设置"应交税费——应交土地增值税"来核算应交土地增值税。土地增值税作为一项成本费用，不同的企业的会计处理有所不同。

1. 房地产开发企业的会计处理

土地增值税是在转让房地产的流转环节纳税，是为了取得当期的营业收入而支付的费用。对于房地产开发企业，计算应缴纳的土地增值税，借记“营业税金及附加”等科目，贷记“应交税费——应交土地增值税”科目；实际缴纳时，借记“应交税费——应交土地增值税”，贷记“银行存款”科目。

2. 非房地产开发企业的会计处理

非房地产开发企业转让的国有土地使用权连同地上建筑物及其附着物一并在“固定资产”科目核算的，转让时应缴纳的土地增值税，借记“固定资产清理”科目，贷记“应交税费——应交土地增值税”科目；实际缴纳时，借记“应交税费——应交土地增值税”科目，贷记“银行存款”科目。

思考与分析

【例 7—8】、【例 7—9】中各单位对应缴纳的土地增值税如何进行会计处理？

实训操作

根据“任务导入”中的资料，为富源煤矿有限责任公司计算确定 2011 年 4 月转让写字楼应纳土地增值税税额，并进行相应的会计处理。

任务二　土地增值税纳税申报

任务导入

在任务一中，富源煤矿有限责任公司 2011 年 4 月转让写字楼应缴纳的土地增值税的日常核算工作已经完成，办税员着手办理该写字楼土地增值税的纳税申报业务。

任务目标：

完成富源煤矿有限责任公司 2011 年 4 月转让写字楼应纳土地增值税的纳税申报。

学习任务考核单

姓名：　　　　　　　　　　　　学号：　　　　　　　　　　　　编号 7—6

序号	任务	分值	总结与归纳	成绩
1	土地增值税的纳税时间	20		
2	土地增值税的纳税期限	20		
3	土地增值税的纳税地点	20		
4	土地增值税的纳税申报*	40		

请学生完成学习任务考核单并上交。标注“*”的请结合实训操作结果填写。

学习指南

一、纳税时间

(一) 纳税义务发生时间

根据《土地增值税暂行条例》的规定，土地增值税纳税义务发生时间为房地产转让合同签订之日。

(二) 纳税申报期限

土地增值税的纳税人应在转让房地产合同签订之日起的7日内，到房地产所在地主管税务机关办理纳税申报，同时向税务机关提交房屋及建筑物产权、土地使用权证书、土地转让和房产买卖合同、房地产评估报告及其他与转让房地产有关的资料，然后在税务机关规定的期限内缴纳土地增值税。

纳税人因经常发生房地产转让行为而难以在每次转让后申报的，可按月或按季定期进行纳税申报，具体期限由主管税务机关确定。

二、纳税地点

土地增值税的纳税人应向房地产所在地主管税务机关缴纳税款。房地产所在地，是指房地产的坐落地。具体又可分为以下两种情况：

(1) 纳税人是法人的，当转让的房地产坐落地与其机构所在地或经营所在地一致时，则在办理税务登记的原管辖税务机关申报纳税即可；如果转让的房地产坐落地与其机构所在地或经营所在地不一致时，则应在房地产坐落地所管辖的税务机关申报纳税。

(2) 纳税人是自然人的，当转让的房地产坐落地与其居住所在地一致时，则在居住所在地税务机关申报纳税；当转让的房地产坐落地与其居住所在地不一致时，在办理过户手续所在地的税务机关申报纳税。

三、纳税申报

从事房地产开发的纳税人在办理土地增值税纳税申报时，应填写《土地增值税纳税申报表（一）》（见表7—8），连同房屋及建筑物产权证、土地使用证书、土地转让和房产买卖合同、房地产评估报告及其他与转让房地产有关的资料一并提交给税务机关。

从事非房地产开发的纳税人在办理土地增值税纳税申报时，应填写《土地增值税纳税申报表（二）》（见表7—9），并向税务机关提供相关资料。

表 7—8 **土地增值税纳税申报表（一）**

（从事房地产开发的纳税人适用）

纳税人识别号：□□□□□□□□□□□□□□□□□□□□□□□□□

填表日期：　　年　月　日　　　　金额单位：人民币元　　　　面积单位：平方米

纳税人名称		税款所属时间	
项　目		行次	金　额
一、转让房地产收入总额　1=2+3		1	
其中	货币收入	2	
	实物收入及其他收入	3	
二、扣除项目金额合计　4=5+6+13+16+20		4	
1. 取得土地使用权所支付的金额		5	
2. 房地产开发成本　6=7+8+9+10+11+12		6	
其中	土地征用及拆迁补偿费	7	
	前期工程费	8	
	建筑安装工程费	9	
	基础设施费	10	
	公共配套设施费	11	
	开发间接费用	12	
3. 房地产开发费用　13=14+15		13	
其中	利息支出	14	
	其他房地产开发费用	15	
4. 与转让房地产有关的税金等　16=17+18+19		16	
其中	营业税	17	
	城市维护建设税	18	
	教育费附加	19	
5. 财政部规定的其他扣除项目		20	
三、增值额　21=1−4		21	
四、增值额与扣除项目金额之比（%）22=21÷4		22	
五、适用税率（%）		23	
六、速算扣除系数（%）		24	
七、应缴土地增值税税额　25=21×23−4×24		25	
八、已缴土地增值税税额		26	
九、应补（退）土地增值税税额　27=25−26		27	

<table>
<tr><td colspan="3">如纳税人填报，由纳税人填写下栏</td><td colspan="5">如委托代理人填报，由代理人填写以下各栏</td><td>备注</td></tr>
<tr><td rowspan="3">会计主管
（签章）</td><td rowspan="3">经办人
（签章）</td><td rowspan="3">纳税人
（签章）</td><td colspan="2">代理人名称</td><td colspan="2"></td><td rowspan="3">代理人
（签章）</td><td rowspan="3"></td></tr>
<tr><td colspan="2">代理人地址</td><td colspan="2"></td></tr>
<tr><td>经办人</td><td></td><td>电话</td><td></td></tr>
<tr><td colspan="9">以下由税务机关填写</td></tr>
<tr><td>收到申报日期</td><td colspan="2"></td><td>接收人</td><td colspan="2"></td><td colspan="3">主管地方税务机关盖章</td></tr>
</table>

表 7—9　　　　　　　　　　土地增值税纳税申报表（二）

（从事非房地产开发的纳税人适用）

纳税人识别号：□□□□□□□□□□□□□□□□□□□□

填表日期：　　年　月　日　　　　　金额单位：人民币元　　　　　　（面积单位：平方米）

纳税人名称		税款所属时间	
项　目		行次	金　额
一、转让房地产收入总额　1＝2＋3		1	
其中	货币收入	2	
	实物收入及其他收入	3	
二、扣除项目金额合计　4＝5＋6＋13＋16＋20		4	
1. 取得土地使用权所支付的金额		5	
2. 旧房及建筑物的评估价格　6＝7×8		6	
其中	旧房及建筑物的重置成本价	7	
	成新度折旧率	8	
3. 与转让房地产有关的税金　9＝10＋11＋12＋13		9	
其中	营业税	10	
	城市维护建设税	11	
	印花税	12	
	教育费附加	13	
三、增值额　14＝1－4		14	
四、增值额与扣除项目金额之比（%）15＝14÷4		15	
五、适用税率（%）		16	
六、速算扣除系数（%）		17	
七、应缴土地增值税税额　18＝14×16－4×17		18	

<table>
<tr><td colspan="3">如纳税人填报，由纳税人填写下栏</td><td colspan="4">如委托代理人填报，由代理人填写以下各栏</td><td>备注</td></tr>
<tr><td rowspan="3">会计主管
（签章）</td><td rowspan="3">经办人
（签章）</td><td rowspan="3">纳税人
（签章）</td><td colspan="2">代理人名称</td><td></td><td rowspan="3">代理人
（签章）</td><td rowspan="3"></td></tr>
<tr><td colspan="2">代理人地址</td><td></td></tr>
<tr><td>经办人</td><td></td><td>电话</td></tr>
<tr><td colspan="8">以下由税务机关填写</td></tr>
<tr><td>收到申报日期</td><td colspan="2"></td><td>接收人</td><td colspan="2"></td><td colspan="2">主管地方税务机关盖章</td></tr>
</table>

实训操作

根据任务一“任务导入”的资料及任务一“实训操作”的核算结果，完成富源煤矿有限责任公司 2011 年 4 月《土地增值税纳税申报表》的填写。

知识考验

一、单项选择题

1. 根据资源税法律制度的规定，下列各项中不属于资源税征税范围的是（　）。

A. 天然气　　B. 地下水　　C. 原油　　D. 液体盐

2. 某油田 3 月份生产原油 5 000 吨，当月销售 3 000 吨，加热、修井自用 100 吨。该油田原油适用的资源税单位税额为 8 元/吨。该油田 3 月份应缴纳的资源税税额为（　　）元。

A. 40 000　　B. 24 800　　C. 24 000　　D. 23 200

3. 根据城镇土地使用税法律制度规定，下列属于城镇土地使用税计税依据的是（　　）。

A. 建筑面积　　B. 使用面积

C. 居住面积　　D. 实际占用的土地的面积

4. 根据我国税收法律制度的规定，下列税种中，实行从量计征的是（　　）。

A. 契税　　B. 土地增值税

C. 房产税　　D. 城镇土地使用税

5. 下列各项中，不属于土地增值税纳税人的是（　　）。

A. 以房抵债的某工业企业

B. 出租写字楼的某外资房地产开发公司

C. 转让住房的某个人

D. 转让国有土地使用权的某高等学校

6. 根据税收法律制度的规定，下列各项中，属于超率累进税率的是（　　）。

A. 资源税　　B. 城镇土地使用税

C. 车辆购置税　　D. 土地增值税

二、多项选择题

1. 根据资源税法律制度的规定，下列的生产经营行为应缴纳资源税的有（　　）。

A. 冶炼企业进口铁矿石　　B. 个体经营者开采煤矿

C. 军事单位开采石油　　D. 中外合作开采天然气

2. 下列关于资源税课税数量的说法中，正确的有（　　）。

A. 某油田自产自用的天然气，以自用数量为课税数量

B. 某煤矿对外销售的原煤，以销售数量为课税数量

C. 某盐场以自产液体盐加工固体盐后销售的，以使用的液体盐数量为课税数量

D. 某铁矿山自产自用的铁矿石，以实际移送使用数量为课税数量

3. 根据资源税法律制度的规定，关于资源税纳税义务发生时间的下列表述中，正确的有（　　）。

A. 采用分期收款结算方式销售应税产品的，为发出应税产品的当天

B. 采用预收货款结算方式销售应税产品的，为收到货款的当天

C. 自产自用应税产品的，为移送使用应税产品的当天

D. 扣缴义务人代扣代缴税款的纳税义务发生时间，为支付首笔货款的当天

4. 根据城镇土地使用税法律制度的规定，在城市、县城、建制镇和工矿区范围内，下列单位中，属于城镇土地使用税纳税人的有（　　）。

A. 拥有土地使用权的集体企业

B. 拥有土地使用权的国有公司

C. 使用土地的外商投资企业

D. 使用土地的外国企业在中国境内设立的机构

5. 根据土地增值税法律制度的规定，下列各项中，应当征收土地增值税的是（　　）。

A. 公司与公司之间互换房产

B. 房地产开发公司为客户代建房产

C. 房地产抵债

D. 双方合作建房按照比例分配房产后自用

6. 张某于2009年以每套80万元的价格购入两套高档公寓作为投资。2010年将其中一套公寓以100万元的价格转让给谢某，从中获利20万元，根据我国税收法律制度的规定，张某出售公寓的行为应缴纳的税种有（　）。

A. 印花税　　B. 营业税　　C. 契税　　D. 土地增值税

7. 某房地产公司出售一幢已办理竣工结算的商用写字楼，取得收入2 000万元。根据税收法律制度的有关规定，下列各税种中，属于该公司此项售楼业务的应缴纳的有（　）。

A. 契税　　B. 营业税　　C. 印花税　　D. 土地增值税

8. 根据我国《土地增值税暂行条例》及其实施细则的规定，下列各项中，在计算土地增值税税额时可以从转让房地产取得的收入中扣除的项目有（　　）。

A. 取得土地使用权所支付的金额

B. 房地产开发成本

C. 转让房地产缴纳的营业税

D. 转让房地产缴纳的企业所得税

9. 纳税人转让旧房，在计算土地增值额时，允许扣除的项目有（　　）。

A. 转让环节缴纳给国家的各项税费

B. 经税务机关确认的房屋及建筑物的评估价格

C. 当期发生的管理费用、财务费用和销售费用

D. 取得土地使用权所支付的价款和按国家规定缴纳的有关税费

三、计算题

1. 某油田2010年4月生产原油6 400吨，当月销售6 100吨，自用5吨，另有2吨在采油过程中用于加热、修井。原油单位税额为每吨8元。计算该油田当月应缴纳的资源税税额。

2. 某外商投资房地产开发公司于2008年12月将一座写字楼整体转让给某单位，合同约定的转让价为20 000万元，公司按税法规定缴纳营业税1 000万元，印花税10万元。公司为取得土地使用权而支付的地价款和按国家统一规定缴纳的有关费用和税金为3 000万元；投入房地产开发成本为4 000万元；房地产开发费用中的利息支出为1 200万元(不能按转让房地产项目计算分摊利息支出，也不能提供金融机构证明)。已知：该公司所在省人民政府规定的房地产开发费用的计算扣除比例为10%。计算该公司转让写字楼应缴纳的土地增值税税额。

3. 某国有商业企业2008年利用库房空地进行住宅商品房开发，按照国家有关规定补交土地出让金2 840万元，缴纳相关税费160万元；住宅开发成本为2 800万元，其中含装修费用500万元；房地产开发费用中的利息支出为300万元（不能提供金融机构证明）；当年住宅全部销售完毕，取得销售收入共计9 000万元；缴纳营业税、城建税和教育费附加495万元；缴纳印花税4.5万元。已知：该公司所在省人民政府规定的房地产开发费用的计算扣除比例为10%。计算该企业销售住宅应缴纳的土地增值税税额。

4. 某公司2009年转让一处旧房地产取得收入1 600万元，该公司取得土地使用权所支付的金额为200万元，当地税务机关确认的房屋的评估价格为800万元，该公司支付给房地产评估机构评估费20万元，缴纳的与转让该房地产有关的税金10万元。计算该公司转让该房地产应缴纳的土地增值税税额。

技能训练

某省一统配煤矿企业，2010年12月对外销售原煤48万吨，下属工厂生产用煤15万吨，职工食堂12月份用煤0.3万吨，职工取暖用煤1.5万吨，资源税单位税额标准为0.9元/吨。

要求：(1) 计算该企业12月份应纳的资源税税额。

(2) 做出涉税业务账务处理。

(3) 填制《资源税纳税申报表》。

模块八

企业所得税纳税实务

学习目标

知识目标

- 掌握企业所得税的政策
- 掌握企业所得税的核算方法
- 掌握企业所得税纳税申报的要求

技能目标

- 能正确核算纳税人企业所得税的应纳税额
- 会填制《企业所得税纳税申报表》及附列资料
- 能办理企业所得税纳税申报事项

任务一　核算企业所得税应纳税额

任务导入

佳美服装有限公司系居民企业，该企业所得税税率为25%，按季度预缴所得税，2010年前三个季度共预缴所得税50万元，年度终了后5个月内，向税务机关报送年度《企业所得税纳税申报表》，并汇算清缴。该企业2010年损益项目如下：

主营业务收入1 000万元，主营业务成本600万元，营业税金及附加32万元，销售费用48万元，管理费用80万元，财务费用35万元，投资收益20万，营业外收入15万，营业外支出10万元。

进行汇算清缴时发现以下差异：

(1) 投资收益中，包括国债利息收入10万元。

(2) 支付工资总额130万元（税务机关认定该企业支付的工资属于合理工资薪金支出）。

(3) 向工会组织拨付了3万元职工工会经费，发生了7.25万元职工教育经费。

(4) 销售费用中列支广告费28万元。

(5) 管理费用中支付业务招待费10万元。

(6) 营业外支出中，通过中国减灾委员会向贫困地区捐款 5 万元，税收罚款支出 5 万元。

任务目标：

正确计算佳美服装有限公司 2010 年应纳所得税税额，并完成所得税业务会计处理。

学习任务考核单

姓名：　　　　　　　　　　学号：　　　　　　　　　　编号 8—1

序号	任务	分值	总结与归纳	成绩
1	企业所得税纳税人的界定	20		
2	企业所得税征税范围及税率	10		
3	企业所得税应纳税额的确定方法	40		
4	企业所得税应纳税额的计算及会计处理*	30		

请学生完成学习任务考核单并上交。标注“*”的请结合实训操作结果填写。

学习指南

一、认识企业所得税

企业所得税是指国家对企业和组织的生产经营所得和其他所得征收的一种税。

我国企业所得税的发展

长期以来，我国企业所得税按内资、外资企业分别立法，适用税率不同。2007 年 3 月 16 日，第十届全国人民代表大会第五次会议通过了《中华人民共和国企业所得税法》（以下简称《企业所得税法》），自 2008 年 1 月 1 日起施行。《企业所得税法》的施行，实现了内资、外资企业适用统一的企业所得税法，统一并适当降低企业所得税税率，统一和规范税前扣除办法和标准，统一税收优惠政策，建立“产业优惠为主、区域优惠为辅”的新税收优惠体系，有利于为各类企业创造一个公平竞争的税收法制环境。

（一）纳税人和扣缴义务人

1. 纳税人

在中华人民共和国境内，企业和其他取得收入的组织（以下简称企业）为企业所得税的纳税人。

根据我国实际情况，借鉴国际通行做法，《企业所得税法》采用了“登记注册地标准”和“实际管辖控制地标准”相结合的办法，将企业所得税的纳税人分为居民企业和非居民企业。

(1) 居民企业。居民企业是指依照中国法律、法规在中国境内成立，或者依照外国（地区）法律成立但实际管理机构在中国境内的企业。例如，在我国注册成立的沃尔玛

（中国）公司、通用汽车（中国）公司，就是我国的居民企业；在英国、百慕大群岛等国家和地区注册的公司，如实际管理机构在我国境内，也是我国的居民企业。

知识链接

实际管理机构，是指对企业的生产经营、人员、账务、财产等实施实质性全面管理和控制的机构。应符合以下三个条件：

（1）对企业有实质性管理和控制的机构。

（2）对企业实行全面管理和控制的机构。

（3）管理和控制的内容是企业的生产经营、人员、账务、财产等。这是界定实际管理机构的最关键标准，尤其特别强调人事权和财务权的控制。

（2）非居民企业。非居民企业是指依照外国（地区）法律、法规成立且实际管理机构不在中国境内，但在中国境内设立机构、场所的，或者在中国境内未设立机构、场所，但有来源于中国境内所得的企业。例如，在我国设有代表处及其他分支机构的外国企业。

知识链接

机构、场所，是指在中国境内从事生产经营活动的机构、场所，包括：

（1）管理机构、营业机构、办事机构。

（2）工厂、农场、开采自然资源的场所。

（3）提供劳务的场所。

（4）从事建筑、安装、装配、修理、勘探等工程作业的场所。

（5）其他从事生产经营活动的机构、场所。

（6）非居民企业委托营业代理人在中国境内从事生产经营活动的，包括委托单位或者个人经常代其签订合同，或者储存、交付货物等，该营业代理人视为非居民企业在中国境内设立的机构、场所。

把企业分为居民企业和非居民企业，是为了更好地保障我国税收管辖权的有效行使。不同的企业纳税义务不同，居民企业承担全面纳税义务，就其来源于我国境内外的全部所得纳税；非居民企业承担有限纳税义务，一般只就其来源于我国境内的所得纳税。

小贴士

为增强企业所得税与个人所得税的协调，避免重复征税，《企业所得税法》规定，按照《中华人民共和国个人独资企业法》、《中华人民共和国合伙企业法》的规定成立的个人独资企业和合伙企业，不是企业所得税的纳税人。

2. 扣缴义务人

非居民企业在中国境内未设立机构、场所的，或者虽然设立机构、场所但取得的所得与其所设机构、场所没有实际联系的，其来源于中国境内的所得缴纳企业所得税，实行源泉扣缴，以支付人为扣缴义务人。税款由扣缴义务人在每次支付或者到期应支付时，从支付或者到期应支付的款项中扣缴。

对非居民企业在中国境内取得工程作业和劳务所得应缴纳的所得税，税务机关可以指定工程价款或者劳务费的支付人为扣缴义务人。

（二）征税对象

企业所得税的征收对象是指企业的生产经营所得、其他所得。

小贴士

所得，既不是企业的销售额或营业额，也不是企业实现的会计利润，而是企业的应纳税所得额。

1. 居民企业的征税对象

居民企业应就其来源于中国境内、境外的所得作为征税对象。所得包括销售货物所得、提供劳务所得、转让财产所得、股息红利等权益性投资所得、利息所得、租金所得、特许权使用费所得、接受捐赠所得和其他所得。

2. 非居民企业的征税对象

非居民企业在中国境内设立机构、场所的，应当就其所设机构、场所取得的来源于中国境内的所得，以及发生在中国境外但与其所设机构、场所有实际联系的所得，缴纳企业所得税。

非居民企业在中国境内未设立机构、场所的，或者虽设立机构、场所但取得的所得与其所设机构、场所没有实际联系的，应当就其来源于中国境内的所得缴纳企业所得税，即预提所得税。

知识链接

"实际联系"是指非居民企业取得的所得如果与其在中国境内设立的机构、场所存在以下两种关系：

（1）非居民企业取得的所得，是通过该机构、场所拥有的股权、债权而取得的。

（2）非居民企业取得的所得，是通过该机构、场所拥有、管理和控制的财产取得的。

3. 所得来源的确定

来源于中国境内、境外的所得，按照以下原则确定：

（1）销售货物所得，按照交易活动发生地确定。

（2）提供劳务所得，按照劳务发生地确定。

（3）转让财产所得，不动产转让所得按照不动产所在地确定，动产转让所得按照转让动产的企业或者机构、场所所在地确定，权益性投资资产转让所得按照被投资企业所在地确定。

（4）股息、红利等权益性投资所得，按照分配所得的企业所在地确定。

（5）利息所得、租金所得、特许权使用费所得，按照负担、支付所得的企业或者机构、场所所在地确定，或者按照负担、支付所得的个人的住所地确定。

（6）其他所得，由国务院财政、税务主管部门确定。

思考与分析

中国境内N公司从国外W公司购入一大型设备，W公司派相关技术人员到N公司进行指导、培训，N公司支付W公司咨询服务费、培训费5万元。

请问：W公司取得的咨询服务费、培训费是否应在中国缴纳企业所得税，为什么？

（三）税率

企业所得税税率采用比例税率，现行规定是：

（1）基本税率为25%。该税率适用于居民企业和在中国境内设有机构、场所且所得与该机构、场所有关联的非居民企业。

课外查阅

符合小型微利企业和高新技术企业的条件是什么？

（2）低税率为20%。该税率适用于在中国境内未设立机构、场所的，或者虽设立机构、场所但取得的所得与其所设机构、场所没有实际联系的非居民企业，但实际征税时适用10%的税率。

此外，国家为了重点扶持和鼓励发展特定的产业和项目，还规定了两档优惠税率：符合条件的小型微利企业，减按20%的税率征收企业所得税；国家需要重点扶持的高新技术企业，减按15%的税率征收企业所得税。

二、核算企业所得税应纳税额

（一）居民企业应纳税额的计算

居民企业应缴纳所得税税额等于应纳税所得额乘以适用税率，再减去减免及抵免税额，基本计算公式为：

应纳税额＝应纳税所得额×适用税率－减免税额－抵免税额

根据计算公式可以看出，应纳税额的多少，关键取决于应纳税所得额和适用税率两个因素。在实际工作中，应纳税所得额的计算一般有两种方法：一是直接计算法；二是间接计算法。

直接计算法下，企业每一纳税年度的收入总额减除不征税收入、免税收入、各项扣除以及允许弥补的以前年度亏损后的余额为应纳税所得额。计算公式为：

应纳税所得额＝每一纳税年度的收入总额－不征税收入－免税收入－各项扣除项目－允许弥补的以前年度亏损

间接计算法下，是在会计利润总额的基础上加或减按照税法规定调整的项目金额后，即为应纳税所得额。计算公式为：

应纳税所得额＝会计利润总额±纳税调整项目金额

纳税调整项目包括两方面内容：一是企业财务会计处理和税收规定不一致的应予以调

整的金额，二是企业按税法规定准予扣除的税收金额。

知识链接

应纳税所得额与会计利润是两个不同的概念，两者既有联系又有区别。

应纳税所得额是一个税法上的概念，是经纳税调整以后的税前利润，是企业所得税的计税依据。

会计利润是会计上的概念，是按照财务会计制度的规定核算得出的会计利润总额，是会计报表上反映的未经调整的利润总额，是确定应纳税所得额的基础。

1. 确定应纳税所得额

企业应纳税所得额的计算，以权责发生制为原则，属于当期的收入和费用，不论款项是否收付，均作为当期的收入和费用；不属于当期的收入和费用，即使款项已经在当期收付，均不作为当期的收入和费用。

（1）收入总额。企业以货币形式和非货币形式从各种来源取得的收入，为收入总额。包括：销售货物收入、提供劳务收入、转让财产收入、股息、红利等权益性投资收益、利息收入、租金收入、特许权使用费收入、接受捐赠收入、其他收入。其中，其他收入是指企业取得的除前述收入外的其他收入，包括企业资产溢余收入、逾期未退包装物押金收入、确实无法偿付的应付款项、已作坏账损失处理后又收回的应收款项、债务重组收入、补贴收入、违约金收入、汇兑收益等。

知识链接

《企业所得税法实施条例》规定，企业发生非货币性资产交换，以及将货物、财产、劳务用于捐赠、偿债、赞助、集资、广告、样品、职工福利或者利润分配等用途的，应当视同销售货物、转让财产或者提供劳务，确认收入，但国务院财政、税务主管部门另有规定的除外。而《增值税暂行条例实施细则》所规定的视同销售与其有差异。

（2）不征税收入。不征税收入是指从性质上和根源上不属于企业经营性活动带来的经济利益、不负有纳税义务并不作为应纳税所得额组成部分的收入范畴。包括：财政拨款；依法收取并纳入财政管理的行政事业性收费、政府性基金；国务院规定的其他不征税收入。

查阅财政拨款、行政事业性收费、政府基金的内容。

（3）免税收入。免税收入属于应税收入的性质，只是国家出于特定政策意图的考虑对其予以暂免征税，属于税收优惠政策的一部分。免税收入包括：国债利息收入；符合条件的居民企业之间的股息、红利收入，符合条件的非营利公益组织的收入等。

（4）扣除项目。企业实际发生的与取得收入有关的、合理的支出，包括成本、费用、税金、损失和其他支出，准予在计算应纳税所得额时扣除。

成本，是指企业在生产经营活动中发生的销售成本、销货成本、业务支出以及其他耗费；费用，是指企业在生产经营活动中发生的销售费用、管理费用和财务费用，已经计入成本的有关费用除外；税金，是指企业发生的除企业所得税和允许抵扣的增值税以外的各项税金及其附加；损失，是指企业在生产经营活动中发生的固定资产和存货的盘亏、毁损、报废损失，转让财产损失，呆账损失，坏账损失，自然灾害等不可抗力因素造成的损失以及其他损失；其他支出，是指除成本、费用、税金、损失外，企业在生产经营活动中发生的与生产经营活动有关的、合理的支出。

小贴士

企业缴纳的房产税、车船税、土地使用税、印花税等，已经计入管理费用中扣除的，不再作为销售税金单独扣除。企业缴纳的增值税因其属于价外税，故不在扣除之列。

在实际工作中，税法对税前扣除的具体范围和标准又做了规定，具体如下：

第一，工资、薪金支出。企业发生的合理的工资、薪金支出，准予扣除。工资薪金，是指企业每一纳税年度支付给在本企业任职或者受雇的员工的所有现金形式或者非现金形式的劳动报酬，包括基本工资、奖金、津贴、补贴、年终加薪、加班工资，以及与员工任职或者受雇有关的其他支出。

第二，劳动保险和住房公积金。企业依照国务院有关主管部门或者省级人民政府规定的范围和标准为职工缴纳的基本养老保险费、基本医疗保险费、失业保险费、工伤保险费、生育保险费等基本社会保险费和住房公积金，准予扣除。企业为投资者或者职工支付的补充养老保险费、补充医疗保险费，在国务院财政、税务主管部门规定的范围和标准内，准予扣除。目前规定的标准是：两者分别为工资薪金总额的5%。

第三，职工福利费、工会经费、职工教育经费。企业发生的职工福利费支出，不超过工资薪金总额14%的部分，准予扣除；企业拨缴的工会经费，不超过工资薪金总额2%的部分，准予扣除；除国务院财政、税务主管部门另有规定外，企业发生的职工教育经费支出，不超过工资薪金总额2.5%的部分，准予扣除，超过部分，准予在以后纳税年度结转扣除。

第四，借款费用支出。企业在生产经营活动中发生的合理的不需要资本化的借款费用，准予在费用发生当期扣除。计入有关资产成本的资本化的借款费用，当期不得扣除，依据有关规定随资产的使用逐渐扣除。

第五，广告费和业务宣传费。企业发生的符合条件的广告费和业务宣传费支出，除国务院财政、税务主管部门另有规定外，不超过当年销售（营业）收入15%的部分，准予扣除；超过部分，准予在以后纳税年度结转扣除。

小贴士

销售（营业）收入包括销售货物收入、劳务收入、转让财产收入、租金收入、视同销售收入等，即会计核算中计入“主营业务收入”和“其他业务收入”的收入，但不包括营业外收入。

【例8—1】 某公司2010年的有关数据如下：销售产品取得收入1 000万元，销售材料取得收入10万元，将自产产品用于在建工程，该批产品的售价为5万元，转让专利A使用权取得收入10万元，转让专利B所有权取得收入10万元，接受捐赠5万元，将售价为10万元的材料与债权人甲公司债务重组顶账15万元。转让固定资产取得收入10万元（净收益3万元计入营业外收入）。

要求：试计算该公司2010年在计算应纳税所得额时广告和业务宣传费的扣除限额。

解：确认扣除限额的计算基数是主营业务收入、其他业务收入和视同销售确认的收入。自产产品用于在建工程虽然视同销售征收增值税，但根据所得税法规定，不确认收入。

$$\text{扣除标准}=\text{销售产品收入}+\text{销售材料收入}+\text{转让专利A使用权收入}+\text{将材料与甲公司债务重组}$$

$$=1\,000+10+10+10=1\,030\text{（万元）}$$

准予扣除的广告费和业务宣传费扣除限额＝1 030×15%＝154.5（万元）

第六，业务招待费。企业发生的与生产经营活动有关的业务招待费支出，按照发生额的60%扣除，但最高不得超过当年销售（营业）收入的5‰。

【例8—2】 仍以【例8—1】为例，假设该公司2010年发生与生产经营活动有关的业务招待费为150万元。

要求：计算准予扣除的业务招待费限额。

解：按发生额的60%可扣除的业务招待费＝150×60%＝90（万元）

可扣除的业务招待费最高限额＝1 030×5‰＝5.15（万元）

企业可以扣除的业务招待费数额为5.15万元。

第七，捐赠支出。企业发生的公益性捐赠支出，在年度利润总额12%以内的部分，准予在计算应纳税所得额时扣除。

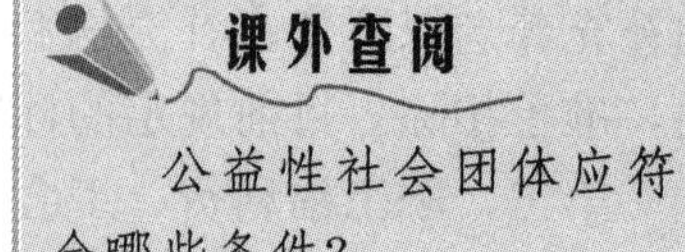

课外查阅

公益性社会团体应符合哪些条件？

知识链接

公益性捐赠，是指企业通过公益性社会团体或者县级以上人民政府及其部门，用于《中华人民共和国公益事业捐赠法》规定的公益事业的捐赠。具体范围包括：

（1）救助灾害、救济贫困、扶助残疾人等困难的社会群体和个人的活动。

（2）教育、科学、文化、卫生、体育事业。

（3）环境保护、社会公共设施建设。

（4）促进社会发展和进步的其他社会公共和福利事业。

年度利润总额，是指企业依照国家统一会计制度的规定计算的大于零的数额。

【例8—3】 根据企业所得税法律制度的规定，下列各项中，在计算应纳税所得额时准予按一定比例扣除的公益、救济性捐赠的是（　　）。

A. 纳税人直接向某学校的捐赠　　B. 纳税人通过企业向自然灾害地区的捐赠

C. 纳税人通过电视台向灾区的捐赠　　D. 纳税人通过民政部门向贫困地区的捐赠

解：D。允许税前扣除的公益性捐赠，是企业通过公益性社会团体或者县级以上人民政府及其部门，用于规定的公益事业的捐赠。直接向受赠人的捐赠不允许扣除。

【例 8—4】 某企业按照统一会计政策计算出利润总额 300 万元，当年营业外支出 40 万元，均为捐赠支出，其中，当年直接给受灾灾民发放慰问金 10 万元，通过政府机关对受灾地区捐赠 30 万元。确定当年捐赠支出可税前扣除的金额。

解： 该企业当年可在所得税前列支的公益救济性捐赠限额为：300×12%＝36（万元）；直接给灾民的 10 万元不符合公益性捐赠的条件，税前不可扣除；通过政府机关对受灾地区捐赠 30 万元，小于扣除限额，可全部扣除。因此当年捐赠支出可税前扣除的金额为 30 万元。

第八，加计扣除。加计扣除是指按照税法规定在实际发生数额的基础上，再加成一定比例，作为计算应纳税所得额时的扣除数额的一种税收优惠措施。《企业所得税法》及其实施条例规定企业的下列支出，可以在计算应纳税所得额时加计扣除：

开发新技术、新产品、新工艺发生的研究开发费用，计入当期损益未形成无形资产的，允许再按其当年研究开发费用实际发生额的 50%，直接抵扣当年的应纳税所得额；形成无形资产的，按照该无形资产成本的 150%在税前摊销。除法律另有规定外，摊销年限不得低于 10 年。

安置残疾人员及国家鼓励安置的其他就业人员所支付的工资，在进行企业所得税预缴申报时，允许据实计算扣除；在年度终了进行企业所得税年度申报和汇算清缴时，再按照支付给残疾职工工资的 100%加计扣除。

【例 8—5】 长海公司 2010 年当年发生研究开发支出 100 万元，其中，资本化 80 万元，开发的无形资产于期末达到预定可使用状态，计入无形资产，使用期限 10 年，并从 2011 年开始摊销。假设该公司每年会计利润为 200 万元，无其他纳税调整项目，请计算 2010 年、2011 年长海公司在计算应纳税所得额时可扣除的与研发支出有关的金额。

解： 2010 年与研发支出有关的扣除金额＝20＋20×50%＝30（万元）

2011 年与研发支出有关的扣除金额＝80/10×150%＝12（万元）

（5）亏损弥补。亏损，是指企业依照《企业所得税法》及其实施条例的规定，将每一纳税年度的收入总额减除不征税收入、免税收入和各项扣除后小于零的数额。税法规定，纳税人发生年度亏损的，可以用下一纳税年度的所得弥补；下一纳税年度的所得不足弥补的，可以逐年延续弥补，但是延续弥补期最长不得超过 5 年。5 年内不论是盈利或亏损，都作为实际弥补期限计算。

小贴士

亏损不是企业财务报表中反映的亏损额，而是企业财务报表中的亏损额经主管税务机关按税法规定核实调整后的金额。亏损弥补是自亏损年度报告的下一个年度起连续 5 年不间断地计算。如连续发生年度亏损，也必须从第一个亏损年度算起，先亏先补，按顺序连续计算亏损弥补期，不得将每个亏损年度的连续弥补期相加，更不得断开计算。

企业在汇总计算缴纳企业所得税时，其境外营业机构的亏损不得抵减境内营业机构的盈利。企业境外同一国家的业务之间的盈亏可以互相弥补。

【例 8—6】 某企业 2004—2010 年度的盈亏情况如表 8—1 所示。请分析该企业亏损弥补的正确方法。

表 8—1　　某企业 2004—2010 年盈亏情况表

年度	2004	2005	2006	2007	2008	2009	2010
盈亏（万元）	－120	－50	10	30	30	40	70

解：该企业 2004 年度亏损 120 万元，按税法规定可以申请用 2005—2009 年 5 年的盈利弥补。虽然该企业在 2005 年度也发生了亏损，但仍应作为弥补期。截至 2009 年末，2004 年度的亏损弥补期限结束，总计弥补亏损 110 万元，剩余的 10 万元亏损不能再用以后年度的盈利弥补。2005 年度的亏损额 50 万元，按照税法规定可以申请用 2006—2010 年 5 年的盈利弥补。由于 2006—2009 年度的盈利已用于弥补 2004 年度的亏损，因此，2005 年度的亏损只能用 2010 年度的盈利弥补。2010 年度该企业盈利 70 万元，其中可用 50 万元来弥补 2005 年度发生的亏损，剩余 20 万元应按税法规定缴纳企业所得税。

课外查阅

查阅固定资产、无形资产、存货等资产的税务处理规定。

知识链接

计算应纳税所得额时，不得扣除的支出包括：向投资者支付的股息、红利等权益性投资收益款项；企业所得税税款；税收滞纳金；罚金、罚款和被没收财物的损失；非公益性捐赠支出；赞助支出（企业发生的与生产经营活动无关的各种非广告性质支出）；未经核定的准备金支出（指不符合国务院财政、税务主管部门规定的各项资产减值准备、风险准备等准备金支出）；与取得收入无关的其他支出（如担保支出）。

2. *确定应纳税额*

企业的应纳税所得额乘以适用税率，减除依照《企业所得税法》关于税收优惠的规定减免和抵免的税额后的余额，为应纳税额。计算公式为：

应纳税额＝应纳税所得额×适用税率－减免税额－抵免税额

公式中的“减免税额”和“抵免税额”是指依照《企业所得税法》及其实施条例或国务院其他有关税收优惠规定减征和抵免的税额。

《企业所得税法》对税收抵免作了如下规定：

（1）企业购置用于环境保护、节能节水、安全生产等专用设备的投资额，其设备投资额的 10％可以从当年应纳税所得额中抵免。

（2）企业来源于中国境外的所得已在境外缴纳的所得税税额，可以从其当期应纳税额中抵免。抵免限额为该项所得依照我国《企业所得税法》及其实施条例规定计算的应纳税额，超过抵免限额的部分，可以在以后 5 个年度内，用每年度抵免限额抵免当年应抵税额后的余额进行抵补。抵免限额的计算公式为：

$$\text{抵免限额}=\frac{\text{中国境内、境外所得依照我国《企业所得税法》及其实施条例的规定计算的应纳税总额}}{}\times\text{来源于某国（地区）的应纳税所得额}\div\text{中国境内、境外应纳税所得总额}$$

小贴士

如果从境外取得的所得为境内企业从境外分得的利润（即税后利润），还需要将从境外分得的利润还原成境外缴纳所得税前的利润额，再据此计算应纳税额。

【例 8—7】 某公司 2010 年境内应纳税所得额为 500 万元（适用的企业所得税税率为 25%），在甲国投资获利 100 万元（税前利润），甲国的企业所得税税率为 20%。计算该公司 2010 年的应纳税额。

解：（1）按我国税法规定计算的境内、境外所得的应纳税额＝(500＋100)×25%＝150（万元）。

课外查阅

查阅《企业所得税法》及其实施条例中关于税收优惠的规定。

（2）境外所得税税款的扣除限额＝150×[100/(500＋100)]＝25（万元）。

（3）在境外已缴纳的所得税款＝100×20%＝20（万元）。

在甲国缴纳的所得税为 20 万元，低于扣除限额，可全额扣除。

该公司 2010 年应纳税额＝150－20＝130（万元）

思考与分析

如果【例 8—7】的甲国企业所得税税率为 30%，则该公司 2010 年应纳所得税税额及以后年度应如何计算？

【例 8—8】 某企业为居民企业，2010 年发生经营业务如下：

（1）取得产品销售收入 4 000 万元。

（2）发生产品销售成本 2 600 万元。

（3）发生销售费用 770 万元（其中广告费 650 万元），管理费用 480 万元（其中业务招待费 25 万元），财务费用 60 万元。

（4）销售税金 160 万元（含增值税 120 万元）。

（5）营业外收入 80 万元，营业外支出 50 万元（其中公益性捐赠支出 30 万元，支付税收滞纳金 6 万元）。

（6）计入成本、费用的实发工资总额 200 万元，拨缴职工工会经费 5 万元，发生职工福利费 31 万元，发生职工教育经费 7 万元。

要求：计算该企业 2010 年实际应纳的企业所得税。

解：（1）会计利润＝4 000＋80－2 600－770－480－60－(160－120)－50＝80（万元）。

（2）广告费扣除标准＝4 000×15%＝600（万元）；

应调增所得额＝650－600＝50（万元）。

(3) 按业务招待费发生额的60%可扣除的业务招待费＝25×60%＝15（万元）；
可扣除的业务招待费最高限额＝4 000×5‰＝20（万元）；
应调增所得额＝25－15＝10（万元）。

(4) 公益性捐赠支出的扣除标准＝80×12%＝9.6（万元）；
应调增所得额＝30－9.6＝20.4（万元）。

(5) 税收滞纳金不允许税前扣除，应调增所得额6万元。

(6) 工会经费扣除标准＝200×2%＝4（万元）；
应调增所得额＝5－4＝1（万元）。

(7) 职工福利费扣除标准＝200×14%＝28（万元）；
应调增所得额＝31－28＝3（万元）。

(8) 职工教育经费扣除标准＝200×2.5%＝5（万元）；
应调增所得额＝7－5＝2（万元）。

根据上述计算结果，可得：

应纳税所得额＝80＋50＋10＋20.4＋6＋1＋3＋2＝172.4（万元）
2010年应缴纳的企业所得税＝172.4×25%＝43.1（万元）

（二）非居民企业应纳税额的计算

非居民企业在中国境内设立机构、场所，且取得的所得与其所设机构、场所有实际联系的所得，计算应纳税所得额的方法同居民企业。

非居民企业在中国境内未设立机构、场所的，或者虽然设立机构、场所但取得的所得与其所设机构、场所没有实际联系的所得，按下列方法计算应纳税所得额：

(1) 股息、红利等权益性投资收益和利息、租金、特许权使用费所得，以收入全额为应纳税所得额。

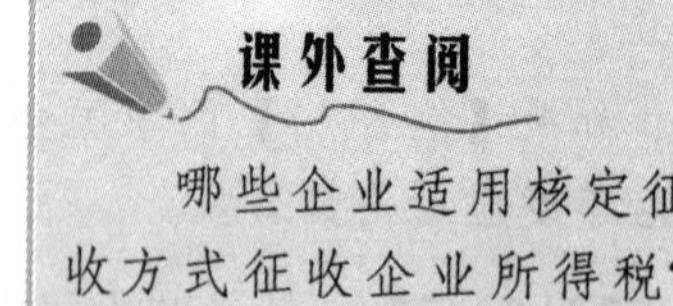

哪些企业适用核定征收方式征收企业所得税？核定征收的方法是什么？

(2) 转让财产所得，以收入全额减除财产净值后的余额为应纳税所得额。财产净值，是指有关资产、财产的计税基础减除已经按照规定扣除的折旧、折耗、摊销、准备金等后的余额。

(3) 其他所得，参照前两项规定的方法计算应纳税所得额。

（三）企业所得税的账务处理

1. 账户设置

为了准确核算企业所得税，应设置“所得税费用”、“递延所得税资产”、“递延所得税负债”及“应交税费——应交所得税”账户。

(1)“所得税费用”账户，核算企业确认的应从当期利润总额中扣减的所得税费用，应设置“当期所得税费用”和“递延所得税费用”两个明细账户，进行明细核算。

(2)“递延所得税资产”账户，核算企业确认的因会计制度与税法规定不一致所产生的可抵扣暂时性差异对所得税的影响。该科目借方登记递延所得税资产增加额，贷方登记递延所得税资产减少额，借方余额为资产，表示将来可以少交的所得税金额。

(3)“递延所得税负债”账户，核算企业确认的因会计制度与税法规定不一致所产生的应纳税暂时性差异对所得税的影响。该科目借方登记递延所得税负债减少额，贷方登记递延所得税负债增加额，该科目贷方余额为负债，表示将来应交所得税金额。

(4)“应交税费——应交所得税”账户，核算按照税法规定计算的应交所得税。

2. 会计核算

(1) 当期应交所得税。资产负债表日，企业按照税法规定计算确定的当期应交所得税，会计分录为：

借：所得税费用——当期所得税费用

　贷：应交税费——应交所得税

(2) 递延所得税资产的核算。资产负债表日，企业确认递延所得税资产。当递延所得税资产的应有余额大于“递延所得税资产”科目余额时，按其差额做会计分录：

借：递延所得税资产

　贷：所得税费用——递延所得税费用

当递延所得税资产的应有余额小于“递延所得税资产”科目余额，按其差额做会计分录：

借：所得税费用——递延所得税费用

　贷：递延所得税资产

(3) 递延所得税负债的核算。资产负债表日，企业确认递延所得税负债。当递延所得税负债的应有余额大于其账面余额时，按其差额做会计分录：

借：所得税费用——递延所得税费用

　贷：递延所得税负债

当递延所得税负债的应有余额小于其账面余额时，按其差额做会计分录：

借：递延所得税负债

　贷：所得税费用——递延所得税费用

【例 8—9】 某企业 2010 年年度利润表上的税前会计利润为 500 000 元，企业发生财务费用 40 000 元，按税法规定允许税前扣除 30 000 元。2009 年购入一台生产设备，入账价值为 100 000 元，企业按照 5 年计提折旧，税法规定折旧年限为 10 年，无残值。

要求：对该企业进行所得税相应会计处理。

解：(1) 计算当期所得税费用。会计上年折旧额＝100 000÷5＝20 000（元），税法上允许扣除的年折旧额＝100 000÷10＝10 000（元），应调增应纳税所得额。

2010 年应纳税所得额＝500 000＋(40 000－30 000)＋(20 000－10 000)＝520 000（元）

2010 年应纳所得税额＝520 000×25%＝130 000（元）

做会计分录为：

借：所得税费用——当期所得税费用　　130 000

　贷：应交税费——应交所得税　　130 000

(2) 计算递延所得税资产。

2010 年末固定资产的账面价值＝100 000－20 000＝80 000（元）

2010 年末固定资产的计税基础＝100 000－10 000＝90 000（元）

可抵扣暂时性差异＝90 000－80 000＝10 000（元）

应确认的递延所得税资产＝10 000×25％＝2 500（元）

做会计分录为：

借：递延所得税资产　　2 500

　贷：所得税费用——递延所得税费用　　2 500

实训操作

根据任务一“任务导入”中佳美服装有限公司2010年的业务，为该公司计算确定当年应纳税所得额及应纳所得税额，并做出所得税相应的会计处理。

任务二　企业所得税纳税申报

任务导入

在任务一中，佳美服装有限公司2010年的企业所得税的涉税业务的核算工作已经完成，办税员着手办理2010年企业所得税的汇算清缴工作。

任务目标：

完成佳美服装有限公司《企业所得税纳税申报表》及其附表的填写，并汇算清缴。

学习任务考核单

姓名：　　学号：　　编号8—2

序号	任务	分值	总结与归纳	成绩
1	企业所得税纳税期限	20		
2	企业所得税纳税地点	20		
3	企业所得税纳税申报（主表的填报）*	40		
4	企业所得税纳税申报（附表的填报）*	20		

请学生完成学习任务考核单并上交。标注“＊”的请结合实训操作结果填写。

学习指南

一、纳税期限

企业所得税按年计征，分月或者分季预缴，年终汇算清缴，多退少补。

企业所得税的纳税年度自公历1月1日至12月31日止。企业在一个纳税年度中间开业或者终止经营活动，使该纳税年度的实际经营期不足12个月的，应当以其实际经营期为一个纳税年度。企业清算时，应当以清算期间作为一个纳税年度。

企业所得税分月或者分季预缴，应当自月份或者季度终了之日起15日内，向税务机关报送《企业所得税月（季）度预缴纳税申报表》，年度终了之日起5个月内，向税务机关报送《企业所得税年度纳税申报表》，并汇算清缴，结清应交应退税款。

二、纳税地点

（一）居民企业

企业所得税以企业登记注册地确定纳税地点，但登记注册地在境外的，以实际管理机构所在地为纳税地点。

居民企业在中国境内设立不具有法人资格的营业机构的，应当汇总计算并缴纳企业所得税。企业汇总计算并缴纳企业所得税时，应当统一核算应纳税所得额，具体办法由国务院财政、税务主管部门另行制定。

（二）非居民企业

（1）非居民企业在中国境内设立机构、场所而取得来自于中国境内的所得，以及发生在中国境外但与其所设机构、场所有实际联系的所得，以机构、场所所在地为纳税地点。

（2）非居民企业在中国境内设立两个或者两个以上机构、场所的，经税务机关审核批准，可以选择由其主要机构、场所汇总缴纳企业所得税，纳税地点为主要机构、场所所在地。

知识链接

主要机构、场所，应当同时符合的条件为：

（1）对其他各机构、场所的生产经营活动负有监督管理责任。

（2）设有完整的账簿、凭证，能够准确反映各机构、场所的收入、成本、费用和盈亏情况。

（3）非居民企业在中国境内未设立机构、场所，或者虽设立机构、场所但取得的所得与其所设机构、场所没有实际联系的来源于中国境内的所得，以其扣缴义务人所在地为纳税地点。

三、纳税申报

企业在纳税年度内无论盈利或者亏损，都应当按照《企业所得税法》的规定期限，向税务机关报送《企业所得税月（季）度预缴纳税申报表》、《企业所得税年度纳税申报表》、财务会计报告和税务机关规定应当报送的其他有关资料。

（一）月（季）度预缴纳税申报

课外查阅

B类纳税申报表适用于采用核定征收管理办法缴纳企业所得税的纳税人，查阅该类申报表的格式及填列要求。

根据《企业所得税法》的规定，分月或者分季预缴企业所得税时，应当按照月度或者季度的实际利润额预缴；按照月度或者季度的实际利润额预缴有困难的，可以按照上一纳税年度应纳税所得额的月度或者季度平均额预缴，或者按照经税务机关认可的其他方法预缴。预缴方法一经确定，该纳税年度内不得随意变更。《企业所得税月（季）度预缴纳税申报表（A 类）》如表 8—2 所示。

表 8—2　　　　中华人民共和国企业所得税月（季）度预缴纳税申报表（A 类）

税款所属期间　　年　　月　　日至　　年　　月　　日

纳税人名称：

纳税人识别号：□□□□□□□□□□□□□□□□□□□　　　　金额单位：人民币元（列至角分）

行次	项　　目		本期金额	累计金额
1	一、据实预缴			
2	营业收入			
3	营业成本			
4	实际利润额			
5	税率（25%）		—	—
6	应纳所得税额（4 行×5 行）			
7	减免所得税额			
8	实际已缴所得税额		—	
9	应补（退）的所得税额（6 行−7 行−8 行）		—	
10	二、按上一纳税年度应纳税所得额平均额预缴			
11	上一纳税年度应纳税所得额		—	
12	本月（季）应纳税所得额（11 行÷4 或 11 行÷12）			
13	税率（25%）		—	—
14	本月（季）应纳所得税额（12 行×13 行）			
15	三、按照税务机关确定的其他方法预缴			
16	本月（季）确定预缴的所得税额			
17	总分机构纳税人			
18	总机构	总机构应分摊的所得税额（9 行或 14 行或 16 行×25%）		
19		中央财政集中分配税款的所得税额（9 行或 14 行或 16 行×25%）		
20		分支机构分摊的所得税额（9 行或 14 行或 16 行×50%）		
21	分支机构	分配比例		
22		分配的所得税额（20 行×21 行）		

谨声明：此纳税申报表是根据《中华人民共和国企业所得税法》、《中华人民共和国企业所得税法实施条例》和国家有关税收规定填报的，是真实的、可靠的、完整的。

法定代表人（签字）：　　　　　　　　年　月　日

纳税人公章： 会计主管： 填表日期：　　年　月　日	代理申报中介机构公章： 经办人： 经办人执业证件号码： 代理申报日期：　　年　月　日	主管税务机关受理专用章： 受理人： 受理日期：　　年　月　日

（二）年度纳税申报

年度终了后 5 个月内，企业应当进行年度汇算清缴，进行年度纳税申报。《企业所得税年度纳税申报表》分为主表（见表 8—3）及其有关附表，附表包括《收入明细表》（根据企业性质不同，分别不同收入明细表）、《成本费用明细表》（根据企业性质不同，分别不同成本费用明细表）、《纳税调整明细表》、《税收优惠明细表》等。

表 8—3　　　　　　　中华人民共和国企业所得税年度纳税申报表（A类）

税款所属期间：　　年　　月　　日至　　年　　月　　日

纳税人名称：

纳税人识别号：□□□□□□□□□□□□□□□□□□□□　　　　金额单位：元（列至角分）

类别	行次	项　目	金额
利润总额计算	1	一、营业收入（填附表一）	
	2	减：营业成本（填附表二）	
	3	营业税金及附加	
	4	销售费用（填附表二）	
	5	管理费用（填附表二）	
	6	财务费用（填附表二）	
	7	资产减值损失	
	8	加：公允价值变动收益	
	9	投资收益	
	10	二、营业利润（1−2−3−4−5−6−7＋8＋9）	
	11	加：营业外收入（填附表一）	
	12	减：营业外支出（填附表二）	
	13	三、利润总额（10＋11−12）	
应纳税所得额计算	14	加：纳税调整增加额（填附表三）	
	15	减：纳税调整减少额（填附表三）	
	16	其中：不征税收入	
	17	免税收入	
	18	减计收入	
	19	减、免税项目所得	
	20	加计扣除	
	21	抵扣应纳税所得额	
	22	加：境外应税所得弥补境内亏损	
	23	纳税调整后所得（13＋14−15＋22）	
	24	减：弥补以前年度亏损（填附表四）	
	25	应纳税所得额（23−24）	
应纳税额计算	26	税率（25%）	
	27	应纳所得税额（25×26）	
	28	减：减免所得税额（填附表五）	
	29	减：抵免所得税额（填附表五）	
	30	应纳税额（27−28−29）	
	31	加：境外所得应纳所得税额（填附表六）	
	32	减：境外所得抵免所得税额（填附表六）	
	33	实际应纳所得税额（30＋31−32）	
应纳税额计算	34	减：本年累计实际已预缴的所得税额	
	35	其中：汇总纳税的总机构分摊预缴的税额	
	36	汇总纳税的总机构财政调库预缴的税额	
	37	汇总纳税的总机构所属分支机构分摊的预缴税额	
	37—1	其中：本市总机构所属本市分支机构分摊的预缴税额	
	38	合并纳税（母子体制）成员企业就地预缴比例	
	39	合并纳税企业就地预缴的所得税额	
	40	本年应补（退）的所得税额（33−34）	
附列资料	41	以前年度多缴的所得税额在本年抵减额	
	42	以前年度应缴未缴在本年入库所得税额	

纳税人公章	代理申报中介机构公章：	主管税务机关受理专用章：
经办人：	经办人：	受理人：
	经办人执业证件号码：	
申报日期：　　年　月　日	代理申报日期：　　年　月　日	受理日期：　　年　月　日

实训操作

根据任务一“任务导入”中的资料及任务一“实训操作”的结果，完成佳美服装有限公司2010年度企业所得税纳税的汇算清缴。

课外查阅

查阅企业所得税月（季）度、年度纳税申报表的填列方法和附表的内容及填列方法。

知识考验

一、单项选择题

1. 根据企业所得税法律制度的规定，下列各项中，不属于企业所得税纳税人的是（　　）。

A. 股份有限公司　　B. 合伙企业　　C. 联营企业　　D. 出版社

2. 根据企业所得税法律制度的规定，下列各项中，在计算企业应纳税所得额时，不准从收入总额中扣除的是（　　）。

A. 增值税　　B. 印花税　　C. 资源税　　D. 关税

3. 按照企业所得税法的规定，企业年度终了后，进行汇算清缴的期限是（　　）。

A. 3个月　　B. 4个月　　C. 5个月　　D. 6个月

4. 纳税人发生的下列支出中，在计算应纳税所得额时可以扣除的是（　　）。

A. 缴纳罚金10万元　　B. 直接赞助某学校8万元

C. 缴纳税收滞纳金4万元　　D. 银行罚息1万元

5. 在计算企业应纳税所得额时，下列不可以扣除的费用是（　　）。

A. 已计入成本的费用　　B. 管理费用

C. 财务费用　　D. 销售费用

6. 下列税金不可以计入“管理费用”科目在企业所得税前扣除的是（　　）。

A. 房产税　　B. 车辆购置税　　C. 车船税　　D. 印花税

7. 在计算企业所得税应纳税所得额时，下列准予从收入总额中直接扣除的是（　　）。

A. 对外投资的支出　　B. 各项税收滞纳金、罚款支出

C. 费用化的研发支出　　D. 用于对外投资的借款费用

8. 纳税人以前年度发生亏损，可以弥补的金额是（　　）。

A. 企业申报的亏损额　　B. 税务机关按税法规定核定调整后的金额

C. 企业财务报表的账面金额　　D. 企业自己核定的亏损额

9. 某公司2009年经税务机关核实亏损20万元，2010年该公司利润总额为100万元，无其他纳税调整事项。该公司适用所得税税率为25%，该公司2010年应纳所得税税额为（　　）万元。

A. 25　　B. 20　　C. 16　　D. 8

10. 根据税法规定，企业所得税的征收办法是（　　）。

A. 按月征收　　B. 按季征收，分月预缴

C. 按季征收　　D. 按年征收，分月或分季预缴

二、多项选择题

1. 下列企业中符合《企业所得税法》所称居民企业有关规定的有（　　）。

A. 依照中国法律、法规在中国境外成立的企业

B. 依照中国法律、法规在中国境内成立的企业

C. 依照外国（地区）法律成立但实际管理机构在中国境内的企业

D. 依照外国（地区）法律成立且实际管理机构在中国境外的企业

2. 以下使用25%税率的企业有（　　）。

A. 在中国境内的居民企业

B. 在中国境内设有机构、场所，但所得与该机构、场所没有实际联系的非居民企业

C. 在中国境内设有机构、场所，且所得与该机构、场所有关联的非居民企业

D. 在中国境内未设立机构、场所的非居民企业

3. 下列企业属于居民企业的有（　　）。

A. 在辽宁省工商局登记注册的企业

B. 在日本注册但实际管理机构在北京的企业

C. 在日本注册的企业设在北京的办事处

D. 在辽宁省注册但在中东开展工程承包的企业

4. 下列企业属于非居民企业的有（　　）。

A. 外商独资企业

B. 在法国成立但实际管理机构在北京的企业

C. 实际管理机构在美国，在中国境内虽未设立机构、场所但有来源于中国境内所得的企业

D. 实际管理机构在美国，但在北京设立机构、场所的企业

5. 在计算广告和业务宣传费税前准许扣除限额时，计算的基数为销售（经营）收入净额，下列收入中可计入收入净额的是（　　）。

A. 主营业务收入　　B. 其他业务收入

C. 股权投资的持有收益　　D. 罚没收入

6. 以下事项可以税前扣除的是（　　）。

A. 赞助支出

B. 纳税人逾期归还银行贷款，银行按规定加收的罚息

C. 纳税人为雇员向商业保险机构投保的人寿保险

D. 纳税人参加的财产和运输保险

7. 下列项目中，计算企业所得税应纳税所得额时，不准从收入总额中扣除的有（　　）。

A. 违法经营的罚款和被没收财物的损失　　B. 为促销商品发生的广告性支出

C. 遭受自然灾害有赔偿的部分　　D. 销售货物给购货方的回扣支出

8. 在计算应纳税所得额时，下列各项中，不得扣除的是（　　）。

A. 购置大型设备的款项　　B. 缴纳的财产保险费

C. 税收滞纳金　　D. 向投资者支付的股息、红利

9. 在计算应纳税所得额时，下列支出不得扣除的有（　　）。

A. 土地增值税税款　　B. 企业所得税税款

C. 税收滞纳金　　　　　　　　　　D. 向环保部门缴纳的罚款

10. 某生产企业（增值税一般纳税人）因意外事故损失外购原材料，账面成本是 60 万元，保险公司调查后同意赔付 15 万元，其余损失已报，经税务机关同意扣除。则该企业确定应纳税所得额时正确的有（　　）。

A. 税前准予扣除的损失为 45 万元

B. 税前准予扣除的损失为 15 万元

C. 损失原材料而转出的进项税额不得在所得税前扣除

D. 损失原材料而转出的进项税额准予在所得税前扣除

三、计算题

1. 甲公司 2010 年经营业务如下：取得主营业务收入 4 500 万元，其他业务收入 1 000 万元，视同销售收入 500 万元，营业成本 3 200 万元，发生销售费用 1 340 万元（其中广告费 1 000 万元），管理费用 960 万元（其中业务招待费 30 万元），财务费用 120 万元，营业税及教育费附加 80 万元，营业外收入 140 万元，营业外支出 100 万元（其中包括通过公益性社会团体向贫困山区捐款 60 万元，支付税收滞纳金 12 万元）。其中，计入成本、费用中的实发工资总额 300 万元，拨缴职工工会经费 6 万元，提取职工福利费 46 万元、职工教育经费 10 万元。

要求：计算甲公司 2010 年应缴纳的企业所得税税额。

2. 某工业企业 2010 年度生产经营情况如下：

（1）销售收入 4 500 万元。

（2）销售成本 2 000 万元。

（3）销售税金及附加 80 万元，增值税 700 万元。

（4）其他业务收入 300 万元。

（5）销售费用 1 500 万元，其中包括广告费 800 万元、业务宣传费 20 万元。

（6）管理费用 500 万元，其中包括业务招待费 50 万元、研究新产品费用 40 万元。

（7）财务费用 80 万元，其中包括向非金融机构借款 1 年的利息 50 万元，年息为 10%（银行同期同类贷款利率为 6%）。

（8）营业外支出 30 万元，其中包括向供货商支付违约金 5 万元，接受工商局罚款 1 万元，通过政府部门向灾区捐赠 20 万元。

（9）投资收益 18 万元，其中包括从直接投资外地居民公司分回的税后利润 17 万元（该居民公司适用的企业所得税税率为 25%）和国债利息 1 万元。

已知：该企业账面会计利润为 628 万元，该企业适用的企业所得税税率为 25%，已预缴企业所得税 157 万元。

要求：（1）计算该企业 2010 年度的应纳所得税。

（2）计算该企业 2010 年度应退补的企业所得税额。

技能训练

三田股份有限公司为居民企业，适用的所得税税率为 25%，企业按季度预缴所得税，2010 年前三个季度每季度预缴 30 万元，总计预缴所得税 90 万元，该企业 2010 年的损益项目如表 8—4 所示。

表 8—4　　　　　　　　　　　　　　损益项目表

项　目	金额（万元）
主营业务收入	2 000
主营业务成本	1 300
营业税金及附加	12
销售费用	88
管理费用	100
财务费用	100
投资收益	20
营业外收入	10
营业外支出	9
利润总额	421

企业在进行年度汇算清缴时发现以下差异：

（1）投资收益中，包括国债利息收入 10 万元。

（2）营业外支出中，有 5 万元是税收罚款，3 万元是赞助支出。

（3）管理费用中列支业务招待费 25 万元。

（4）财务费用中，向非银行金融机构借款 60 万元，借款利率 10%（同期银行借款利率为 6%）。

要求：对所得税有关业务进行账务处理，并按要求填报《企业所得税年度纳税申报表》并汇算清缴，结清应缴应退款项。

模块九

个人所得税纳税实务

学习目标

知识目标

- 熟悉个人所得税相关法律知识
- 掌握个人所得税应纳税额的计算

技能目标

- 能正确核算个人所得税应纳税额
- 会填制《个人所得税纳税申报表》

任务一 核算个人所得税应纳税额

任务导入

某研究所专家张某2010年1—12月份个人所得情况如下：

(1) 每月工资、薪金收入4 500元。

(2) 向某公司提供一项专有技术，收取特许权使用费80 000元。

(3) 出版一本专著，稿酬12 000元；后该专著加印，出版社支付稿酬10 000元。

(4) 取得省政府颁发的科技发明奖20 000元。

(5) 为某单位设计工程图纸，报酬50 000元。

已知：张某的所得均由代扣代缴单位扣缴。

任务目标：

计算张某2010年应纳的个人所得税税款，并做出支付所得单位代扣代缴个人所得税的会计处理。

学习任务考核单

姓名：　　　　　　　　　　　　　　学号：　　　　　　　　　　　　　编号 9—1

序号	内容	分值	总结与归纳	成绩
1	个人所得税纳税人的界定	20		
2	个人所得税的征税范围	10		
3	个人所得税的税率	10		
4	不同所得项目计征个人所得税的方式	10		
5	个人所得税应纳税所得额的确定	30		
6	个人所得税应纳税额的计算*	20		

请学生完成学习任务考核单并上交。标注“*”的请结合实训操作结果填写。

学习指南

一、认识个人所得税

个人所得税是对个人（即自然人）的劳务和非劳务所得征收的一种税。

（一）纳税人和扣缴义务人

1. 个人所得税的纳税人

个人所得税以所得人为纳税人。为区分不同纳税人的纳税义务，我国按住所和居住时间两个标准，将个人所得税纳税人划分为居民纳税人和非居民纳税人。

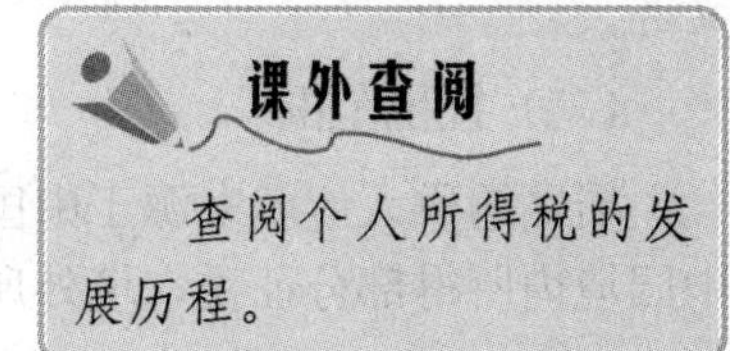

课外查阅

查阅个人所得税的发展历程。

（1）居民纳税人。个人只要符合或达到以下任何一个标准，就可被认定为居民纳税人。

第一，住所标准。《中华人民共和国个人所得税法》（以下简称《个人所得税法》）将在中国境内有住所的个人界定为“因户籍、家庭、经济利益关系而在中国境内习惯性居住的个人”。

知识链接

《个人所得税法》中“住所”是指习惯性住所，不是指实际居住或在某一段时间内的居住地。

第二，居住时间标准。一个纳税年度内（即公历 1 月 1 日起至 12 月 31 日止）在中国境内住满 365 日，即以居住满 1 年为时间标准，达到这个标准的个人即为居民纳税人。在居住期间内临时离境的，即在一个纳税年度中一次离境不超过 30 日或者多次离境累计不超过 90 日的，不扣减日数，连续计算。

居民纳税人负有无限纳税义务，其来源于境内、境外的所得均应向我国缴纳个人所得税。

思考与分析

某外国人 2008 年 2 月 12 日来华工作，2009 年 2 月 15 日回国，2009 年 3 月 2 日返回中国，2009 年 11 月 15 日至 2009 年 11 月 30 日期间，因工作需要去了日本，2009 年 12 月 1 日返回中国，后于 2010 年 11 月 20 日离华回国。

请问：该纳税人在各年度是否是我国的居民纳税人？

(2) 非居民纳税人。非居民纳税人，是指不符合居民纳税人判定标准的纳税人，主要包括：在中国境内无住所且不居住的个人；在中国境内无住所且居住不满 1 年的个人。

非居民纳税人承担有限纳税义务，仅就其来源于中国境内的所得向我国缴纳个人所得税。

小贴士

个人独资企业和合伙企业不缴纳企业所得税，其投资者为个人所得税的纳税人。

2. 个人所得税的扣缴义务人

我国实行个人所得税代扣代缴和个人申报纳税相结合的征收管理制度。税法规定，凡支付应纳税所得的单位或个人，都是个人所得税的扣缴义务人，扣缴义务人在向纳税人支付各项应纳税所得（个体工商户的生产、经营所得除外）时，必须履行代扣代缴税款的义务。

（二）征税范围

居民纳税人应就来源于中国境内和境外的全部所得征税；非居民纳税人则只就来源于中国境内所得部分征税，境外所得部分不属于我国征税范围。

知识链接

在中国境内无住所，但居住满 1 年，而未超过 5 年的个人，其来源于中国境外的所得，经主管税务机关批准，可以只就由中国境内公司、企业以及其他经济组织或个人支付的部分缴纳个人所得税；居住超过 5 年的个人，从第 6 年起，应当就其来源于中国境外的全部所得纳税。

《个人所得税法》规定了以下 11 项所得项目。

1. 工资、薪金所得

工资、薪金所得，是指个人因任职或者受雇而取得的工资、薪金、奖金、年终加薪、劳动分红、津贴、补贴以及与任职或者受雇有关的其他所得。

小贴士

下列项目不属于工资、薪金性质的补贴、津贴，不予征收个人所得税：独生子女补贴；执行公务员工资制度未纳入基本工资总额的补贴、津贴差额和家属成员的副食补贴；托儿补助费；差旅费津贴、误餐补助。

2. 个体工商户的生产、经营所得

个体工商户的生产、经营所得包括：

(1) 个体工商户从事工业、手工业、建筑业、交通运输业、商业、饮食业、服务业、修理业及其他行业取得的所得。

(2) 个人经政府有关部门批准，取得执照，从事办学、医疗、咨询以及其他有偿服务活动取得的所得。

(3) 个体工商户和个人取得的与生产、经营有关的各项应税所得。

(4) 其他个人从事个体工商业生产、经营取得的所得。

(5) 个人独资企业和合伙企业比照执行。

3. 对企事业单位的承包经营、承租经营所得

对企事业单位的承包经营、承租经营所得，是指个人承包经营或承租经营以及转包、转租取得的所得，还包括个人按月或按次取得的工资、薪金性质的所得。目前，实行承包(租) 经营的形式较多，分配方式也不相同，主要分为两类：

(1) 企业实行个人承包、承租经营后，如工商登记改变为个体工商户的，应依照“个体工商户的生产、经营所得”项目计征个人所得税，不再征收企业所得税。

(2) 企业实行个人承包、承租经营后，如工商登记仍为企业的，不管其分配方式如何，均应先按照企业所得税的有关规定缴纳企业所得税，然后根据承包、承租经营者按照合同(协议) 规定取得的所得，依照《个人所得税法》的有关规定缴纳个人所得税，具体包括以下两种情况：

第一，承包、承租人对企业经营成果不拥有所有权，仅按合同(协议) 规定取得一定所得的，其所得按“工资、薪金所得”项目征税。

第二，承包、承租人按合同(协议) 的规定只向发包、出租方缴纳一定费用的，缴纳费用后的企业经营成果归其所有的，其取得的所得，按对“企事业单位的承包经营、承租经营所得”项目征税。

4. 劳务报酬所得

劳务报酬所得，是指个人独立从事非雇佣的各种劳务所取得的所得。包括：设计、装潢、安装、制图、化验、测试、医疗、法律、会计、咨询、讲学、新闻、广播、翻译、审稿、书画、雕刻、影视、录音、录像、演出、表演、广告、展览、技术服务、介绍服务、经纪服务、代办服务及其他劳务。

小贴士

区分劳务报酬所得和工资、薪金所得，主要看是否存在雇佣与被雇佣的关系。工资、薪金所得是个人从事非独立劳动，从所在单位(雇主) 领取报酬，存在雇佣与被雇佣关系；而劳务报酬所得是指个人独立提供某种劳务而取得的所得，一般不存在雇佣关系。

5. 稿酬所得

稿酬所得，是指个人因其作品以图书、报刊形式出版、发表而取得的所得。作品包括

文学作品、书画作品、摄影作品以及其他作品。

6. 特许权使用费所得

特许权使用费所得，是指个人提供专利权、商标权、著作权、非专利技术以及其他特许权的使用权取得的所得。提供著作权的使用权取得的所得，不包括稿酬所得。

7. 利息、股息、红利所得

利息、股息、红利所得，是指个人拥有债权、股权而取得的利息、股息、红利所得。

8. 财产租赁所得

财产租赁所得，是指个人出租建筑物、土地使用权、机器设备、车船以及其他财产取得的所得。

9. 财产转让所得

财产转让所得，是指个人转让有价证券、股票、建筑物、土地使用权、机器设备、车船以及其他财产取得的所得。

小贴士

目前，国家对股票转让所得暂不征收个人所得税。对个人转让自用5年以上并且是家庭唯一生活用房取得的所得，免征个人所得税。

10. 偶然所得

偶然所得，是指个人得奖、中奖、中彩以及其他偶然性质的所得。偶然所得应缴纳的个人所得税税款，一律由发奖单位或机构代扣代缴。

11. 经国务院财政部门确定征税的其他所得

除上述列举的个人应税所得项目外，其他确有必要征税的个人所得，由国务院财政部门确定。个人取得的所得，难以界定应纳税所得项目的，由主管税务机关确定。

知识链接

所得来源地的确定：

(1) 工资、薪金所得，以纳税义务人任职、受雇的公司、企业、事业单位、机关、团体、部队、学校等单位的所在地作为所得来源地。

(2) 生产、经营所得，以生产、经营活动实现地作为所得来源地。

(3) 劳务报酬所得，以纳税义务人实际提供劳务的地点作为所得来源地。

(4) 不动产转让所得，以不动产坐落地为所得来源地；动产转让所得，以实现转让的地点为所得来源地。

(5) 财产租赁所得，以被租赁财产的使用地作为所得来源地。

(6) 利息、股息、红利所得，以支付利息、股息、红利的企业、机构、组织的所在地作为所得来源地。

(7) 特许权使用费所得，以特许权的使用地作为所得来源地。

(三) 税率

我国个人所得税采用的是分类所得税制，对不同的所得项目规定了不同的适用税率，主要有超额累进税率和比例税率两种形式。

1. 工资、薪金所得

工资、薪金所得适用 3%～45%的超额累进税率如表 9—1 所示。

表 9—1　　个人所得税税率表

（工资、薪金所得适用）

级数	全月应纳税所得额	税率（%）	速算扣除数
1	不超过 1 500 元的	3	0
2	超过 1 500 元～4 500 元的部分	10	105
3	超过 4 500 元～9 000 元的部分	20	555
4	超过 9 000 元～35 000 元的部分	25	1 005
5	超过 35 000 元～55 000 元的部分	30	2 755
6	超过 55 000 元～80 000 元的部分	35	5 505
7	超过 80 000 元的部分	45	13 505

2. 个体工商户的生产、经营所得和对企事业单位的承包、承租经营所得

个体工商户的生产、经营所得和对企事业单位的承包、承租经营所得，适用 5% ～ 35%的超额累进税率，如表 9—2 所示。

表 9—2　　个人所得税税率表

（个体工商户的生产、经营所得和对企事业单位的承包、承租经营所得适用）

级数	全年应纳税所得额	税率（%）	速算扣除数
1	不超过 15 000 元的	5	0
2	超过 15 000 元～30 000 元的部分	10	750
3	超过 30 000 元～60 000 元的部分	20	3 750
4	超过 60 000 元～100 000 元的部分	30	9 750
5	超过 100 000 元的部分	35	34 750

注：本表所称“全年应纳税所得额”是指依照《个人所得税法》的规定，以每一纳税年度的收入总额，减除成本、费用以及损失后的余额。

3. 稿酬所得

稿酬所得，适用比例税率，税率为 20%，并按应纳税额减征 30%，即只征 70%的税额，其实际税率为 14%。

4. 劳务报酬所得

劳务报酬所得，适用比例税率，税率为 20%。对劳务报酬所得一次收入畸高（个人一次取得劳务报酬的应纳税所得额超过 20 000 元）的，可以实行加成征收。加成征收采取超额累进办法，即个人取得劳务报酬收入的应纳税所得额一次超过 20 000 元～50 000 元的部分，按照税法规定计算应纳税额后，再按照应纳税额加征 5 成，即 30%的税率，超过 5 万

元的部分，加征10成，即40%的税率，如表9—3所示。

表9—3　　个人所得税税率表

（劳务报酬所得适用）

级数	每次应纳税所得额	税率（%）	速算扣除数
1	不超过20 000元的	20	0
2	超过20 000元～50 000元的部分	30	2 000
3	超过50 000元的部分	40	7 000

注：本表所称"每次应纳税所得额"，是指每次收入额减除费用800元（每次收入额不超过4 000元时）或者减除20%的费用（每次收入额超过4 000元时）后的余额。

5. 特许权使用费所得，利息、股息、红利所得，财产租赁所得，财产转让所得，偶然所得和其他所得税率

特许权使用费所得，利息、股息、红利所得，财产租赁所得，财产转让所得，偶然所得和其他所得适用比例税率，税率为20%。

小贴士

储蓄存款在2007年8月15日后孳生的利息所得，按照5%的比例税率征收个人所得税。自2008年10月9日（含）起，对储蓄利息所得暂免征收个人所得税。

从2008年3月1日起，对个人出租住房取得的所得暂减按10%的税率征收个人所得税。

二、核算个人所得税应纳税额

（一）个人所得税应纳税额的计算

个人所得税应纳税额的计算比较复杂，其应纳税额的计算需要区别不同的应纳税所得项目，分类扣除各项所得规定的费用扣除标准后确定应纳税所得额，然后根据适用的税率确定应纳个人所得税税额。除个别所得项目不得扣除费用外，费用扣除的方法主要有定额扣除、定率扣除和会计核算三种扣除办法。

小贴士

个人取得的应纳税所得，包括现金、实物和有价证券。所得为实物的，应按照取得的凭证上的价格计算应纳税所得额；无凭证的实物或者凭证上所注明的价格明显偏低的，由主管税务机关参照当地的市场价格核定应纳税所得额。所得为有价证券的，由主管税务机关根据票面价格和市场价格核定应纳税所得额。

1. 工资、薪金所得应纳税额的计算

（1）一般工资、薪金所得应纳税额的计算。一般工资、薪金所得，采用定额扣除的办法，以每月收入额减除费用3 500元后的余额为应纳税所得额。对外籍人员、外籍专家、

在境外任职的中国公民可附加扣除，标准为每月共扣除 4 800 元。计算公式为：

$$\text{应纳税额}=\text{应纳税所得额}\times\text{适用税率}-\text{速算扣除数}=\left(\text{每月收入额}-\text{3 500 元或 4 800 元}\right)\times\text{适用税率}-\text{速算扣除数}$$

【例 9—1】 中国公民王某 2011 年 2 月工资总计 4 000 元，计算王某当月应纳个人所得税税额。

解： 应缴纳个人所得税税额＝(4 000－3 500)×3%＝15（元）

(2) 个人取得全年一次性奖金应纳税额的计算。计算全年一次性奖金应纳税额时，是否有费用扣除，要区别以下两种情况：

第一，雇员当月工资、薪金所得高于（或等于）税法规定的费用扣除额。此种情况下，在确定全年一次性奖金应纳税所得额时，不再扣除费用，而工资、奖金也要分别计算确定应纳税额。计算步骤为：

第一步，找税率。先将雇员当月取得的全年一次性奖金除以 12 个月，按其商数确定适用税率和速算扣除数。

第二步，算税额。计算公式为：

应纳税额＝雇员当月取得的全年一次性奖金×适用税率－速算扣除数

【例 9—2】 中国公民王某 2011 年 1 月份工资为 4 000 元，当月份除工资外，还取得全年一次性奖金 6 000 元。计算王某 2011 年 1 月份应纳个人所得税税额。

解： (1) 工资、薪金应纳个人所得税税额＝(4 000－3 500)×3%＝15（元）。

(2) 全年一次性奖金应纳个人所得税计算：

第一步：找税率。6 000÷12＝500（元），适用税率为 3%。

第二步：算税额。全年一次性奖金应纳税额＝6 000×3%＝180（元）。

王某 2011 年 1 月应纳个人所得税税额＝15＋180＝195（元）

第二，雇员当月工资、薪金所得低于税法规定的费用扣除额。此种情况下，在确定全年一次性奖金应纳税所得额时，费用扣除标准为“雇员当月工资、薪金所得与费用扣除额的差额”。而工资、奖金要合并确定应纳税额。计算步骤为：

第一步，找税率。将全年一次性奖金减除“雇员当月工资、薪金所得与费用扣除额的差额”后的余额，除以 12 个月，按其商数确定适用税率和速算扣除数。

第二步，算税额。计算公式为：

$$\text{应纳税额}=\left(\text{雇员当月取得全年一次性奖金}-\text{雇员当月工资、薪金所得与费用扣除额的差额}\right)\times\text{适用税率}-\text{速算扣除数}$$

【例 9—3】 中国公民王某，2011 年在我国境内 2 月的工资为 3 300 元，当月又一次性领取年终奖 11 000 元。计算王某 2011 年 2 月应纳个人所得税税额。

解： (1) 由于 2 月工资、薪金 3 300 元，低于费用扣除标准，2 月工资不纳税。

(2) 全年一次性奖金应纳个人所得税计算：

第一步：找税率。工资、薪金不足 3 500 元，差额从年终奖中扣除。

[11 000－(3 500－3 300)]÷12＝900（元），适用税率为 3%。

第二步：算税额。

该笔奖金应纳个人所得税税额=[11 000−(3 500−3 300)]×3%=324（元）

一个纳税年度内，对每一个纳税人，上述计税办法只允许采用一次。

雇员取得除全年一次性奖金以外的其他各种名目奖金，如半年奖、季度奖、加班奖、先进奖、考勤奖等，一律与当月工资、薪金收入合并，按税法规定缴纳个人所得税。

（3）“双薪制”应纳税额的计算。个人取得的“双薪”，不再单独作为一个月的工资、薪金所得计征个人所得税。“双薪”属于全年一次奖金中的“年终加薪”，按照个人取得全年一次性奖金计征办法计算征收个人所得税。

2. 个体工商户生产、经营所得应纳税额的计算

个体工商户生产、经营所得，采用会计核算办法扣除费用，以每一纳税年度的收入总额减除成本、费用以及损失后的余额为应纳税所得额。计算公式为：

$$\text{应纳税额}=\text{应纳税所得额}\times\text{适用税率}-\text{速算扣除数}=\left(\text{全年收入总额}-\text{成本、费用及损失}\right)\times\text{适用税率}-\text{速算扣除数}$$

计算个体工商户生产、经营所得应纳税额时，应注意：

（1）在扣除成本、费用时，个体工商户向其从业人员实际支付的合理的工资、薪金支出，允许在税前据实扣除；个体工商户业主的费用扣除标准为42 000元/年，即3 500元/月。

（2）个体工商户拨缴的工会经费、发生的职工福利费、职工教育经费支出分别在工资薪金总额2%、14%、2.5%的标准内据实扣除。

（3）个体工商户每一纳税年度发生的广告费和业务宣传费用不超过当年销售（营业）收入15%的部分，可据实扣除；超过部分，准予在以后纳税年度结转扣除。

（4）个体工商户每一纳税年度发生的与其生产经营业务直接相关的业务执行费支出，按照发生额的60%扣除，但最高不得超过当年销售（营业）收入的5‰。

（5）个体工商户在生产、经营期间借款利息支出，未超过中国人民银行规定的同类、同期贷款利率计算的数额部分，准予扣除。

个人独资企业与合伙企业应纳个人所得税的计算比照个体工商户生产、经营所得计算。但个人独资企业和合伙企业投资者的个人所得税征收除查账征收外，还可以采取核定征收的方式，包括定额征收、核定应税所得率以及其他合理的征收方式。

【例 9—4】 某个体工商户，2010年的经营情况如下：

（1）全年取得营业收入120万元。

（2）全年的营业成本为30万元。

（3）营业税金及附加6万元。

（4）销售费用 20 万元，全部为广告费支出。

（5）管理费用 40 万元，其中包含业务招待费 2 万元，工资、薪金支出合理，工会经费、职工福利费和职工教育经费均在限额内。

要求：计算该个体工商户 2010 年应纳个人所得税税额。

解：（1）广告费的扣除限额＝120×15％＝18（万元）。

（2）业务招待费的扣除限额＝120×5‰＝0.6（万元）；业务招待费实际发生额的 60％＝2×60％＝1.2（万元）；税前准予扣除 0.6 万元。

（3）个体工商户业主的费用扣除标准为每年 4.2 万元。

（4）2010 年应纳税所得额＝120－30－6－18－（40－2＋0.6）－4.2＝23.2（万元）。适用税率为 35％，速算扣除数为 34 750。

2010 年应纳个人所得税＝232 000×35％－34 750＝46 450（元）

3. 对企事业单位承包、承租经营所得应纳税额的计算

在计算对企事业单位承包、承租经营所得应纳个人所得税时，应区别对企事业单位承包、承租经营所得所属的所得项目，来确定应纳个人所得税的计算方法。

（1）个人对企事业单位承包、承租经营后，工商登记改变为个体工商户的。这类承包、承租经营所得，实际上属于个体工商户的生产、经营所得，应按“个体工商户的生产、经营所得”项目征收个人所得税，不再征收企业所得税。

【例 9—5】 张某 2010 年 1 月承包某服装厂，根据承包协议规定，服装厂工商登记更改为个体工商户，全年上交承包费 10 万元。2010 年服装厂取得收入 46 万元，允许扣除的成本、费用、税金等相关支出 31 万元，其中含张某每月领取的工资 2 100 元。计算 2010 年张某应缴纳的个人所得税税额。

解：承包后，工商登记更改为个体工商户，则计算应纳个人所得税时按照“个体工商户的生产、经营所得”项目计征。

应纳税所得额＝460 000－310 000＋2 100×12－3 500×12－100 000＝33 200（元）

适用税率为 20％，速算扣除数为 3 750。

应纳个人所得税＝33 200×20％－3 750＝2 890（元）

（2）个人对企事业单位承包、承租经营后，工商登记仍为企业的。对此情况，不论分配方式如何，均应先按照企业所得税的有关规定缴纳企业所得税，然后根据承包、承租经营者按合同（协议）规定取得的所得，依照《个人所得税法》的有关规定缴纳个人所得税。具体包括以下两种情况：

第一，承包、承租人对企业经营成果不拥有所有权，仅按合同（协议）规定取得一定所得的，应按“工资、薪金所得”项目征收个人所得税。

【例 9—6】 中国公民李某，2010 年承包经营一服装厂，工商登记仍为企业，李某按合同规定每月取得固定利润 50 000 元。计算李某 2010 年应缴纳的个人所得税税额。

解：承包后，工商登记仍为企业，且按规定承包人对经营成果不拥有所有权，应按“工资、薪金所得”项目计征个人所得税。

每月应纳税所得额＝50 000－3 500＝46 500（元）

适用税率为30%，速算扣除数为2 755。

应纳个人所得税=46 500×30%－2 755=11 195（元）

第二，承包、承租按合同（协议）规定只向发包方、出租方缴纳一定的费用，缴纳承包、承租费后的企业的经营成果归承包、承租人所有的，其取得的所得，按“对企事业单位承包、承租经营所得”项目征收个人所得税。采用定额办法扣除费用，以每一纳税年度的收入总额减除必要费用（月扣除2 000元）的余额为应纳税所得额。计算公式为：

应纳税额=(全年收入－必要费用)×适用税率－速算扣除数

【例9—7】 中国公民李某，2010年承包经营一服装厂，工商登记仍为企业，李某缴纳承包费后的经营所得归李某所有。2010年李某全年承包所得是80 000元（已扣除上交的承包费），此外，李某每月还从企业领取1 600元工资。计算李某2010年应缴纳的个人所得税税额。

解：承包后，工商登记仍为企业，且按规定承包人对经营成果拥有所有权，应按“对企事业单位承包、承租经营所得”项目计征个人所得税。

应纳税所得额=80 000+1 600×12－3 500×12=57 200（元）

适用税率为20%，速算扣除数为3 750。

应纳个人所得税=57 200×20%－3 750=7 690（元）

小贴士

在计算对企业事业单位承包，承租经营所得应纳税额时，应注意以下两点：

（1）承包费用只是在计算个人所得税时减除，在计算企业所得税时并不能减除。

（2）“每一纳税年度的收入总额”是指纳税人按照承包、承租经营合同规定分得的经营利润和工资、薪金性质的所得，即承包者个人实际发放的工资在计算个人所得税时不能扣除，但是在计算企业所得税时是可以扣除的。

4. 劳务报酬所得应纳税额的计算

劳务报酬所得，采用定额和定率相结合的办法扣除费用，以每一次的收入额定额扣除800元或定率扣除20%后的余额为应纳税所得额。计算公式为：

（1）每次收入不足4 000元的：

应纳税额=应纳税所得额×适用税率=(每次收入额－800)×20%

（2）每次收入在4 000元以上的：

应纳税额=应纳税所得额×适用税率=每次收入额×(1－20%)×20%

（3）每次收入的应纳税所得额超过20 000元的：

$$\text{应纳税额}=\text{应纳税所得额}\times\text{适用税率}-\text{速算扣除数}=\text{每次收入额}\times(1-20\%)\times\text{适用税率}-\text{速算扣除数}$$

小贴士

劳务报酬所得“次”的确定：只有一次性收入的，以取得该项收入为一次；属于同一事项连续取得收入的，以一个月内取得的收入为一次。

【例 9—8】 王某承揽了一项房屋装修工程，工程两个月完工，房主第一个月支付王某 8 000 元，第二个月支付王某 10 000 元。计算王某应纳个人所得税税额。

解： 王某承揽的房屋装修工程，虽然分两次收款，但属于完成一次劳务的所得。

王某的装修收入应纳个人所得税＝(8 000＋10 000)×(1－20%)×20%＝2 880（元）

【例 9—9】 某歌手与一歌厅签约一年，在 2010 年内每天到歌厅演唱一次，每次演出完付报酬 50 元。计算该歌手 2010 年应纳个人所得税税额（假定每个月按 30 天计算）。

解： 该歌手取得的收入属于同一事项的连续性收入，应以一个月内取得的收入为一次，而不能以每天取得的收入为一次。

每次收入＝50×30＝1 500（元）

2010 年应纳个人所得税＝(1 500－800)×20%×12＝1 680（元）

思考与分析

某工程师受客户委托设计一份工程图纸，取得客户支付的报酬 30 000 元。

请问：该工程师应纳个人所得税如何计算？

5. 稿酬所得应纳税额的计算

稿酬所得，采用定额和定率相结合的办法扣除费用，以每一次的收入额定额扣除 800 元或定率扣除 20%后的余额为应纳税所得额。计算公式为：

(1) 每次收入不足 4 000 元的：

应纳税额＝应纳税所得额×适用税率×(1－30%)

＝(每次收入额－800)×20%×(1－30%)

(2) 每次收入在 4 000 元以上的：

应纳税额＝应纳税所得额×适用税率×(1－30%)

＝每次收入额×(1－20%)×20%×(1－30%)

小贴士

稿酬所得，以每次出版、发表取得的收入为一次。具体又细分为：

(1) 同一作品在出版或发表时，不论是预付稿酬还是分笔支付稿酬，或者加印该作品后再付稿酬的，均应合并为一次征税。

(2) 在两处或两处以上出版、发表或再版同一作品而取得的稿酬，分别各处取得的所得或再版所得分次征税。

(3) 同一作品在报刊上连载，连载完成后取得的所有收入合并为一次征税。

【例9—10】 某作家2011年出版一部长篇小说，1月份收到预付稿酬10 000元，3月份小说正式出版又取得稿酬20 000元，计算该作家应缴纳的个人所得税。

解： 同一作品出版，预付稿酬、分笔支付稿酬应合并为一次征税。

应缴纳的个人所得税＝(10 000＋20 000)×(1－20%)×20%×(1－30%)＝3 360（元）

【例9—11】 某教授编著教材一本，2010年8月出版，获得稿酬8 000元。2011年1月再版该教材又获得稿酬3 000元。计算该教授编著教材取得的稿酬应缴纳的个人所得税。

解： 同一作品再版的，应分次征税。

2010年8月应缴纳的个人所得税＝8 000×(1－20%)×20%×(1－30%)＝896（元）

2011年1月应缴纳的个人所得税＝(3 000－800)×20%×(1－30%)＝308（元）

该教授编著教材取得的稿酬应缴纳的个人所得税＝896＋308＝1 204（元）

【例9—12】 某作家2011年1月份出版一本小说，取得稿酬5 000元。该书2月至3月被某晚报连载，2月份取得稿酬1 500元，3月份取得稿酬2 000元。因该书畅销，4月份出版社增加印数，又取得稿酬3 000元。计算该作家当年的稿酬收入应缴纳的个人所得税。

解： 出版与加印应合并为一次计税；连载三个月的稿酬应合并为一次计税。

出版与加印稿酬应纳个人所得税＝(5 000＋3 000)×(1－20%)×20%×(1－30%)＝896（元）

连载稿酬应纳的个人所得税＝(1 500＋2 000－800)×20%×(1－30%)＝378（元）

共计应缴纳的个人所得税＝896＋378＝1 274（元）

6. 特许权使用费所得应纳税额的计算

特许权使用费所得，采用定额和定率相结合的办法扣除费用，以每一次的收入额定额扣除800元或定率扣除20%后的余额为应纳税所得额。计算公式为：

(1) 每次收入不足4 000元的：

应纳税额＝应纳税所得额×适用税率＝(每次收入额－800)×20%

(2) 每次收入在4 000元以上的：

应纳税额＝应纳税所得额×适用税率＝每次收入额×(1－20%)×20%

小贴士

特许权使用费所得，以“某项”使用权的一次转让所取得的收入为一次。如果该次转让取得的收入是分笔支付的，则应将各笔收入相加为一次的收入，计征个人所得税。

【例9—13】 佳合公司高级工程师范先生于2011年2月取得特许权使用费收入3 000

元，3 月又取得一项特许权使用费收入 4 500 元。计算范先生这两项收入应缴纳的个人所得税。

解： 范先生的特许权使用费收入应分两次分别计征。

$$\begin{array}{c}\text{应缴纳的}\\\text{个人所得税}\end{array}=(3\,000-800)\times 20\%+4\,500\times(1-20\%)\times 20\%=1\,160\text{（元）}$$

思考与分析

某作家出版一部长篇小说，获得出版社支付的报酬 6 000 元，后将小说作品的手稿使用权拍卖给某电视剧制作中心，取得收入 100 000 元。

请问：该作家两次收入所得属于哪一个人所得项目？

7. 财产租赁所得应纳税额的计算

在计算财产租赁所得应纳税所得额时，应首先扣除财产租赁过程中缴纳的税费、由纳税人负担的该出租财产实际开支的修缮费用（修缮费用超限额的按限额扣除），然后按照税法的规定采用定额和定率相结合的办法扣除费用。计算公式为：

（1）每次收入不超过 4 000 元的：

$$\begin{array}{c}\text{应纳}\\\text{税额}\end{array}=\begin{array}{c}\text{应纳税}\\\text{所得额}\end{array}\times\begin{array}{c}\text{适用}\\\text{税率}\end{array}=\left[\begin{array}{c}\text{每次（月）}\\\text{收入额}\end{array}-\begin{array}{c}\text{准予扣}\\\text{除项目}\end{array}-\begin{array}{c}\text{修缮}\\\text{费用}\end{array}\left(\begin{array}{c}800\\\text{元为限}\end{array}\right)-800\right]\times 20\%$$

（2）每次收入在 4 000 元以上的：

$$\text{应纳税额}=\text{应纳税所得额}\times\text{适用税率}=\text{每次收入额}\times(1-20\%)\times 20\%$$

$$\begin{array}{c}\text{应纳}\\\text{税额}\end{array}=\begin{array}{c}\text{应纳税}\\\text{所得额}\end{array}\times\begin{array}{c}\text{适用}\\\text{税率}\end{array}=\left[\begin{array}{c}\text{每次（月）}\\\text{收入额}\end{array}-\begin{array}{c}\text{准予扣}\\\text{除项目}\end{array}-\begin{array}{c}\text{修缮}\\\text{费用}\end{array}\left(\begin{array}{c}800\\\text{元为限}\end{array}\right)\right]\times(1-20\%)\times 20\%$$

小贴士

计算财产租赁所得应纳税额时，应注意：

（1）财产租赁所得，以一个月内取得的收入为一次。

（2）准予扣除项目包括出租时缴纳的营业税、城建税、教育费附加及房产税等税费。

（3）准予扣除的修缮费用，以每次 800 元为限。一次扣除不完的，准予在下一次继续扣除，直到扣完为止。

【例 9—14】 位于某市的张某于 2010 年 1 月份对出租的房屋进行了维修，发生维修费用 1 200 元（取得合法有效凭证），2010 年共取得租金 30 000 元，按规定缴纳了营业税、城建税以及教育费附加。假设除题目中说明的税费，不考虑其他税费。计算张某 2010 年 1 月份应缴纳的个人所得税。

解： 个人按市场价出租的居民住房，营业税减按 3%计征，个人所得税减按 10%计征。

每月租金＝30 000÷12＝2 500（元）

每月缴纳的营业税、城建税和教育费附加＝2 500×3％×(1＋7％＋3％)＝82.5（元）

1 月份发生的维修费用 1 200 元，超过限额，只准许扣除 800 元。

张某 1 月份应缴纳的个人所得税＝(2 500－82.5－800－800)×10％＝81.75（元）

思考与分析

如果【例 9—14】中要求计算张某 2010 年出租房屋所得应纳个人所得税，应如何计算？

8. 财产转让所得应纳税额的计算

财产转让所得，以转让财产的收入额（不管分多少次支付，均应合并为一次转让财产收入）减除财产原值和合理费用的余额为应纳税所得额。计算公式为：

应纳税额＝应纳税所得额×适用税率＝(收入总额－财产原值－合理费用)×20％

财产原值是指：有价证券，为买入价和买入时按照规定缴纳的费用；建筑物，为建造费或者购进价格以及其他有关费用；土地使用权，为取得土地使用权所支付的金额、开发土地的费用以及其他有关费用；机器设备、车船，为购进价格、运输费、安装费以及其他有关费用；其他财产，参照以上方法确定。纳税人未提供完整、准确的财产原值凭证，不能正确计算财产原值的，由主管税务机关核定其财产原值。

课外查阅

个人出售自有住房或换购住房应纳的个人所得税，在税务上如何处理？

合理费用，是指个人卖出财产时按照规定支付的有关费用，如转让时缴纳的税金、中介服务费、资产评估费等。

【例 9—15】 林某 2011 年 2 月 11 日将一套居住了 2 年的普通住房出售，原值为 16 万元，售价为 35 万元，售房中发生费用 2 万元。计算林某出售房屋应纳个人所得税税额。

解： 应纳个人所得税税额＝(35－16－2)×20％＝3.4（万元）

知识链接

个人将受赠不动产对外销售，受赠人取得赠与人无偿赠与的不动产后，再次转让该项不动产的，在缴纳个人所得税时，以财产转让收入减除受赠、转让住房过程中缴纳的税金及有关合理费用后的余额为应纳税所得额，按 20％的适用税率计算缴纳个人所得税。

9. 利息、股息、红利所得和偶然所得及其他所得应纳税额的计算

利息、股息、红利所得和偶然所得及其他所得，以每次收入全额为应纳税所得额，不存在费用扣除问题。计算公式为：

应纳税额＝应纳税所得额×适用税率＝每次收入额×适用税率

利息、股息、红利所得以支付时取得的收入为一次；偶然所得和其他所得以每次收入为一次。

【例9—16】 于先生为自由职业者，2011年2月取得如下所得：从A上市公司取得股息所得16 000元，从B非上市公司取得股息所得7 000元，兑现2月10日到期的一年期银行储蓄存款利息所得1 500元。计算于先生2011年2月应纳个人所得税税额。

解：对个人投资者从上市公司取得的股息红利所得，自2005年6月13日起暂减按50%计入个人应纳税所得额；储蓄存款利息免税。

2011年2月于先生应纳个人所得税税额＝16 000×50%×20%＋7 000×20%＝3 000（元）

思考与分析

以上各项所得的计征方式有什么不同?

10. 所得用于公益性捐赠应纳税额的计算

个人将其所得通过中国境内的社会团体、国家机关向教育和其他社会公益事业以及遭受严重自然灾害地区、贫困地区的捐赠（以下简称公益性捐赠支出），捐赠额未超过纳税义务人申报的应纳税所得额30%的部分，可以从其应纳税所得额中扣除。

以下个人的公益性捐赠支出，准予在计算应纳税所得额时全额扣除：向红十字事业的捐赠；向教育事业的捐赠；向公益性青少年活动场所（其中包括新建）的捐赠；向汶川地震灾区的捐赠；向部分基金会的捐赠。

另外，个人的所得（不含偶然所得，经国务院财政部门确定征税的其他所得）用于对非关联的科研机构和高校研究新产品、新技术、新工艺发生的研究开发经费的资助，可以全额在下月（工资、薪金所得）或下次（按次计征的所得）或当年（按年计征的所得）计征个人所得税时，从应纳税所得额中扣除，不足抵扣的，不得结转抵扣。

在计算公益性捐赠扣除限额时，不同的所得项目由于在计算应纳税所得额时费用扣除标准不同，相同数额的不同所得所计算出的捐赠扣除限额会有所不同。

【例9—17】 张某2011年2月份取得一项建筑工程设计费20 000元，从中拿出10 000元通过非营利社会团体向贫困山区捐赠。计算张某取得的设计费应纳个人所得税税额。

解： 应纳税所得额＝20 000×(1－20％)＝16 000（元）

捐赠扣除限额＝16 000×30％＝4 800（元）

实际捐赠额大于扣除限额，税前只能按照扣除限额扣除，即允许扣除 4 800 元。

应纳个人所得税税额＝(16 000－4 800)×20％＝2 240（元）

【例 9—18】 假设上例中张某取得的收入为中奖所得。计算应纳个人所得税税额。

解： 偶然所得没有费用扣除，故应纳税所得额为 20 000。

捐赠扣除限额＝20 000×30％＝6 000（元）

实际捐赠额大于扣除限额，税前只能按照扣除限额扣除，即允许扣除 6 000 元。

应纳个人所得税税额＝(20 000－6 000)×20％＝2 800（元）

11. 境外所得应纳税额的计算

纳税人从中国境外取得的所得，准予其在应纳税额中扣除已在境外缴纳的个人所得税额，但扣除额不得超过该纳税人境外所得依照我国税法规定计算的应纳税额。在计算境外税款扣除限额时，应当采用分国（地区）分项计算、分国加总的方法。扣除限额计算公式为：

$$\begin{matrix}\text{境外所得税}\\\text{款抵免限额}\end{matrix}=\left(\begin{matrix}\text{来源于某国或}\\\text{地区的应税所得}\end{matrix}-\begin{matrix}\text{该项应税所得按我国税法}\\\text{规定应扣除的费用标准}\end{matrix}\right)\times\begin{matrix}\text{适用}\\\text{税率}\end{matrix}$$

如果个人从中国境外取得的所得在境外实际缴纳的个人所得税税额，低于依照我国税法规定计算出的扣除限额的，应当在中国补缴差额部分的税款；超过扣除限额的，其超过部分不得作为税额扣除，但可以在以后年度扣除限额的余额内补扣，补扣期限最长不得超过五年。

【例 9—19】 某纳税人取得来源于美国的一项特许权使用费所得折合人民币 60 000 元，以及一项股息所得折合人民币 40 000 元，总计在美国缴纳所得税人民币 10 000 元；其作品在日本出版，取得稿酬所得 20 000 元，已在日本缴纳所得税 3 000 元。计算回国后应否补缴个人所得税。

解：（1）美国所得：

特许权使用费所得税款抵免限额＝60 000×(1－20％)×20％＝9 600（元）

股息所得税款抵免限额＝40 000×20％＝8 000（元）

在美国所缴税额的扣除限额＝9 600＋8 000＝17 600（元）

实际在美国的已纳税额 10 000 元，低于扣除限额，可以全额从我国应纳税额中扣除。

扣除后应在我国补缴的税款＝17 600－10 000＝7 600（元）

（2）日本所得：

稿酬所得税款抵免限额＝［20 000×(1－20％)×20％］×(1－30％)＝2 240（元）

实际在日本已缴所得税 3 000 元，大于抵免限额，因此回国后不用再补缴个人所得税。其超过抵免限额的 760 元（3 000－2 240），只能在以后五年内从日本国所得已缴税款的扣除限额的余额中补扣，不能从美国的已缴税款的抵免限额中补扣。

应纳税额计算的特殊规定

应纳税额计算的特殊规定包括以下几点：

(1) 对在中国境内无住所的个人一次取得数月奖金或年终加薪、劳动的所得可单独作为一个月的工资、薪金所得计算纳税。

(2) 特定行业（采掘业、远洋运输业、远洋捕捞业）职工取得的工资、薪金所得应纳税额的计算公式为：

$$\text{应纳税额}=\left[\left(\text{全年工资、薪金收入}\div 12-\text{费用扣除标准}\right)\times\text{税率}-\text{速算扣除数}\right]\times 12$$

(3) 个人取得公务交通、通讯补贴收入并入"工资、薪金所得项目"计征个人所得税。

(4) 个人支付各种免税之外的保险金的征税方法按"工资、薪金所得"项目计征。

(5) 个人因与用人单位解除劳动关系而取得的一次性补偿收入，分为以下三种情况计征：

第一，该补偿收入在当地上年职工平均工资3倍数额以内的部分，免征个人所得税；超过3倍数额部分的一次性补偿收入，可视为一次取得数月的工资、薪金收入，允许在一定期限内平均计算。

第二，个人领取一次性补偿收入时，按照国家和地方政府规定的比例实际缴纳的住房公积金、医疗保险费、基本养老保险费、失业保险费可以计征其一次性补偿收入的个人所得税时予以扣除。

第三，企业按照国家有关法律规定宣告破产，企业职工从该破产企业取得的一次性安置收入，免征个人所得税。

(6) 个人因购买和处置债权取得所得按照"财产转让所得"项目缴纳个人所得税。

(7) 个人兼职取得的收入按"劳务报酬所得"应税项目缴纳个人所得税；退休人员再任职取得的收入按"工资、薪金所得"应税项目缴纳个人所得税（每月扣除标准为2 000元）。

(8) 个人取得有奖发票奖金：个人取得单张有奖发票奖金所得不超过800元（含800元）的，暂免征收个人所得税；个人取得单张有奖发票奖金所得超过800元的，应全额按照"偶然所得"项目征收个人所得税。

（二）个人所得税的会计核算

由于个人所得税的申报缴纳以代扣代缴为主，对采用自行申报缴纳个人所得税的纳税人，除实行查账征收的个体工商户外，一般不需要进行会计核算。

1. 自行申报个人所得税的会计处理

采用自行申报缴纳个人所得税的个体工商户，按规定计算应缴纳的个人所得税，借记“所得税费用”科目，贷记“应交税费——应交个人所得税”科目，实际缴纳税款时，借记“应交税费——应交个人所得税”科目，贷记“银行存款”科目。

2. 代扣代缴个人所得税的会计处理

（1）代扣代缴工资、薪金所得应纳个人所得税的会计处理。计提工资时，借记“管理费用”等科目，贷记“应付职工薪酬”科目，代扣个人所得税时，借记“应付职工薪酬”科目，贷记“应交税费——应交个人所得税”科目；缴纳代扣个人所得税时，借记“应交税费——应交个人所得税”科目，贷记“银行存款”科目。

（2）其他所得代扣代缴应纳个人所得税的会计处理。企业除代扣工资、薪金所得以外的个人所得税时，根据个人所得的项目不同，在支付所得、计算应代扣的个人所得税时，应分别借记“应付股利”、“管理费用”、“主营业务成本”等科目，贷记“应交税费——应交代扣个人所得税”科目，实际缴纳代扣税款时，借记“应交税费——应交代扣个人所得税”科目，贷记“银行存款”科目。

实训操作

根据“任务导入”中张某2010年的所得项目，为张某计算确定2010年应纳个人所得税税额，并做出支付所得单位代扣代缴个人所得税业务的会计处理。

任务二　个人所得税纳税申报

任务导入

在任务一中，张某取得的不同所得应缴纳的个人所得税由支付所得的单位代扣代缴，各代扣代缴单位需要办理代扣代缴税款的纳税申报业务。张某不知道自己是否还需要自行申报。

任务目标：

解答张某的问题，如需申报，根据张某2010年的所得情况代其填制《个人所得税纳税申报表》。

学习任务考核单

姓名：　　　　　　　　　　　　学号：　　　　　　　　　　　　编号9—2

序号	内容	分值	总结与归纳	成绩
1	个人所得税纳税时间的规定	20		
2	个人所得税纳税地点的规定	20		
3	个人所得税纳税申报的方式及要求	20		
4	个人所得税的纳税申报*	40		

请学生完成学习任务考核单并上交。标注“*”的请结合实训操作结果填写。

学习指南

一、纳税申报方式

(一) 个人所得税的征收方式

个人所得税的征收方式主要有两种：一是代扣代缴；二是自行申报。此外，一些地方为了提高征管效率，对个别应税所得项目采取了委托代征的方式。

1. 代扣代缴方式

代扣代缴方式以支付所得的单位或个人为扣缴义务人。

税务机关应根据扣缴义务人所扣缴的税款，付给 2%的手续费，由扣缴义务人用于代扣代缴费用开支和奖励代扣代缴工作做得较好的办税人员。

2. 自行申报方式

纳税人有下列情形之一的，应当按照规定到主管税务机关办理纳税申报：

(1) 年所得 12 万元以上的。

(2) 从中国境内两处或者两处以上取得工资、薪金所得的。

(3) 从中国境外取得所得的。

(4) 取得应纳税所得，没有扣缴义务人的。

(5) 国务院规定的其他情形。

小贴士

年所得 12 万元以上，是指纳税人在一个纳税年度取得的各项所得，分别不同的应税所得项目，按照各项所得的费用扣除标准和计征方式计算出的应纳税所得额的合计数额达到 12 万元。

(二) 纳税申报的方式

纳税人可以采取数据电文、邮寄等方式申报，也可以直接到主管税务机关申报，或者采取符合主管税务机关规定的其他方式申报，如委托有税务代理资质的中介机构或者他人代为办理纳税申报。

二、纳税地点

(一) 自行申报的纳税地点

1. 年所得 12 万元以上的纳税人的纳税申报地点

(1) 在中国境内有任职、受雇单位的，向任职、受雇单位所在地主管税务机关申报。

(2) 在中国境内有两处或者两处以上任职、受雇单位的，选择并固定向其中一处单位所在地主管税务机关申报。

(3) 在中国境内无任职、受雇单位，年所得项目中有个体工商户的生产、经营所得或者对企事业单位的承包、承租经营所得（以下统称生产、经营所得）的，向其中一处实际经营所在地主管税务机关申报。

（4）在中国境内无任职、受雇单位，年所得项目中无生产、经营所得的，向户籍所在地主管税务机关申报。在中国境内有户籍，但户籍所在地与中国境内经常居住地不一致的，选择并固定向其中一地主管税务机关申报。在中国境内没有户籍的，向中国境内经常居住地主管税务机关申报。

2. 其他所得需要自行申报的纳税地点

（1）从两处或者两处以上取得工资、薪金所得的，选择并固定向其中一处单位所在地主管税务机关申报。

（2）从中国境外取得所得的，向中国境内户籍所在地主管税务机关申报。在中国境内有户籍，但户籍所在地与中国境内经常居住地不一致的，选择并固定向其中一地主管税务机关申报。在中国境内没有户籍的，向中国境内经常居住地主管税务机关申报。

（3）个体工商户向实际经营所在地主管税务机关申报。

（4）个人独资、合伙企业投资者兴办两个或两个以上企业的，区分不同情形确定纳税申报地点：兴办的企业全部是个人独资性质的，分别向各企业的实际经营管理所在地主管税务机关申报；兴办的企业中含有合伙性质的，向经常居住地主管税务机关申报；兴办的企业中含有合伙性质，个人投资者经常居住地与其兴办企业的经营管理所在地不一致的，选择并固定向其参与兴办的某一合伙企业的经营管理所在地主管税务机关申报。

（5）除以上情形外，纳税人应当向取得所得所在地主管税务机关申报。

小贴士

经常居住地，是指纳税人离开户籍所在地最后连续居住一年以上的地方。

纳税人不得随意变更纳税申报地点，因特殊情况变更纳税申报地点的，须报原主管税务机关备案。

（二）代扣代缴的纳税地点

扣缴义务人应向其主管税务机关进行纳税申报。

对于办理税务登记或注册税务登记的企事业单位及个人，应向其主管税务机关申报纳税；没有税务登记或注册税务登记的组织机构、场所、个人，应按照其隶属关系，分别到所在地税务机关申报纳税。

三、纳税期限

（一）自行申报纳税期限

一般情况下，纳税人应在取得应纳税所得的次月 15 日内向主管税务机关申报所得并缴纳税款。具体规定如下：

(1) 工资、薪金所得的纳税期限。工资、薪金所得的纳税期限，实行按月计征，在次月 15 日内缴入国库，并向税务机关报送纳税申报表。对特定行业（采掘业、远洋运输业、远洋捕捞业）的纳税人，可以实行按年计算，分月预缴的方式计征，自年度终了后 30 日内，合计全年所得，再按 12 个月平均计算实际应纳税款，多退少补。

(2) 个体工商户和个人独资、合伙企业投资者取得的生产、经营所得的纳税期限。其应纳的税款，按年计算分月预缴，纳税人在每月终了后 15 日内预缴。纳税年度终了后，纳税人在 3 个月内进行汇算清缴，多退少补。

(3) 对企业事业单位承包、承租经营所得的纳税期限。纳税人年终一次性取得承包、承租经营所得的，自取得所得之日起 30 日内办理纳税申报；在 1 个纳税年度内分次取得承包、承租经营所得的，应在每次取得所得后的 15 日内申报预缴，年度终了后 3 个月内汇算清缴，多退少补。

(4) 劳务报酬、稿酬、特许权使用费、利息、股息、红利、财产租赁及转让、偶然所得等的纳税期限，实行按次计征，并在次月 7 日内预缴税款并报送《个人所得纳税申报表》。

(5) 从中国境外取得所得的纳税人，在纳税年度终了后 30 日内向中国境内主管税务机关办理纳税申报。

(6) 年所得 12 万元以上的纳税人，在年度终了后 3 个月内到主管税务机关办理纳税申报。

(二) 代扣代缴纳税期限

扣缴义务人每月所扣的税款，应当在次月 7 日内缴入国库，并向主管税务机关报送《扣缴个人所得税报告表》（见表 9—4）、代扣代收税款凭证和包括每一纳税人姓名、单位、职务、收入、税款等内容的《支付个人收入明细表》（见表 9—6）以及税务机关要求报送的其他有关资料。

四、纳税申报

(一) 自行申报

纳税人自行申报纳税的，应按照《个人所得税法》及《个人所得税自行纳税申报办法》的有关规定，及时办理纳税申报，如实填写《个人所得税纳税申报表》（见表 9—5），连同其他相关资料向主管税务机关进行纳税申报。

查阅《个人所得税纳税申报表》、扣缴申报的各报表的填写方法及其他个人所得的纳税申报表的样式及填写方法。

(二) 扣缴申报

代扣代缴义务人按照有关规定，如实向税务机关报送代扣代收税款凭证、《扣缴个人所得税报告表》、《支付个人收入明细表》及税务机关要求的其他资料。

表 9—4

扣缴个人所得税报告表

扣缴义务人编码：□□□□□□□□□□□□□□□□□□□□

扣缴义务人名称（公章）：　　　　填表日期：　　年　月　日　　　　金额单位：元（列至角分）

序号	纳税人姓名	身份证照类型	身份证照号码	国籍	所得项目	所得期间	收入额	免税收入额	允许扣除的税费	费用扣除标准	准予扣除的捐赠额	应纳税所得额	税率%	速算扣除数	应扣税额	已扣税额	备注
1	2	3	4	5	6	7	8	9	10	11	12	13	14	15	16	17	18
合计										—	—	—	—	—			—

扣缴义务人声明	我声明：此扣缴报告表是根据国家税收法律、法规的规定填报的，我确定它是真实的、可靠的、完整的。
	声明人签字：

会计主管签字：　　　　负责人签字：　　　　扣缴单位（或法定代表人）（签章）：

受理人（签章）：　　　　受理日期：　　年　月　日　　　　受理税务机关（章）：

注：本表一式两份，一份扣缴义务人留存，一份报主管税务机关。

表 9—5

个人所得税纳税申报表

（适用于年所得 12 万元以上的纳税人申报）

所得年份：　　年　　　　填表日期：　　年　月　日

金额单位：人民币元（列至角分）

纳税人姓名		国籍（地区）		身份证照类型		身份证照号码			
任职、受雇单位		任职受雇单位税务代码		任职受雇单位所属行业		职务		职业	
在华天数		境内有效联系地址				境内有效联系地址邮编		联系电话	
此行由取得经营所得的纳税人填写	经营单位纳税人识别号					经营单位纳税人名称			

所得项目	年所得额			纳税所得额	应纳税额	已缴（扣）税额	抵扣税额	减免税额	应补税额	应退税额	备注
	境内	境外	合计								
1. 工资、薪金所得											
2. 个体工商户的生产、经营所得											
3. 对企事业单位的承包经营、承租经营所得											
4. 劳务报酬所得											
5. 稿酬所得											
6. 特许权使用费所得											
7. 利息、股息、红利所得											
8. 财产租赁所得											
9. 财产转让所得											
其中：股票转让所得				—	—	—	—	—	—	—	
个人房屋转让所得											
10. 偶然所得											
11. 其他所得											
合　计											

我声明，此纳税申报表是根据《中华人民共和国个人所得税法》及有关法律、法规的规定填报的，我保证它是真实的、可靠的、完整的。

纳税人（签字）

代理人（签章）：　　　　联系电话：

税务机关受理人（签字）：　　　　税务机关受理时间：　　年　　月　　日　　　　受理申报税务机关名称（盖章）：

表 9—6 **支付个人收入明细表**

扣缴义务人编码：□□□□□□□□□□□□□□□□□□□□□□□

扣缴义务人名称（公章）： （金额单位：元（列至角分）

所属期： 年 月 日至 年 月 日 填表日期： 年 月 日

姓名	身份证照类型及号码	收入额						备注
		合计	工资、薪金所得	承包、承租所得	劳务报酬所得	利息、股息、红利所得	其他各项所得	
1	2	3	4	5	6	7	8	9
合计								

制表人： 审核人：

注：本表适用于扣缴义务人向个人支付应税所得，但未达到纳税标准、没有扣缴税款的纳税人情况报送。

实训操作

根据任务一“任务导入”的资料及任务一“实训操作”的核算结果，完成任务二的任务目标。

知识考验

一、单项选择题

1. 下列属于非居民纳税人的自然人有（ ）。

A. 在中国境内无住所且不居住，但有来源于中国境内的所得

B. 在中国境内有住所

C. 在中国境内无住所，但居住时间满一个纳税年度

D. 在中国境内有住所，但目前未居住

2. 下列在中国境内无住所的人员中，属于中国居民纳税人的是（ ）。

A. 外籍个人甲 2009 年 9 月 1 日入境，2010 年 10 月 1 日离境

B. 外籍个人乙来华学习 180 天

C. 外籍个人丙 2010 年 1 月 1 日入境，2010 年 12 月 31 日离境

D. 外籍个人丁 2010 年 1 月 1 日入境，2010 年 11 月 20 日离境

3. 根据个人所得税法律制度的规定，下列各项中，属于工资、薪金所得项目的是（ ）。

A. 年终加薪 B. 托儿补助费 C. 独生子女补贴 D. 差旅费津贴

4. 某画家2010年8月将其精选的书画作品交由某出版社出版。从出版社取得报酬10万元。该笔报酬在缴纳个人所得税时适用的税目是（　　）。

A. 工资、薪金所得　　B. 劳务报酬所得

C. 稿酬所得　　D. 特许权使用费所得

5. 下列各项中，不应按特许权使用费所得征收个人所得税的是（　　）。

A. 专利权　　B. 著作权　　C. 稿酬　　D. 非专利技术

6. 根据个人所得税法律制度的规定，个人转让房屋所得应适用的税目是（　　）。

A. 财产转让所得　　B. 特许权使用费所得

C. 偶然所得　　D. 劳务报酬所得

7. 根据个人所得税法律制度的规定，下列个人所得中，应缴纳个人所得税的是（　　）。

A. 财产租赁所得　　B. 退休工资

C. 保险赔偿　　D. 国债利息

8. 下列应税项目中，以一个月为一次确定应纳税所得额的有（　　）。

A. 劳务报酬所得　　B. 特许权使用费所得

C. 财产租赁所得　　D. 财产转让所得

9. 下列所得中一次收入畸高，可实行加成征收的是（　　）。

A. 偶然所得　　B. 稿酬所得　　C. 劳务报酬所得　　D. 股息所得

10. 根据个人所得税法律制度规定，自行申报纳税时在中国境内两处或两处以上取得应纳税所得的，其纳税地点为（　　）。

A. 收入来源地　　B. 税务局指定的地点

C. 纳税人户籍所在地　　D. 纳税人选择一地申报纳税

二、多项选择题

1. 下列属于个人所得税劳务报酬所得的有（　　）。

A. 笔译翻译收入　　B. 审稿收入

C. 现场书画收入　　D. 雕刻收入

2. 下列各项中，适用5%～35%的五级超额累进税率征收个人所得税的有（　　）。

A. 个体工商户的生产经营所得

B. 合伙企业的生产经营所得

C. 个人独资企业的生产经营所得

D. 对企事业单位的承包、承租经营所得

3. 下列各项中，以取得的收入为应纳税所得额直接计征个人所得税的有（　　）。

A. 稿酬所得　　B. 偶然所得

C. 股息所得　　D. 特许权使用费所得

4. 根据个人所得税法律制度的规定，下列各项在计算应纳税所得额时，按照定额与比例相结合的方法扣除费用的有（　　）。

A. 劳务报酬所得　　B. 特许权使用费所得

C. 对企事业单位的承包、承租经营所得　　D. 财产转让所得

5. 下列项目计征个人所得税时，允许从总收入中减除费用800元的有（　　）。

A. 承租、承包所得50 000元

B. 外企中方雇员的工资、薪金所得 12 000 元

C. 提供咨询服务一次取得收入 2 000 元

D. 出租房屋收入 3 000 元

6. 根据个人所得税法律制度的规定，下列免税的项目是（　　）。

A. 年终加薪　　B. 托儿补助费　　C. 独生子女补贴　　D. 差旅费津贴

7. 下列各项中，适用累进税率形式的所得项目有（　　）。

A. 工资、薪金所得　　B. 稿酬所得

C. 个体工商户生产、经营所得　　D. 劳务报酬所得

8. 根据个人所得税法律制度的规定，下列各项中，免征个人所得税的有（　　）。

A. 离退休人员从社保部门领取的养老金

B. 个人银行储蓄存款利息

C. 个人取得的保险赔款

D. 个人取得由单位和个人共同缴付的住房公积金

9. 个人购买福利彩票、赈灾彩票、体育彩票，一次中奖收入缴纳个人所得税的规定是（　　）。

A. 一次中奖收入在 1 万元以下（含 1 万元）的，减半征收个人所得税

B. 一次中奖收入在 1 万元以下（含 1 万元）的，暂免征收个人所得税

C. 一次中奖收入超过 1 万元的，超过部分征收个人所得税

D. 一次中奖收入超过 1 万元的，全额征收个人所得税

10. 下列各项所得实行按次计征的有（　　）。

A. 工资、薪金所得　　B. 稿酬所得

C. 个体工商户生产、经营所得　　D. 劳务报酬所得

三、计算题

1. 李先生在参加商场的有奖销售过程中，中奖所得共计价值 20 000 元。李先生领奖时告知商场，从中奖收入中拿出 4 000 元通过教育部门向希望小学捐赠。

要求：(1) 计算商场代扣代缴的个人所得税税额。

(2) 李先生实际可得中奖金额。

2. 国内某作家创作的一部小说在报刊上连载三个月，第一个月支付稿酬 3 000 元，第二个月支付稿酬 4 000 元，第三个月支付稿酬 5 000 元，计算该作家取得稿酬收入应缴纳的个人所得税。

3. 某演员钱某进行演出，取得出场费 70 000 元，计算其应缴纳的个人所得税税额。

4. 2010 年我国某作家出版一部长篇小说，2 月份收到预付稿酬 20 000 元，4 月份小说正式出版又取得稿酬 20 000 元；10 月份将小说手稿在境外某国公开拍卖，取得收入 100 000 元，并按该国有关规定缴纳了个人所得税 10 000 元。

要求：计算该作家上述所得在中国境内应缴纳的个人所得税税额。

5. 李某 2011 年 3 月取得如下收入：薪金收入 4 900 元；一次性稿费收入 5 000 元；一次性讲学收入 500 元；一次性翻译资料收入 3 000 元；到期国债利息收入 886 元。

要求：计算李某当月应缴纳的个人所得税税额。

技能训练

中国公民张欣是某大学教授，2010 年取得收入如下：

（1）每月工资 5 000 元。

（2）出版小说一部，稿酬 40 000 元。

（3）转让一项非专利技术，收入 80 000 元。

（4）为某公司设计产品营销方案，取得一次性设计收入 18 000 元。

（5）购买福利彩票支出 500 元，取得一次性中奖收入 15 000 元。

（6）股票转让所得 20 000 元。

（7）转让自用住房一套，取得转让收入 100 万元，支付转让税费 5 万元，该套住房购买价为 80 万元，购买时间为 2005 年 6 月份。该住房是唯一的家庭生活用房。

已知：应缴税款已由支付单位代扣代缴

要求：（1）分别说明张欣当年各项收入是否应缴纳个人所得税。

（2）计算张欣当年应缴纳的个人所得税税额。

（3）张某是否需要自行申报个人所得税，如需自行申报，填写《个人所得税纳税申报表》。

参考文献

［1］杨智勇，周仕雅．企业纳税实务．北京：高等教育出版社，2011

［2］蔡昌．纳税操作实务与案例精解．北京：中国经济出版社，2010

［3］周伟华．税务会计．北京：北京交通大学出版社，2010

［4］奚卫华．国税报税实务．北京：北京大学出版社，2010

［5］甄立敏．新编企业纳税实务．北京：电子工业出版社，2009

［6］财政部会计资格评价中心．经济法基础——2011 年全国会计专业技术资格考试辅导教材．北京：经济科学出版社，2010

［7］蒋泽生．纳税会计模拟实训．北京：中国人民大学出版社，2008

［8］中国注册会计师协会．税法——2010 年度注册会计师全国统一考试辅导教材．北京：经济科学出版社，2010

［9］财政部会计资格评价中心．初级会计实务．北京：中国财政经济出版社，2010

［10］郭守杰．经济法基础——2011 年会计专业技术资格考试应试指导及全真模拟测试．北京：经济科学出版社，2010

教师信息反馈表

为了更好地为您服务，提高教学质量，中国人民大学出版社愿意为您提供全面的教学支持，期望与您建立更广泛的合作关系。请您填好下表后以电子邮件或信件的形式反馈给我们。

您使用过或正在使用的我社教材名称		版次	
您希望获得哪些相关教学资料			
您对本书的建议（可附页）			
您的姓名			
您所在的学校、院系			
您所讲授课程的名称			
学生人数			
您的联系地址			
邮政编码		联系电话	
电子邮件（必填）			
您是否为人大社教研网会员	□ 是，会员卡号：________ □ 不是，现在申请		
您在相关专业是否有主编或参编教材意向	□ 是　　□ 否 □ 不一定		
您所希望参编或主编的教材的基本情况（包括内容、框架结构、特色等，可附页）			

我们的联系方式：北京市海淀区中关村大街31号
中国人民大学出版社教育分社
邮政编码：100080
电话：010-62515910
网址：http://www.crup.com.cn/jiaoyu/
E-mail：jyfs_2007@126.com

图书在版编目（CIP）数据

纳税实务/费琳琪等主编. —北京：中国人民大学出版社，2011
21 世纪高职高专会计类专业课程改革规划教材
ISBN 978-7-300-13942-5

Ⅰ.①纳… Ⅱ.①费… Ⅲ.①纳税-税收管理-中国-高等职业教育-教材 Ⅳ.①F812.423

中国版本图书馆 CIP 数据核字（2011）第 116460 号

21 世纪高职高专会计类专业课程改革规划教材
纳税实务
主　编　费琳琪　徐　艳
副主编　杨昕杰　赵峰松
参　编　刘秀林
Nashui Shiwu

出版发行	中国人民大学出版社		
社　　址	北京中关村大街 31 号	**邮政编码**	100080
电　　话	010－62511242（总编室）		010－62511398（质管部）
	010－82501766（邮购部）		010－62514148（门市部）
	010－62515195（发行公司）		010－62515275（盗版举报）
网　　址	http://www.crup.com.cn		
	http://www.ttrnet.com(人大教研网)		
经　　销	新华书店		
印　　刷	北京华正印刷有限公司		
规　　格	185 mm×260 mm　16 开本	**版　　次**	2011 年 8 月第 1 版
印　　张	17	**印　　次**	2014 年 8 月第 3 次印刷
字　　数	382 000	**定　　价**	29.00 元